KB262092

토니는 우리의 신앙이 세상을 사는 각자의 방식에 영향을 끼쳐야 한다고 일깨우면서, 한손에는 성경을, 다른 손에는 신문을 들고 이 책을 쓴다. 토니는 우리가 국가의 눈으로 성경을 읽기보다, 예수의 눈으로, 성경적으로 국가를 읽도록 도와준다. 이 책은 단지 우리가 몇 년에 한번 투표하는 방법이 아닌 매일 투표하는 방법에 관한 것이다.

셰인 클레어본
도시 수도원 활동가, 레드레터 크리스천, 『대통령 예수』 『믿음은 행동이 증명한다』의 저자

나는 수십 년 간 토니의 저작에 깊은 영향을 받아 왔다. 하지만, 그 어느 때보다 지금, 그의 목소리가 필요하다. 『레드레터 크리스천』은 캠폴로적 열정과 통찰로 우리를 찌르고, 도전하고, 질문하고, 초대하고, 지도하여, 예수의 말씀을 사랑하고 실천하는 사람이 되도록 만든다.

브라이언 맥클라렌
『새로운 그리스도인이 온다』의 저자

이 책은 당신이 양말을 벗고, 샌들을 신고, 예수를 따르도록 돕는다. 『레드레터 크리스천』은 놀라운 사실과 통찰로 가득하며, 이웃사랑의 구체적 행동은 우리 예배의 대상인 그리스도를 개인적으로 표현하는 것임을 우리에게 다시 한 번 일깨워준다.

조엘 헌터
플로리다 주 롱우드의 노스랜드교회 담임목사, *A New Kind of Conservative*의 저자

복음주의 기독교는 언제나 행동적 신앙이었으며, 이런 행동적 특성을 망각했을 때 길을 잃는다. 『레드레터 크리스천』에서, 토니 캠폴로는 우리 모두에게 신앙의 행동적 본성을 회복하도록, 그리고 그것이 우리 삶의 모든 측면에 침투하도록 도전한다. 그는 끊임없이 예언자적 목소리를 내고 있다.

토니 존스
이머전트 빌리지 책임자, *The New Christians: Dispatches from the Emergent Frontier*의 저자

토니 캠폴로는 수십 년 간 성경적 정의를 위한 강력한 목소리였다. 사람들이 이 책의 모든 말에 동의하지 않더라도, 『레드레터 크리스천』을 행동을 향한 또 하나의 중요한 부름으로 인정할 것이다.

로날드 J. 사이더
'사회적 행동을 위한 복음주의자' 회장 『가난한 시대를 사는 부유한 그리스도인』의 저자

이 책을 로레타 키어에게 바칩니다.

우리를 향한 그녀의 사랑과 그녀를 향한 우리의 사랑으로

그녀는 우리 가족이 되었습니다.

레드레터 크리스천

지은이   토니 캠폴로 Tony Campolo
옮긴이   배덕만
초판발행 2013년 6월 3일

펴낸이   배용하
책임편집 박민서
등록   제364-2008-000013호
펴낸곳   도서출판 대장간
          www.daejanggan.org
등록한곳 대전광역시 동구 삼성동 285-16
편집부   전화 (042) 673-7424
영업부   전화 (042) 673-7424 전송 (042) 623-1424

ISBN   978-89-7071-292-5

이 책은 저작권법에 의해 보호를 받는 출판물입니다.
기록된 형태의 허락 없이는 무단 전재와 복제를 금합니다.

 값 12,000원

레드레터 크리스천

신앙과 정치에 대한 시민 지침서

토니 캠폴로 지음

배 덕 만 옮김

| CONTENTS |

| CONTENTS |

머리말

『하나님의 정치』*God's Politics* 북투어 때문에 내쉬빌에 갔을 때, 우리는 강의 대신 콘서트를 열었다! 애쉴리 클리블랜드, 버디 밀러, 에이미 로우 헤리스, 그리고 자스 오브 클레이가 연주하고 노래를 불렀다. 그리고 내가 설교했다. 역사적인 벨코트 극장Belcourt Theatre이 하룻밤에 두 차례나 매진되었다. 정말 재미있었다.

그곳에 있는 동안 나는 몇 차례 인터뷰를 했는데, 한 인터뷰가 기억에 남는다. 내쉬빌의 한 라디오 방송국에서 나를 인터뷰했던 사람이 "저는 세속적인 유대인 컨트리뮤직 가수이자 디스크자키입니다"라고 자기를 소개했다. "하지만 저는 당신이 하는 일을 좋아해서, 당신의 북투어에 참석했습니다." 그리고 우리가 새로운 운동을 시작하고 있다고 말했다. 하지만 그는 우리가 아직 그 운동의 이름을 짓지 않았음을 알고 있었다. "당신들을 위해, 제게 아이디어가 하나 있어요. 제 생각에 당신들은 '레드레터 크리스천'이라고 불려야 합니다. 당신은 성경에서 예수의 말씀이 붉은 색으로 강조되었다는 사실을 잘 알 겁니다. 저는 그 붉은 글자red letters들을 사랑합니다. 나머지 것들은 없어도 괜찮아요."

내가 토니 캠폴로에게 그 이야기를 했을 때, 그는 의자에서 벌떡 일어섰다. 그리고 토니가 흥분할 때는 조심해야 한다! 토니는 자신이 레드레터 크리스천이고, 또한 오랫동안 그랬기 때문에 흥분했다. 심지어 당신은 그를 레드레터 크리스천의 대부godfather라고 불러도 좋을 것이다…. 아무튼, 그는 이탈리아인이다.

우리 같은 그리스도인들에게는 한 가지 심각한 문제가 있다. 대부분의 사람은 그리스도인들과 교회는 예수가 했던 것과 똑같은 일을 대표한다고 생각하는 경향이 있다. 예수가 했던 것을 우리가 대표하지 않을 때, 사람들은 혼란스러워하고 실망한다. 내가 말했듯이, 그것이 문제다.

예수 자신이 문제다. 그는 월스트리트 장사꾼, 메디슨가의 광고업자, 타임스퀘어의 방송계 큰손, 할리우드 스타, K스트리트 로비스트, 그리고 미국의 제국적 힘을 유지하려고 분투하는 펜실베이니아 거리의 거물에게 문제다. 집 주변을 살펴보더라도 예수는 그의 가르침을 문화적 가치로 대체한 중심가의 많은 교회에게 문제다.

교회가 한 일과 아직까지 하지 못한 일에도 불구하고, 신앙인이든 그렇지 않든, 수백만의 사람은 오늘날에도 예수가 세계에서 가장 영향력 있는 인물임을 알게 된다. 교회는 증권중개인, 광고업자, 방송, 특수이익 집단 혹은 정치가만큼 신용이 좋지 않을 수도 있다. 하지만 예수는 그 누구보다 위대하다. 예수는 그의 이름을 고백하지만, 그가 한 말의 대부분을 자주 잊어버리는 사람들보다 오래 살아 있다.

예를 들어, 우리가 굶주린 자, 집 없는 자, 이민자, 가난한 가족, 병자, 그리고 죄수를 다루는 방식을 우리가 예수를 대하는 방식으로 여길 것이라고 예수께서 우리에게 말씀하실 때, 그것은 그들을 무시하는 것이 훌륭한 국내정책이라고 예수께서 생각하지 않을 것이란 뜻이다. 혹은 그가 우리에게 "네 이웃을 사랑하라"고, "화평케 하는 자는 복이 있나니"라고 말씀하실 때, 그분을 민간인에게 추가로 피해를 입히는 "테러를 위한 전쟁"에 합류하라고 설득하는 것은 어려울 것이다. 관타나모만guantanamo bay에서 아부그라이브Abu Ghraib까지 미국 군대가 자행한 스캔들 후에, 아마도 예수는 미국의 적군을 고문하는 사람들에게 할 말이 많을 것이다.

예수의 진정한 메시지는 전 세계에서 보수적인 미국종교를 설교하는 번영복음 목회자, 텔레비전 설교자, 그리고 라디오 토크쇼 진행자들에 의해 철저히 위장된 채 감추어져 왔다. 그들은 예수가 가르쳤던 것과 매우 다른 종류의 기독교를 전한다. 좋은 소식은 그 비밀이 드러나고 있다는 것이다. 예수께서 교회에서 자란 소외된 세대를 그의 가르침으로 이끌고, 종교공동체 밖에 있는 많은 사람을 그들이 교회에서 결코 들어본 적이 없는 메시지로 인도한다.

우리 문화와 정치가 예수의 것과 너무 상반된 가치를 추구하면서 정상궤도에서 너무 심하게 이탈했기 때문에, 더욱 더 많은 사람이 하나님나라애정, 정의, 정직, 평화의 새로운 세상에 대한 예수의 비전이 바로 자신들이 지금까지 찾고 기다려온 좋은 소식the Good News이라는 사실을 직관적으로 감지한다.

기독교 작가, 강사, 활동가들이 최근에 모여 『레드레터 크리스천』으로 친교를 나누게 되었다. 우리는 흔히 성경에서 붉은 색으로 강조되는 예수의 명백한 말씀뿐만 아니라, 성경 전체의 권위를 인정한다. 우리는 새로운 조직을 만들지 않았다. 우리는 어떤 특정한 교회나 전통 출신이 아니다. 우리는 특별한 정치적 의제를 갖고 있지도 않다.

하지만 우리는 예수의 "붉은 글자들"red letters이 다시 한 번 주목받을 필요가 있다고 생각한다. 우리는 이 역사적인 순간에 우리 시대, 우리 세계, 그리고 우리가 직면한 심각한 문제들을 위해 예수의 독특한 메시지를 다시 불러올 사명을 느낀다.

한 사람의 레드레터 크리스천으로서, 토니 캠폴로는 신앙인이 특정 정당의 주머니 속에 숨어서는 안 된다는 사실을 잘 안다. 하나님은 민주당원도 공화당원도 아니다. 그렇다면, 왜 우리는 교회에서 신앙과 정치에 대해 토론할 때마다, 이런 기초적 지혜가 무시되는 것을 보게 되는가? 이제, 이런 멍청한 현실을 넘어설 때가 되었다.

정치에 참여하는 그리스도인은 특정 정당의 충성된 당원이 되기보다, 더 넓은 도덕적 비전에 따라 양측 모두를 지지하거나 비판할 수 있는 유권자가 되어야 한다. 사도 바울은 로마제국의 심장부에 살던 신자들에게 세상이 제공하는 것과 다른 도덕적 논리에 순응하라고 말했다.

오늘날 우리에게도 동일한 진리가 요청된다.

왜? 우리는 다른 도덕적 나침판의 안내를 받고 있었기 때문이다. 이 나침판의 북쪽 바늘은 우리에게 로마가 아닌 베들레헴혹은 많은 미국 그리스도인에게는, 워싱턴 D.C.보다 베들레헴을 가리킨다.

수년 동안, 토니 캠폴로는 나의 절친한 친구요, 동료요, 신앙과 정의를 위한 공동음모자였다. 그는 현재 세계가 직면한 가장 가슴 아픈 현실에 그리스도인들의 참여방식을 재구성하고자 헌신해 왔다.

오직 노련한 정치인만이 제공할 수 있는 성숙함과 깊이로, 토니는 자신의 날카로운 도덕적 명료함을 낙태에서 환경적 청지기직까지, 세계적 빈곤에서 동성결혼까지 그리고 그 사이에 있는 모든 것에 적용한다. 그는 우리에게 참정권이 주어진 민주주의 사회의 그리스도인으로서, 참여의 의무가 있음을 일깨워준다. 예수의 붉은 글자 중에, "많이 맡은 자에게는 많이 달라 할 것이니라"눅12:48가 있다.

질문은 "그리스도인이 정치에 참여해야 하는가?"가 아니다. 진짜 질문은 "어떻게"이다. 이 질문에 대해, 그는 매우 간단한 해법을 제공한다. 그것은 나사렛 예수가 자신의 첫 제자들에게 주었던 해법과 같을 것이다.

"나를 따르라."

이 나침판에 시선을 고정시킨 레드레터 크리스천은 예수를 진지하게 생각하려는 사람들이다. 그들은 만약 그분이 그렇게 말씀하신다면, 그것이 정말 그의 뜻이라고 믿는 사람들이다. 그리고 그것이 정말 그분의 뜻이라면, 우리도 그렇게 살아야 한다.

이 책은 우리에게 그리스도인으로서 우리의 일차적 충성이 한 국가, 한 깃발, 한 제국, 한 왕, 한 대통령, 혹은 한 정당에게 바치는 것이 아님을 일깨워준다. 대신, 우리는 그 붉은 글자들을 처음으로 말씀하신 분에게 속해 있다.

이 말씀레드레터이 믿음의 사람들로서 우리의 공적 증거와 정치적 결정을 겸손하게 인도해야 한다.

짐 월리스
「소저너스」의 설립자이자 편집자
『하나님의 정치』, 『부러진 십자가』, 『회심』의 저자

서 문

변화만큼 정치에 민감한 것도 없다. 그런 이유 때문에, 이 책을 쓰는 것이 어렵다. 당신이 이 책을 읽을 무렵, 내가 논의하는 이슈들 중 많은 것이 이미 과거의 것이거나 해결되었을 수도 있고, 새로운 이슈들이 무대중앙을 차지할 지도 모른다. 그럼에도, 나는 당신이 오늘 신문에서 읽고, 종일 방송되는 케이블방송이나 인터넷뉴스의 토픽이나 이야기들에 집중하려고 최선을 다했다.

내가 대학에서 함께 이야기를 나눈 정치학 교수들 중에는, 미국이 일종의 역사적 분수령을 통과하는 중이며, 이 시기가 지나면 다른 나라들이 미국을 예전처럼 바라보지 않을 것이라는 점에 대해 점점 더 일치된 의견을 보이고 있다. 우리가 우리 힘을 어떻게 사용하는가에 따라, 미국은 세상에서 가장 경멸 받는 나라가 될 수도 있고 가장 존경 받는 나라가 될 수도 있다.

이런 두 가지 대안 중에서 어떤 것이 현실이 되느냐에, 당신의 투표가 깊이 관련되어 있다.

과거에도, 당신은 투표가 중요하고 선거일에 투표소에서 표를 던지는 것이 애국적 책임이란 말을 들었다. 심지어 당신은 이런 책임을 다하는 것이 그리스도인의 의무라는 사실도 안다. 하지만 우리가 처한 특별한 역사적 상황을 고려할 때, 나는 그런 말이 단지 슬로건이나 정치적 주문이 아니라고 생각한다.

우리 미국인이 장차 국내외에서 직면할 상황들을 고려할 때, 이런 말은 예전보다 훨씬 더 중요한 의미를 지닌다.

나는 이 책에서, 폭스뉴스Fox News에서 늘 말하는 것처럼, "공정하고 균형을 유지하려고" 최선을 다했다. 내가 그런 책임을 얼마나 성공적으로 수행했는지는 당신의 판단에 맡기겠다. 나는 중요하지 않은 의견들은 제쳐두고 내가 말한 것을 지지하고자, 당신에게 가치 있는 사실들을 제공하려고 노력했다. 이 책에서, 나는 내가 전에 썼던 어떤 책들보다 많은 자료를 인용했다. 그렇게 말했지만, 그 자료들 모두를 신뢰할 수 있는지는 나도 확신할 수 없다. 어떤 것은 이차자료들이고, 어떤 것은 신문사설과 전자매체에서 가져온 것이다. 하지만 내 주장의 근거가 빈약하지 않다는 사실을 그런 자료들이 보여주길 바란다. 당신은 나의 자료들 모두를 신뢰할 수 있는 것은 아니라고 생각할지 모르지만, 최소한 내 생각을 입증하고자 사용한 자료들을 어디에서 구했는지는 잘 알게 될 것이다.

자료조사와 관련해서, 나는 복음주의교육증진연합회the Evangelical Association for the Promotion of Education, EAPE에서 나와 함께 일하는 로버트 구티에르Robert Guthier에게 모든 공을 돌린다. 그는 이 책이 출판되기까지 엄청난 분량의 자료조사를 수행했다. 하지만 그 혼자 모든 일을 한 것은 아니다. 여러 명의 학생조교가 그를 도왔다. 벤자민 렌더Benjamin Lander, 에이미 스미스Amy Smith, 쿠르트 포흐트Kurt Focht, 에반 헤위트 Evan Hewitt, 벤 크리시Ben Cressy, 브론테 휴스Bronte Hughes.

나의 부족한 영어실력은 스프링아버대학교 교수 메리 달링Mary Darling과 내 아내 등의 여러 교정자의 도움으로 극복할 수 있었다. 만약 이 책이 성공을 거두면, 최고의 찬사는 리갈 출판사Regal Books에서 내게 배정한 뛰어난 편집자 앨리 호킨스Aly Hawkins에게 돌아가야 할 것이다. 어떤 과장도 없이, 앨리는 지금까지 내가 만났던 편집자들 중 최고였다.

요즘 나를 이상한 사람으로 만드는 것은 내가 컴퓨터를 사용하지 않는다는 것이다. 나는 모든 글을 손으로 쓴다. 이 책을 위해 내가 손으로 쓴 것은 내 비서 겸 타이피스트인 사라 블레이스델Sarah Blaisdell에게 보내졌다. 그녀의 수고가 없었다면, 당신은 지금 이 책을 읽을 수 없을 것이다. 나는 늘 그녀에게 감사한다.

이 복잡한 작업 전체를 조율한 것은 내 개인조교 제임스 워렌James Warren이다. 내 아내는 당신께 말할 것이다. 제임스가 없다면 이 책뿐만 아니라, 내 직장생활 전체가 엉망이 되었을 것이라고…. 제임스와 위에서 언급한 모든 사람에게 꼭 말하고 싶다. "고맙습니다!"

나는 당신에게 이 책이 도움이 되길 바란다. 그것 이상으로, 나는 당신이 정치과정에 참여하도록 이 책이 자극하길 바란다. 그리고 무엇보다, 나의 정치적 태도를 규정하는 성경적 명령들을 당신이 읽고 묵상하면서, 당신 스스로 성경을 공부하길 바란다. 당신은 내 방식의 성경읽기에 동의하지 않을 수도 있다. 하지만 이 오래된 책에 현재 하나의 국가로서 우리가 직면한 걱정들에 대해 전해줄 시간을 초월한 진리의 말씀이 있다는 것은 동의하자.

토니 캠폴로

서 론

"복음주의적"이란 단어에 부당한 의미가 주어져왔다. 가장 세속적인 상황에서 당신이 자신을 복음주의자로 정의한다면, 당신에 대해 부당한 가정assumption이 주어질 것이다. 심지어 당신이 분개할만한 가정도 있을 수 있다.

최근에 아이비리그 대학 캠퍼스에서, 나는 어떤 학생들에게 복음주의자들이 무엇을 믿는다고 생각하는지 물어보았다. 그들 중 누구도 복음주의자들을 그들의 신학적 확신에 따라 정의하는 것 같지 않았다. 대신, 이 학생들 안에서 일반적 합의는 복음주의자들이 동성애, 여성운동, 환경운동, 총기규제 등을 반대하고, 전쟁은 지지하며, 정치적 우파에 속한 그리스도인이라는 것이었다. 복음주의자에 대한 이런 견해의 주된 책임이 세속 미디어에게 있다는 것은 의심의 여지가 없다. 이 미디어들이 그런 확신을 지지하는 사람들을 복음주의 대변자들로 택했기 때문이다. 정치적 중도파들이 종교와 관련된 사회문제들에 대해 발언하고 싶을 때, 언론은 거의 그들에게 기회를 주지 않는다.

사실, 복음주의운동 지도자들이 진보정치의 선봉에 섰던 때가 있었다. 결코 우파적 보수주의자들이 아니었다. 19세기의 빌리 그레이엄이라고 불릴 수 있는 찰스 피니Charles Finney와 20세기 초반에 복음주의자들의 연인이었던 윌리엄 제닝스 브라이언William Jennings Bryan 같은 이들은 정치적 진보주의의 감동적 목소리였다.

찰스 피니는 강력한 설교를 통해 장차 미국 노예제 반대운동의 중추 세력이 될 열혈 추종자들을 얻을 수 있었다. 피니의 초청에 응답하여 청중이 그리스도를 영접하고자 앞으로 나왔을 때, 그는 그 자리에서 그들에게 노예제 반대론자가 될 것인지 물었다. 피니의 그러한 행동은 그가 살던 시대를 고려할 때, 노예제를 폐지하려고 헌신하지 않는 것은 진정한 그리스도인이 아니란 뜻이었다. 더욱이, 그의 제자들은 그 이후에 출현한 여권운동에서도 지도력을 발휘했다. 흔히 복음주의자들을 자신들의 적으로 간주하는 오늘날의 여권운동가들은 자신들의 운동이 복음주의에 뿌리를 두며, 최초의 여권운동 모임이 교회에서 열렸다는 사실을 알면 매우 놀랄 것이다.

윌리엄 제닝스 브라이언은 1925년의 스코프스 재판에서 맡았던 역할 때문에 꼴통 보수로 불린다. 당신도 기억하겠지만, 그는 공립학교에서 찰스 다윈의 진화론 교육을 금지한 테네시 주의 법을 위반했던 존 토마스 스코프스John Thomas Scopes의 검사였다. 최근에, 브라이언의 부정적 이미지가 영화 「신의 법정」Inherit the Wind 때문에 널리 확산되었다. 그 시대의 최고 변호사 중 한 사람인 클러렌스 대로우Clarence Darrow는 스코프스의 변호인이었고, 그 영화에서 브라이언이 6일간의 천지창조를 지지한다고 선언했을 때, 그를 광대처럼 보이게 만들었다. 사실, 많은 창조론자들에게는 유감스럽겠지만, 그는 하나님께서 우주를 창조하는데 많은 시간을 들였을 수도 있다는 생각에 아무런 문제도 느끼지 않았다. 그 영화에서 묘사되었듯이, 진화론에 대한 브라이언의 관심은 무식하고 반과학적인 종교적 광신자들의 것보다 훨씬 더 깊었다. 그는 다윈의 이론이 지닌 사회적 함의를 대로우보다 훨씬 더 잘 이해했다. 그는 다윈이 생물학적 수준에서 제기했던 것이 사회적 수준에서 적용되면, 다른 끔찍한 가능성들과 함께 적자생존을 지지하는 이념을 합법화할 수 있다는 점을 인정했다. 브라이언은 사회적 진화론이 만들어 낼 사회의 모습을 예측할 수 있었다. 예를 들어, 그 사회는 통제 불능의 자본주의에서 기원하는 착취의 세계가 될 것이다. 그래서 그는 그것에 반대하기로 결심했다.

일반 백성에게 궁극적 가치가 있다는 그의 확신은 그가 악덕자본가들Robber Barons에게 반대할 때, 그 배후에 있던 것이다. 그들의 유일한 윤리는 그들의 정치적·경제적 힘에 의해 결정되었던 것이다. 그는 그런 비양심적 재벌들에게서 일반시민을 보호하는데 헌신했고, 사업세계의 파괴적 독점을 제어하는데 필요한 반트러스트법을 지지했다. 이익의 극

대화를 위해 공장과 광산에서 아동 노동력을 사용하던 관례를 종식시킬 수 있었던 것은 브라이언이 정부의 산업규제를 요청했기 때문이다.

그의 산업 활동은 충분하지 않았지만, 그가 참정권운동을 후원했던 것이 여성의 투표권 획득에 핵심적 역할을 했다. 또한, 그는 전쟁에 대한 개인적 확신 때문에 사임했던 내각의 유일한 사람이었다. 평화주의자였던 그는 미국이 제1차 세계대전에 참전했을 때, 더 이상 국무장관직을 수행할 수 없었다. 그의 견해는 현재 복음주의 진영을 지배하는 것 같은 종교적 우파의 참전론자들과 완전히 다르다.

복음주의자들의 대중적 이미지에 도전하는 것이 이 책의 목적 중 하나다. 나는 복음주의 신학을 옹호하지만, 종교적 우파로 분류되길 원치 않는 수백만의 사람이 있다는 사실을 알리고 싶다. 우리는 예수를 공화당원으로 만들고 싶지 않다.

다른 한편, 우리는 예수를 민주당원으로 만들고 싶지 않다는 사실도 큰 소리로 분명히 말하고 싶다.

20세기 초반, 극작가이자 사회비평가인 조지 버나드 쇼George Bernard Shaw가 하나님께서 우리를 자신의 형상으로 창조하셨고, 우리는 그 은혜를 갚기로 결심했다고 말했다. 분명히, 종교적 우파에 속한 사람들 중에는 예수를 공화당원과 자신들의 정치적 가치의 실현자로 만들려는 사람들이 있다. 그리고 그 복도의 다른 끝에는, 예수를 자신들의 특이한 진보적 의제를 지지하는 민주당원으로 만들려는 사람들이 있다. 하지만, 예수는 우리의 정치이념 중 어느 곳에 한정되길 거부하신다. 예수는 우리가 투표할 때, 당파정치를 초월하여 사회적 이슈들에 대해 현명하게 판단하고, 하나님의 뜻과 일치하도록 투표하라고 우리에게 요청한다. 그렇게 할 때, 우리는 불필요하고, 비생산적이며, 심지어 위험한 분열로 치닫는 당파정치를 피할 수 있을 것이다.

우리가 "당신은 민주당원입니까? 아니면 공화당원입니까?"라는 질문을 받는 선거철에, 당신의 대답은 "정책을 말해보시오"가 되어야 한다. 어떤 특정한 사회적 혹은 정치적 이슈에 대해, 당신은 어느 당, 혹은 어떤 후보가 당신의 신념을 최고로 대변할 지를 가려낼 준비와 의지가 있어야 한다.

물론, 이렇게 되면, 투표가 매우 힘든 결정과정이 될 것이다. 하지만 그 누가 예수를 따르는 것이 쉽다고 말했던가?

이 책은 결코 독자들에게 투표하는 법을 알려줄 의도가 없다. 대신, 다가오는 선거에서 강조될 이슈들을 제기하고, 그런 이슈들에 대해 신앙이 우리에게 어떤 의미를 지니는지 탐색할 것이다. 말할 필요도 없이, 내 성향은 쉽게 간파될 것이다. 하지만 개인적으로, 나의 개인적 의견을 넘어 올바른 투표를 위해 도움이 될 만한 유용한 정보와 성서적 관점을 당신 스스로 찾길 바란다.

레드레터 크리스천 1

레드레터로 살기

1장

누가 레드레터 크리스천인가?

"복음주의자"란 용어에 부여된 현대의 일반적 의미와 함의를 고려하며, 작가와 강사로 복음주의적 신학을 공유하는 우리가 함께 모여 그 용어를 우리에게 적용하는 것이 더 이상 적절하지 않다고 고백했다. 이 그룹에는 이머징교회the emerging church 운동의 지도자 브라이언 맥클라렌Brian McClaren, 유명한 가톨릭 작가이자 강사인 리차드 로어Richard Rohr, 뛰어난 흑인 목회자 셰릴 샌더스Cheryl Sanders, 라티노사회의 강력한 목소리 노엘 카스텔라노스Noel Castellanos, 그리고 소저너스Sojourners 공동체와 콜투리뉴얼Call to Renewal 운동의 두 핵심 리더 짐 월리스Jim Wallis와 듀안 쉥크Duane Shank가 포함되어 있다. 우리는 우리자신을 정의할 새로운 이름을 찾아내려고 애썼다.

당신이 충분히 상상하듯, 우리는 고생했다. 우리는 스스로 "진보적 복음주의자들"이라고 부르고 싶지 않았다. 그것은 우리와 생각을 공유하지 않는 사람들에 대해 가치판단을 내릴 여지가 있었기 때문이다. 우리는 여러 대안을 놓고 고심했다. 그렇게 우리의 논의가 진행되던 중, "레드레터 크리스천"Red Letter Christians이란 이름이 제안되었다.

사실, 그 이름은 테네시주 내쉬빌에 있는 한 세속적 유대인이면서 컨트리음악프로 진행자인 사람이 처음 사용한 것이다. 짐 월리스와 라디오 인터뷰 도중, 그 진행자는 짐의 특이한 종류의 기독교를 명확히 규정하려고 애썼고, 마침내 "그래서 당신은 레드레터 크리스천 중 한 명이군요. 신약성경에서 빨간 글씨로 적힌 구절을 중시하는 사람들 말이에요"라고 말했다.

짐이 대답했다. "맞아요!" 그리고 그는 우리 모두를 그렇게 불렀다.

우리 자신을 레드레터 크리스천이라고 부름으로써, 우리는 예수의 말씀이 빨간색으로 인쇄된 예전 성경 구절들을 암시한다.

그 이름을 채택하는 동시에 우리는 예수께서 가르친 것을 실천하는데 우리 자신을 헌신한다고 선언하는 것이다.

그 붉은 글자들에 담긴 메시지는 아주 약하게 말해도 급진적이다. 당신이 내 말을 믿지 못한다면, 마태복음 5-7장에 나오는 산상수훈의 예수 말씀을 읽어보라. 이 설교의 붉은 글자들은 우리를 "뒤집어진upside-down 왕국"으로 부른다. 그것은 현대 미국적 의식의 지배적 가치들과 무척 동떨어진 것이다. 예를 들어, 예수는 우리가 여전히 하나님을 섬긴다고 주장하면서, 동시에 물질주의와 자기만족에서 삶의 의미와 만족을 추구하는 체제 속으로 빨려 들어갈 수 없다고 말씀하신다. 더욱이, 그는 복음주의자들이 제대로 질문도 못하는 많은 사회 정책에 도전하신다. 그가 우리에게 자비를 베풀라고 요구하신다는 사실을 고려하라.마5:7 참조 그것은 사형제도에 대한 우리 생각에 강력한 함의를 갖는다. 그리고 예수가 우리에게 원수를 사랑하라고 말씀하시기 때문에, 우리는 그것을 단지 하나의 선택사항으로 생각할 수 없다.마5:44 참조 또한 이런 말씀은 우리가 전쟁에 대한 우리의 태도들을 검토하도록 자극해야 한다. 가장 중요한 것은, 우리가 가난한 자들과 억압받는 자들을 돌보는 것에 대한 예수의 모든 말씀을 고찰할 때, 우리가 붉은 글자로 적힌 예수의 메시지에 주목한다면, 그가 "이들 중의 소자"the least of these라고 부른 사람들을 정치적으로 돕도록 우리가 할 수 있는 일을 깨달을 것이다.마25:31-46

레드레터 크리스천이라는 이름으로 우리가 함께 모인 자리에서, 성경에서 예수께서 하신 말씀을 복음주의자들이 자주 기피하는 것처럼 보였다. 또한 예수께서 가르치신 것을 그리스도인들만 모른다는 마하트마 간디의 말이 맞는 것처럼 보였다!

우리는 그런 주장을 반박하기로 결심하고, 우리를 그리스도인으로 만드는 핵심 내용을 정리했다.

첫째, 레드레터 크리스천은 복음주의자를 정의하는 것과 동일한 신학적 신념들을 고수한다. 우리는 수세기 동안 교회가 지켜온 신앙적 핵심을 담은 사도신경을 믿는다.

나는 전능하신 아버지 하나님, 천지의 창조주를 믿습니다.

나는 그의 유일하신 아들, 우리 주 예수 그리스도를 믿습니다.

그는 성령으로 잉태되어 동정녀 마리아에게서 나시고,

본디오 빌라도에게 고난을 받아 십자가에 못 박혀 죽으시고,

장사된 지 사흘만에 죽은 자 가운데서 다시 살아나셨으며,

하늘에 오르시어 전능하신 아버지 하나님 우편에 앉아 계시다가,

거기로부터 살아있는 자와 죽은 자를 심판하러 오십니다.

나는 성령을 믿으며, 거룩한 공교회와 성도의 교제와

죄를 용서 받는 것과 몸의 부활과

영생을 믿습니다. 아멘. 새번역 사도신경으로 수정

둘째, 우리는 성경을 대단히 존중하는 그리스도인이다. 우리는 성경 저자들이 글을 쓰는 동안 성령이 충만하여, 하나님의 독특한 안내를 받

았다고 믿는다. 성경은 우리에게 신앙과 실천을 위한 오류 없는 도움을 제공한다. 우리는 "붉은 글자들"red letters을 강조한다. 그것을 그리스도가 제공한 관점에서 읽을 때, 성경의 나머지 부분도 이해할 수 있다고 믿기 때문이다.

셋째이것이 가장 중요하다, 우리는 역사적 예수가 모든 사람에게 살아서 현존할 수 있고, 구원은 그분께 복종하며 그분이 우리 삶에 역동적이고 변혁적인 존재가 되도록 초청하는 것에 달려 있다고 주장한다. 사도신경에 기록된 그 하나님의 아들이 우리에게 영적으로 침입하여,요1:12 참조 우리 안에서 우리가 점점 그분을 닮은 사람들로 변화되는 하나의 지속적 과정을 시작할 것이다.요일3:2 참조

그런 핵심들에서 우리는 우리를 레드레터 크리스천으로 만드는 우선순위들을 향해 방향을 바꾼다. 레드레터 크리스천과 다른 크리스천을 구별하는 것은 사회적 정의우리의 강력한 정치참여에 대한 우리의 열정적 헌신이다. 이런 참여가 때때로 우리를 논쟁적으로 만든다.

일부 지도적 복음주의 대변인들이 동성애 결혼을 막고 낙태에 대한 과거의 대법원 판결을 뒤집는데 거의 모든 관심을 집중하는 반면, 레드레터 크리스천은 이런 이슈들의 중요성을 인정하지만, 가난한 자들에게 도움을, 그리고 억압 받는 자들에게 희망을 제공하는 법률제정에 특별한 관심을 보이면서, 더 넓은 범주의 사회적 관심들을 포괄한다. 가난하고 억압받는 사람들에게 사랑과 관심을 표현하도록 우리에게 요청하는 성경 구절이 2000개가 넘는다고 선언하면서, 우리는 성경적 명령을 사회적 정책으로 전환시키는 입법 활동을 장려한다. 우리는 다음과 같은 간디의 말에 동의한다. "종교와 정치가 아무런 관계가 없다고 말하는 사람들은 종교가 무엇인지 모르는 것이다."

이런 신앙과 정치의 근본적 관계를 보여 준 한 예가 윌리엄 윌버포스

William Wilberforth였다. 그는 영국의회에서 노예제 폐지를 위해 지도적 영향을 행사하던 정치지도자였다. 최근에 개봉한 영화 「어메이징 그레이스」*Amazing Grace*는 우리에게 이 불굴의 신앙인에 대한 초상을 제공한다. 자신의 종교적 신념 때문에, 그는 노예제에 끈질기게 반대할 수 있었다. 윌버포스는 자신의 신앙이 정치영역에서 아무런 자리도 차지하지 말아야 한다는 생각을 하지 않았다. 그를 정치로 밀어 넣은 것은 바로 그의 신앙이었다!

빈곤도 레드레터 크리스천에게 중요한 관심사다. 누가복음 16장 19-31절에 기록된 것처럼, 부자와 나사로에 대한 그리스도의 이야기에서 부자의 정죄를 확정한 죄가 다름 아닌 자신의 문 앞에 있는 가난한 사람에게 무관심한 채 그가 "호화롭게 즐겼다"는 것임을 우리는 안다. 하나님의 관심에 대한 그런 성경적 설명을 고려할 때, 우리에게는 가난한 사람들과 함께 하고 억압 속에 말도 못하는 사람들의 목소리가 되어야 하는, 하나님이 주신 책임이 있다. 심판의 날에 주님은 신학적 질문을 던지는 대신, 우리가 사회적 책임을 감당했는지를 물을 것이다. 주님은 우리가 굶주린 사람을 먹이고, 헐벗은 사람을 입히며, 이방인을 받아들여 돌보았는지, 그리고 포로 된 자에게 자유를 주었는지 물을 것이다.마5:31-46 참조

몇 년 전, 나는 아이티의 포르토프랭스Port-au-Prince에 있는 한 식당에서 저녁식사를 하고 있었다. 나는 그 식당의 앞 유리창 옆에 있는 탁자에서 식사를 시작하려고 편한 자세로 앉아 있었다. 그때 누군가 나를 쳐다보고 있음을 깨달았다. 자신들의 코를 유리창에 바짝 밀착한 채, 누더기를 입은 더러운 세 아이티 꼬마가 내 접시에 담긴 음식들을 뚫어지게 쳐다보고 있었다. 그들의 머리칼은 단백질 결핍으로 빛이 바랬고, 극단적 영양결핍의 증거로 배가 부풀어 올라 있었다. 내 음식에 고정된 그들의 눈 때문에 음식을 제대로 먹을 수 없었다.

내가 당황한 것을 눈치 챈 웨이터는 재빠르게 블라인드를 내려주었다. "저 아이들은 신경 쓰지 말고, 맛있게 드세요!"라고 그는 말했다. 마치 내가 그럴 수 있다는 듯이 말이다.

어떤 의미에서, 우리는 그렇게 하고 있지 않은가? 편안한 삶을 사는 우리는 "블라인드를 내린 것이 아닌가?" 우리는 우리와 그들을 분리시키는 유리벽에 코를 바짝 대고 있는 수백만의 가난한 사람에게서 숨지 않는가? 우리는 해마다 기아, 혹은 영양결핍과 관련된 질병으로 죽어가는 6백만 명의 아이를 무시하지 않는가?[1]

우리 레드레터 크리스천은 블라인드를 걷어 올리고, 가난한 사람들의 필요에 직면하려고 한다. 우리는 이런 필요들을 다루고 충족시키는 사회정책들을 위해 투쟁하는 크리스천이다.

현재 미국은 연방정부 예산의 0.4퍼센트만 세계빈곤을 위해 할당한다.[2] 자원단체들, 특히 교회와 다른 신앙관련 단체들이 많은 일을 했지만, 지구상의 가장 부유한 사람들은 정부가 그 이상의 일을 하도록 만들어야 한다. 미국인은 세계인구의 4.5%를 구성하지만, 세계자원의 40퍼센트 이상을 소비한다.[3] 그런 현실을 고려할 때, 미국이 22개 선진국 중 세계의 가난한 자들을 위해 지원하는 국가예산 면에서 최하위라는 사실은 뭔가 심각한 문제가 있다.[4]

하지만 빈곤은 단지 개발도상국을 괴롭히는 질병이 아니다. 극단적 빈곤은 미국에서도 증가하는 현실이다. 당신은 제3세계를 방문하고자 더 이상 제3세계에 갈 필요가 없다. 제3세계적 상황은 미국 전역의 도시들과 애팔레치아의 외로운 산간지대 빈민가에도 존재한다. 끔찍한 빈곤이 희생자들에게 끼치는 무서운 결과를 설명해 줄 사례연구가 필요하다면, 뉴저지 주의 캠든Camden을 살펴보라. 필라델피아에서 델라웨어 강을 넘어가면 만나는 그 도시에는 가난의 파괴력이 적나라하게 드러난다.

일곱 가구 중 하나가 지난 10여 년간 버려졌다. 그 도시의 상황은 너무 심각해서 비록 자신들의 집이 팔리지 않았음에도, 여건이 되는 사람들은 모두 그 도시를 떠났다.[5]

18세 이하의 자녀들을 거느린 가족 중 단지 13.6%만이 양친이 가족을 이끌고 있고,[6] 인구 8만 명의 도시에 응급실은 겨우 두 개뿐이다.[7]

범죄가 횡횡하며, 해마다 미국 전체에서 일인당 살인사건 발생 기록을 경신하고 있다.[8]

매일 1만 명 이상의 외지인이 마약을 사려고 이 도시로 들어간다.[9]

당신이 15세의 남자라면, 30세가 되기 전에 감옥에서 2년간 복역할 확률은 거의 40%다.[10]

최근, 시장과 지방검사가 마피아와 연루된 혐의로 체포되었다.[11]

학교 시스템은 엉망이다. 행정의 부정부패가 극심하여, 그 주의 교육부가 개입해서 문제를 떠안아야 했다.[12]

캠든에 있는 두 주요 고등학교에 다니는 학생들 중 50% 미만이 졸업하고,[13] 그들 중에 몇 사람이 실제로 문맹인지는 알 수 없다.

한때 직업을 제공했던 많은 기업이 떠났다. Cambell's Soup, RCA라디오회사, Whitman's Candies사탕회사, 그리고 Sheaffer Pens가 모두 이사 갔다. 중심가의 가게들이 문을 닫았고, 은행들은 다른 곳으로 옮겼다. 현재 캠든의 실업률은 대략 15%에 육박한다.[14]

캠든 같은 지역의 문제들을 교회와 다른 자원 단체들과 함께, 도시의 필요를 정부의 정책 및 재정 지원 없이 해결하려는 자유주의적 방식으로 해결할 수 있다고 말하는 사람들은 나 같은 사람들을 설득하는데 어려움을 겪는다.

나는 교회와 자선단체들이 가난한 사람들의 고통을 완화하려고 엄청난 일을 했지만, 그들이 보편적 의료혜택을 제공하고 최소임금을 보장해

줄 수는 없다고 확신한다. 이런 것들은 모두 정부가 해야 할 일이다.

선거철에, 캠든 같은 지역을 위해 후보가 어떤 공약을 제시하는지 질문을 던져야 한다. 우리는 그런 사회적 혼란에서 도망치지 말아야 한다.

영국의 사회철학자 에드먼드 버크Edmund Burke는 이렇게 말했다. "악이 승리는데 꼭 필요한 것은 선한 사람들이 아무 일도 하지 않는 것이다." 우리 대부분은 그런 말을 들어본 적이 있을 것이다. 하지만 지금이야 말로 우리가 버크의 최후통첩에 반응할 때다.

레드레터 크리스천은 그 도전을 정치적 행동으로의 부르심으로 받아들인다. 우리는 세상에서 가난하고 사회적으로 짓밟힌 사람들을 위해 조종弔鐘이 울려 퍼질 때, 누구를 위해 종이 울리는지를 묻지 않는 사람들이다. 시인 존 던John Donne의 예언적 목소리가 우리 귓가에 울린다. "그 종은 당신을 위해 울린다!"

4천 7백만 명의 미국인이 의료혜택medical coverage을 받지 못하며, 가장 가난한 미국인들을 위한 보험의 상황은 매일 악화된다.[15]

부자와 가난한 자 사이의 틈이 매일 벌어지고, 대기업 간부들의 수입은 일반 노동자들보다 400배가 많다.[16]

인플레이션을 고려할 때, 일반 노동자의 구매력이 지난 15년간 급격히 떨어졌다.[17] 매일, 우리 동료 시민들 중 수천 명 이상이 빈곤선 밑으로 추락한다.[18]

노숙이 국가적 유행병이 된 상황에서, 주택모기지에 대한 압류가 기하급수적으로 증가하고, 현재 350만 명 이상의 사람들그 중에 150만 명이 아동이 매년 노숙자로 산다.[19] 노숙자들에게 쉼터를 제공하는 사람들은 자신들이 수요를 충분히 감당할 수 없다고 주장한다. 최소한 20%의 노숙자들이 예비역 군인이다. 이것은 우리가 군대에서 복무한 사람들에게 불타오르는 애국심으로 경의를 표할 때, 우리 위선의 부끄러운 증거다.[20] 휠

씬 더 충격적인 것은 노숙자의 절반이 여성과 아동이라는 사실이다.[21]

지구온난화는 일종의 신화최소한 대단히 과장되었다이며, 환경적 관심이 충분히 우리의 도덕적·정치적 관심을 장악해야 할 문제들동성애결혼과 낙태에서 그리스도인들의 관심을 일탈시킨다고 주장하면서, 환경운동에 반대하는 복음주의자들이 있다. 그들은 우리의 이기적 목적을 위해 악용되고 남용되도록 하나님께서 땅과 바다를 창조하신 것이 아니라는 성경적 주장을 무시하는 것 같다. 이런 그리스도 안의 형제자매들은 단지 우리 자신만이 아니라, 타인을 위해 자연세계의 청지기가 되라는 하나님의 소명에 제대로 주목하지 않는다. 그렇다. 환경은 정의의 문제다. 정유공장과 유독폐기물에서 배출되는 유독가스가 암과 폐질환 발병률을 증가시키는 곳, 혹은 빠르게 변하는 기후가 지역공동체의 삶을 위협하는 곳에서 살 필요가 없을 때, 점증하는 환경문제의 위기상황을 무시하기 쉽다.

이런 그리스도인들은 개발도상국에서 환경악화가 극단적 빈곤의 주요 원인이란 사실을 이해하지 못한다. 예를 들어, 아이티에서 매우 짧은 시간에 엄청난 삼림파괴가 있었고, 그것이 아이티 시민의 굶주림에 직접적으로 영향을 끼쳤다. 지금은 20년 전에 비해 84퍼센트 미만의 나무들만 산다.[22] 결과적으로, 아이티에 폭우가 쏟아질 때마다 엄청난 토양침식이 발생하여 양질의 곡물을 생산하는 토지의 능력을 현저히 약화시킨다. 허리케인 시즌이 돌아오면, 폭우로 홍수와 산사태가 발생하여 마을 전체를 쓸어버린다.

환경적 경솔함으로 막대한 피해를 입은 개발도상국가의 또 다른 예는 아프리카에 있다. 그곳에서 변하는 기후양식이 사막화에 기여한다. 가뭄과 기근을 광범위하게 악화시키고 경작 가능한 토지를 기하급수적으로 축소시키면서, 사하라가 일 년에 3마일의 속도로 아프리카 대륙 전체로 확장되고 있다.[23]

　　지구의 파괴적 착취에 거의 영향을 받지 않는 그리스도인들이 환경문제가 우선적인 정치적 관심사에 포함되지 말아야 한다고 주장하는 것은 이기주의의 극치다.

　　우리 레드레터 크리스천은 그런 무관심과 관련된 법률의 필요성을 무시하는 것이 수치 그 이상이라고 생각한다. 우리는 그것을 죄악이라고 부른다. 만약 옛 히브리 예언자들이 오늘날 살아 있다면, 그들은 이 문제에 대해 할 말이 많을 것이다.

2장

정치에 대한 성경적 접근

복잡한 정치적 메시지들이 적절한 표어로 축소되는 이 미디어 시대에, 예수도 탁월한 능력을 보이셨을 것이다. 만약 한 기자가 예수께 정견을 간략하고 이해하기 쉬운 문장으로 말씀해 달라고 부탁한다면, 예수는 "나는 하나님나라가 가까웠음을 알려주러 왔소"라고 말씀하실 것이다.

공관복음에서, 우리는 이것이 예수께서 자신의 사역을 시작하시면서 선포했던 것임을 발견한다.마4:17; 막1:15; 눅4:43 참조 그의 비유들 거의 대부분이 하나님나라에 관한 것이다. 그가 제자들에게 기도를 가르쳤을 때, 그들에게 이 새로운 사회질서가 "하늘에서 이루어진 것같이 이 땅에서도" 이루어지도록 하나님 아버지께 기도하라고 가르쳤다.마6:10 그리고 그의 사역 끝에, 아버지께로 올라가기 직전, 예수는 자신의 추종자들이 사명의 핵심을 놓치지 않도록 확실히 해두고 싶었다. 그래서 다시 한 번 그들에게 하나님나라에 관한 것을 가르쳤다.

예수께서 하나님나라에 대한 자신의 메시지를 최초로 알려주었던 1세기 유대인들은 그분의 메시지를 확실하게 붙들었다. 수세기 동안, 그들에게는 하나님나라가 어떤 모습일지에 대해 구체적으로 정의해 준 예언자들이 있었다. 적절한 사례로 이사야의 예언이 있다.

거기는 날 수가 많지 못하여 죽는 어린이와

수한이 차지 못한 노인이 다시는 없을 것이라.

곧 백세에 죽는 자를 젊은이라 하겠고

백세가 못되어 죽는 자는 저주 받은 자이리라

그들이 가옥을 건축하고 그 안에 살겠고

포도나무를 심고 열매를 먹을 것이며

그들이 건축한 데에 타인이 살지 아니할 것이며

그들이 심은 것을 타인이 먹지 아니하리니

이는 내 백성의 수한이 나무의 수한과 같겠고

내가 택한 자가 그 손으로 일한 것을 길이 누릴 것이며

그들의 수고가 헛되지 않겠고

그들이 생산한 것이 재난을 당하지 아니하리니

그들은 여호와의 복된 자의 자손이요

그들의 후손도 그들과 같을 것임이라

그들이 부르기 전에 내가 응답하겠고

그들이 말을 마치기 전에 내가 들을 것이며

이리와 어린 양이 함께 먹을 것이며

사자가 소처럼 짚을 먹을 것이며

뱀은 흙을 양식으로 삼을 것이니

나의 성산에서는 해함도 없겠고 상함도 없으리라

여호와께서 말씀하시니라사65:20~25

　　유대인은 그것이 "그림의 떡"에 관한 것이 아님을 알았다. 하나님나라
는 나쁜 옛 세상을 떠나는 것이 아니라, 새로운 종류의 사회가 되는 것이

었다. 그곳에서는 가난과 육체적 고통이 더 이상 영향을 끼치지 못할 것이다.

기아와 질병이 더 이상 어린아이의 목숨을 앗아가지 못하는 날이 올 것이다.20절

그날에, 어머니들은 자신들이 정성을 다해 키워 십대가 된 자녀들이 사악한 불량배나 마약에 고통당할 걱정을 하지 않을 것이다.23절

우리 주의 나라가 완성될 때, 노인들은 좋은 음식을 사먹을지, 아니면 비싼 약을 구입할지 걱정하지 않고 오래 살 것이다.20절

전쟁 때문에 집을 잃고 난민이 된 수 백만 명의 사람들과 이곳 미국에서 지붕도 없이 사는 사람들은 도래하는 하나님나라에서 기뻐할 것이다. 그곳에서는 모든 사람을 위해 집이 지어질 것이기 때문이다.21-22절

일자리를 찾아 국경을 넘는 사람들은 하나님께서 새로운 경제질서를 계획하셨다는 즐거운 소식을 듣게 될 것이다. 그곳에서는 일하고 싶은 모든 사람이 일자리를 얻게 될 것이다.21절

현재 우리가 지구에게 하는 짓에 대해 걱정하는 환경주익자들에게, 사람들이 더 이상 지구를 상하게 하거나 파괴하지 않을 때가 올 것이라는 확신이 있다.25절

레드레터 크리스천은 예수 그리스도께서 이 새로운 왕국을 이미 시작했다고 믿는다. 예수는 그의 시대 사람들에게 하나님께서 자신의 약속을 지키실 것이며, 그 나라의 도래를 알려줄 징조가 있다고 말했다. 눈이 있으면 볼 수 있을 것이다. 이사야가 예언했던 것이 그분 안에서 심지어 지금 역사 속에 실현된다는 것이 복음이다. 하나님나라는 변화된 사람들이 변화된 사회에서 살아가는 것이다. 그리고 우리가 우리시대의 사람들에게 이 메시지를 선포할 때, 우리는 복음, 즉 기쁜 소식을 선포하는 것이다. 이 땅에서 하나님나라에 대한 이런 소망은 그리스도 이후에 실현된

다.

현재의 기독교 세계에는 개인의 구원과 사회의 변화 모두가 타협할 수 없는 하나님나라임을 망각하는 경향이 있다. 하나님나라의 도래를 위해 필요한 것이 전통적 복음전도를 통한 개인의 변화인 것처럼 행동하는 그리스도인이 있다. 이런 관점을 지닌 사람들은 충분한 수의 사람들이 살아계신 그리스도와 인격적 관계를 맺게 되면, 사회적 행동 프로그램에 관여하거나 정치적으로 참여할 필요가 없어질 것이라고 믿는다. 결국, 충분한 수의 사람들이 성령충만한 그리스도인으로 변화되면, 경건한 사회가 도래하지 않을까? 경건한 사람들이 경건한 세상을 만들지 않을까? 개인전도가 하나님나라를 건설하기에 충분하지 않을까?

"거룩한" 사람들이 더욱 정의로운 사회를 건설할 것이란 믿음은 진리다. 결국, 하나님께서 현재 자신의 뜻대로 세상을 바꾸면서 세상에서 역사하는 것은, 성경이 "교회"라고 부르는 그렇게 변화된 사람들을 통해서다. 성경이 말하길, 교회는 하나님께서 세상을 바꾸고자 선택한 수단이다. 에베소서 1장 21-23절에는 다음의 구절이 있다.

> 모든 통치와 권세와 능력과 주권과 이 세상뿐 아니라 오는 세상에 일컫는 모든 이름 위에 뛰어나게 하시고, 또 만물을 그의 발아래에 복종하게 하시고 그를 만물 위에 교회의 머리로 삼으셨느니라. 교회는 그의 몸이니 만물 안에서 만물을 충만하게 하시는 이의 충만함이니라.

하나님은 역사 속에 자신의 현존을 온전하게 드러내도록 교회를 사용하기로 결정하셨으며, 교회가 세상을 바꾸는 일차적 방법은 교회 구성원이 모든 사회적 제도 속에서 자신의 사명을 수행하도록 하는 것 "정사와 권세", 엡3:10, 6:12 참조, 그리고 누룩마13:33 참조과 소금마5:13 참조처럼, 그런 제도들에 하나님나라의 가치를 스며들게 하는 것이다. 세상의 모든 곳에 존재하고, 하나님의 사랑을 실천하며, 기회가 생길 때마다 정의를 위해 힘쓰고, 하나님께서 어떻게 자신들의 삶에 영향을 끼치셨는지에 대해 이야기하는 것이 평범한 그리스도인들을 효과적인 변화의 주체로 만드는 활동들이며, 하나님의 현존을 충만하게 누리는 길이다.

내가 그리스도인이 된 한 가지 주된 이유는 교회가 악한 세력들, 너무 분명하고, 너무 자주 내 주변의 세상을 통제하는 권세들과 싸우는 군대라고 들었기 때문이다. 나는 다른 그리스도인들 및 하나님과 함께 사회 혁명에 참여할 것이라고 들었다. 그런 소명이 목숨을 걸고 영웅적 행동을 하고 싶었던 나의 욕구를 자극했다! 하지만 일단 모집이 되자, 그 군대에서 내 임무는 신병모집 하사관으로서, 다른 신병모집 하사관들을 모집하는 것이었다. 그 하사관들은 또 다른 신병모집 하사관들을 모집할 것이다. 그 고리는 끊임없이 이어진다! 내가 가담한 이 "군대"는 다름 아닌 스카우터들을 모집하도록 모집된 스카우터 대대였다. 나는 이것이 그리스도인의 유일한 책임이라고 믿도록 끌려와 교육을 받았다.

나는 한 가지 명백한 질문을 던질 수밖에 없었다. 이 시대의 "정사와 권세"와 싸우는 병사들은 어디 있는가? 에베소서 3장 10절처럼, "정사와 권세"를 하나님의 뜻에 복종시킬 사람들은 어디에 있는가?

일부 그리스도인들은 사도 바울이 "정세와 권세"란 표현을 사용했을 때, 단지 사악한 영들을 언급했을 뿐이라고 생각한다. 이렇게 믿는 사람들에게, "영적 전쟁"은 그런 악마에 대항해서 기도하는 것과 그리스도의 이름으로 그런 악한 세력에 저항하는 것이다. 하지만 성서학자들은 이런 표현은 더욱 넓은 의미를 담고 있다고 지적한다. 네덜란드 신학자 헨드릭 벌코프Hendrick Berkof 같은 성경언어 전문가들은 바울 서신에서 "정세와 권세"는 우리를 초월하며, 우리의 생각과 행동에 중요한 영향을 끼치는 어떤 세력들을 가리킨다고 설명한다. 결과적으로, 악마적 실재들을 포함하지만, 이 학자들은 "정세와 권세"가 미디어, 정부, 교육제도, 그리고 사회의 경제구조 같은 초인적 제도와 영향들도 가리킨다고 주장한다.[1]

성령의 영감을 받은 바울이 한 가지 명령을 교회에 전해준다면, 사회제도라는 "정세와 권세" 안에서 하나님의 정의를 분명하게 드러내도록, 그것들에 참여하는 그리스도인들이 존재해야 한다. 그것이 바로 정치의 자리다. 그리스도인들이 사회변화를 위해 사용할 수 있는 한 가지 중요한 수단은 정치과정에 참여하는 것이다. 그 안에서 정의가 강물처럼 흐르도록 말이다. 암5:24

만약 우리가 정치참여에 성경적으로 접근하고 싶다면, 세 가지 선택을 할 수 있다.

정당보다는 이슈를

나는 레드레터 크리스천이 전국뿐만 아니라 지역의 민주적이고 평등한 모든혹은 특정한 정당의 회원으로서 자신들의 자리를 차지해야 한다고 믿는다. 그들의 존재가 "누룩"으로 기능할 것이다. 그들이 이사야 선지자의 하나님나라 비전을 실현시키는 정의와 사회 복지를 점차 증진시키도록 그런 정당 안으로 스며들면서 말이다.

하지만 그리스도인들이 정당에 참여하면서, 그들은 특정 정당을 "하나님정당"으로 정의하는 경향을 피해야 한다. 어떤 그리스도인들은 정치적 보수주의의 원칙이 하나님의 뜻이며, 진보적 정치사상을 고수하는 사람은 좋게 말하면 선택을 잘못했고, 나쁘게 말하면 악하다고 믿는다. 다른 한편, 특히 학계에서, 보수주의자들은 "실제로 무슨 일이 벌어지는지" 전혀 모르는 무식한 촌놈이라고 생각하는 그리스도인들도 있다. 그들은 정말 오만한 엘리트처럼 행동한다.

실재로, 보수주의자와 진보주의자 모두 서로가 필요하다. 보수주의자들은 결코 넘지 말아야 할 많은 선line을 유지한다. 반면, 진보주의자들은 결코 존재하지 말았어야 했던 많은 선을 파괴한다.

포르노와 파괴적인 성적 행위들이 국가를 오염시킬 때 묵인했던 이들에게 보수주의자들이 대항했다는 사실을 역사가 보여준다. 그들은 위험한 사회주의적 경향들에 대항하여 우리의 자유기업체제의 가장 좋은 것들을 보존해 온 대항세력이었다. 또한 그들은 비非분파적 종교가 공적 담론에서 중요한 요인으로 남아 있다고 확신시키려고 열심히 노력해 왔다.

하지만 보수주의자들은 위대한 미국적 전통들이 붕괴되지 않도록 막아왔던 버팀목이었다고 자랑하기 전에, 먼저 진보주의자들이 여성들에게 투표권을 부여하는 캠페인을 주도했고, 참정권 제정을 지지했다는 사실을 기억해야 한다. 진보주의자들은 많은 미국인을 이류시민으로 만들었던 인종과 성의 틀에 도전했던 사람들이다. 서글프게도, 마틴 루터 킹 2세와 넬슨 만델라에 대한 비난이 보수적 복음주의 지도자들 사이에서 너무나 일반적이었다. 다행히도, 오늘날에는 그들도 다르게 생각한다.

어떤 이슈들에 대해, 레드레터 크리스천은 보수적이며, 다른 것들에 대해선 진보적이다. 정치적 스펙트럼의 어느 쪽에도 하나님의 뜻이 고정되어 있지 않다.

권력보다 권위를

위대한 역사철학자 아놀드 토인비Arnold J. Toynbee가 이렇게 말한 적 있다. "신은 자신이 파멸시키고 싶은 사람들을 먼저 권력에 취하게 만든다." 그리스도인들이 다양한 정당에 가입할 때, 그런 조직들 내의 파워게임에 말려들지 않도록 대단히 조심해야 한다. 우리가 정치에 참여할 때, 권력의 파괴성에 먹이가 되지 않도록 주의해야 한다. 힘의 정책power play에 가담하여 몰표집단voting bloc을 조직하거나, 우리 자신의 분리된 정당을 창당하려는 유혹은 대단히 강하다. "우리 편"을 공직에 앉힐 수 있는 정치적 힘을 얻으면, 사회의 다른 부분에 대해 우리가 확신한 것을 하나님의 뜻이라고 강요하기가 무척 쉬워질 것이다. 하나님나라를 이 땅 위에 세우는데 이렇게 기만적으로 쉬운 계획은 매력적이지만, 궁극적으로는 역효과만 난다. 그런 힘의 정책은 이슈들에 대한 우리 견해와, 사회문제들에 대한 우리 해법이 신적 영감을 받은 것이라고 주장하는 오만함만 드러낼 뿐이다.

공공정책을 형성하도록 권력을 사용하는 대신, 우리는 권력을 가진 사람들에게 권위를 갖고 말하도록 노력해야 한다. 사회학자 막스 베버Max Weber는 『사회경제 조직론』*The Theory of Social and Economic Organization*에서 권력과 권위를 구분하는 고전적 정의를 제공한다. 그는 권력이 당신의 의지를 다른 사람에게 강요하거나 부여하는 능력을 수반한다고 설명한다. 역으로, 권위는 다른 사람들이 제안을 수용하고 추종할 것이라고 정당하게 기대할 수 있다. 만약 다른 사람들이 선택의 여지가 없어서 당신을 따른다면, 당신은 권력을 가졌다. 그러나 만약 다른 사람들이 당신은 그들의 충성을 요구할 합법적 자격이 있다고 믿으며 당신을 따른다면, 당신에겐 권위가 있는 것이다.[2]

이런 유형의 권위의 한 예가 앞 장에서 언급되었다. 바로 노예폐지론자 윌리엄 윌버포스이다. 그는 영국의회에서 노예무역을 주제로 연설할 때, 성경을 자주 인용했다. 20년 이상, 그는 성경적 권위로 말했다. 많은 동료 의원들의 경제적 이익과 뿌리 깊은 편견을 극복하고, 마침내 대영제국 전역에서 노예무역을 종식시킨 것은 바로 이런 권위였다.

그리스도인들에게, 권위는 타인의 필요를 충족시키려는 희생에서 나온다는 점을 강조하는 것이 중요하다. 궁극적으로 중요한 것은, 예수는 "권위 있는 자처럼"마7:29 말씀하신다. 그는 우리가 자신의 뜻에 복종하도록 강요하지 않는다. 대신, 우리는 그분이 우리를 위해 희생특히, 십자가상의 희생하셨기 때문에, 우리에게 합법적으로 충성을 요구할 수 있음을 깨닫는다. 사도 바울은 빌립보서 2장 5-8절에서 세상을 하나님나라로 바꾸는 수단으로 권력을 사용하는 것을 거절했다.

> 너희 안에 이 마음을 품으라
>
> 곧 그리스도 예수의 마음이니
>
> 그는 근본 하나님의 본체시나
>
> 하나님과 동등됨을 취할 것으로 여기지 아니하시고
>
> 오히려 자기를 비워 종의 형체를 가지사
>
> 사람들과 같이 되셨고
>
> 사람의 모양으로 나타나사
>
> 자기를 낮추시고 죽기까지 복종하셨으니
>
> 곧 십자가에 죽으심이라

갈보리의 희생으로 예수는 권위를 얻었다. 성경은 계속해서 이런 권위 때문에 모든 무릎이 완전한 복종의 표현으로 그분 앞에 꿇게 되었다고 말한다.빌2:9-11 참조 예수께서 세상을 구원하고자 권력을 사용하지 않았다는 것은 그가 저항했던 유혹들의 관점에서 볼 때, 별로 놀랄 일이 아니다. 예수께서 40일을 광야에서 보낸 후, 사탄이 그에게 다가와 추종자들을 얻도록 권력을 사용하라고 유혹했다. 처음에는 굶주린 자들을 위해 돌을 빵으로 바꾸라고 말했다.마4:3 참조 그 후에, 사탄은 시온 산에 있는 높은 성전 탑에서 뛰어내린 후 안전하게 착지함으로써 대중을 놀라게 하라고 예수를 유혹했다.마4:5-6 참조 끝으로, 사탄은 이 땅에 하나님나라를 세우도록 자신의 권력을 제공하겠다고 예수를 유혹했다. 하지만 예수는 인류가 자신의 뜻에 복종하도록 강제함으로써 세상을 지배할 생각이 없었다.마4:8-9 참조 각각에서 예수는 성경의 권위를 사용하여 사탄을 꾸짖었다. 예수는 권력대신 희생적 사랑을 통해 자신의 나라를 세우기로 했다. 십자가를 통해, 예수는 모든 사람을 자신에게 이끌 것이다.요12:32 참조 권위는 희생을 통해 획득되기 때문이다. 우리가 갈보리를 생각할 때, 우리가 우리 자신의 것이 아님을 깨닫는다. 우리는 값을 지불하고 구매 되었다.고전6:20 참조 예수께서 우리를 위해 십자가 위에서 행한 희생으로, 우리의 영혼, 생명, 그리고 모든 것을 받을 자격이 충분하다!3)

어떻게 사랑의 희생으로 권위를 얻는지에 대한 한 가지 예로, 나는 어머니가 나에게 가졌던 권위를 언급할 수 있다. 그녀가 말했을 때, 나는 경청했고 순종했다. 그녀는 나를 복종하게 만들 권력을 갖고 있지 않았다. 나는 그녀보다 훨씬 더 크고 힘도 더 셌다. 대신, 나는 그녀에게 순종했다. 지난 세월 동안 그녀가 나를 위해 행했던 사랑의 희생 때문에, 나는 그녀를 존경하고 순종해야 한다고 생각했기 때문이다. 그녀는 권위 있게 말했다!

나는 마더 테레사가 국가조찬기도회에서 연설하는 것을 들은 적 있다. 그 기도회에는 미국 대통령, 부통령, 그리고 일군의 세계 지도자들이 참석했다. 그녀는 그 자리에 참석한 사람들 중 많은 이들이 연설을 듣고 싶어 하지 않았다고 말했지만, 모든 사람이 깊은 존경심으로 그녀에게 귀 기울였다. 그녀와 함께 메인테이블에 앉아있던 사람들은 명백히 낙태를 지지했지만, 그녀는 낙태에 강력히 반대했다. 그녀는 권위 있게 말했다. 그 권위는 그녀가 캘커타 거리에서 죽어가던 가난한 자들을 위해 희생했기 때문에 획득한 것이다.

또 마더 테레사는 하버드 대학교의 한 대학원 수업에서 강연한 적이 있다. 그녀는 또 다시 성적 도덕성과 생명의 성스러움에 대해 말했다. 그것은 청중 대부분의 생각과 충돌하는 것이었다. 다시 한 번, 청중은 그녀의 말을 진지하게 경청했다. 그녀가 권위를 갖고 말했기 때문이다. 내 생각에는, 결정적인 순간에 대부분의 가톨릭 신자들은 바티칸의 수장으로서 엄청난 권력을 휘두르는 교황보다 자신의 희생을 통해 권위를 갖게 된 마더 테레사에게 더 귀를 기울일 것 같다.

나는 그리스도인들이 먼저 희생의 방법으로 타인, 특히 가난한 자들과 억눌린 자들의 필요를 채우려고 노력할 때만 권위를 가질 것이라고 생각한다. 권력을 가진 사람들이 타인의 필요를 채워주고, 사회의 길가에서 상처 받고 버려진 사람들의 상처를 싸매줌으로써 그리스도인의 사랑을 보여줄 때, 그리스도인들은 비로소 말의 권위를 얻을 것이다. 그리스도인들이 자신들의 시간과 자원을 투자하여 굶주린 사람들을 위해 음식을 마련하고, 노숙자들에게 쉼터를 제공할 때, 그들의 말에 사람들이 주목할 것이다. 그들이 가난한 아이들의 공부를 도와주고 에이즈 환자들을 돌봐줄 때, 그들은 변화를 요구하는 자신들의 사명을 확대한다. 하지만 말하기 전에 그리스도인들은 하나님의 사랑을 희생적 사역을 통해 드러내야 한다. 희생은 정치적 기제들을 장악한 사람들이 그들을 진지하게 대하도록 만든다.

몇 년 전, 나는 도미니카공화국에서, 엘리아스 산타나Elias Santana라는 이름의 한 젊은 의사와 하루를 보낸 적 있었다. 이 특별하고 놀라운 의사는 미국에서 의료사업으로 막대한 수입을 올릴 모든 조건을 다 갖추고 있었다. 하지만 그는 자신의 고국에 있는 가난한 사람들을 위해 희생적 삶을 살기로 결심했다. 그는 매주 얼마 동안 산토도밍고에 사는 부자들의 병을 비싼 의료비를 받고 치료해주면서 보낸다. 그런 후에, 그는 그 돈으로 가난한 사람들에게 무료로 나눠줄 약을 산다. 산토도밍고 주변 빈민가에서 벌이는 자신의 사역을 위한 기금을 마련하고자, 가끔 그는 푸에르토리코로 날아가서 수술을 집행하기도 한다.

나는 하루 동안 엘리아스를 따라, 그와 그의 친구들이 그 도시의 가장 가난한 지역에 세운 다양한 진료소들을 방문했다. 그날 밤, 그의 의료 활동이 끝났을 때, 그는 자신의 이동약국으로 사용하는 소형오픈트럭 위로 올라갔다. 그는 그 자리에서 사람들을 자기 주변으로 불러 모았다. 그리고 그들에게 복음을 전파했다.

모여든 군중 한쪽 끝에 한 청년이 서 있었다. 그의 이름은 후안 페레즈Juan Perez였다. 그는 도미니카공화국의 아우토노마 대학교Autonoma University의 청년공산주의연합the Young Communist Association 무신론 지도자였으며, 강력한 사회당의 핵심당원이었다.

나는 후안에게 다가가서, 거의 조롱하는 것 같은 방식으로 질문했다. "당신은 그가 지금 무슨 일을 하는지 눈치 챘나요? 그는 지금 복음을 선포한다구요! 사람들이 듣고 있어요. 당신 생각엔, 오늘 그가 몇 사람을 전도할 것 같나요?"

후안의 대답은 잊을 수가 없다. 그는 거의 단념한 목소리로, 그러나 깊은 존경을 담아 이렇게 말했다. "내가 무슨 말을 할 수 있겠습니까? 엘리아스 산타나는 사람들이 경청할 만한 자격을 이미 확보한 걸요!"

엘리아스가 말할 때, 그는 권위가 있었다. 그의 권위는 산토도밍고 사람들을 희생적으로 섬긴 결과로 얻은 것이다. 예수의 모범을 따라 가난한 자들을 섬겼던 그의 희생 때문에, 사람들, 심지어 기독교에 대해 비판적이었던 사람들, 심지어 좌파정당 회원이 그를 존중하게 된 것이다.

이런 예들에서, 우리는 그리스도인들이 파워게임을 벌이지 않고도, 권력을 향해 발언할 수 있는 몇 가지 방법을 발견한다. 우리는 마더 테레사와 엘리아스 산타나 같은 사람들에게 우리가 정당정치에 입문할 때, 어려움에 처한 "소자들"을 위한 섬김과 희생 면에서 훌륭한 실적을 거두어야 한다는 사실을 배운다. 그런 희생적 봉사를 통해, 사람들은 우리를 진지하게 대하고, 공정하게 평가할 것이다. 그리고 우리는 우리를 반대하는 사람들에게도 영향을 끼칠 것이다.

정치에서 지도력 발휘를 위한 이런 식의 접근이 지닌 약점과 결함을 지적할 사람들, 내 주장이 순진하고 비현실적이라고 말하는 사람들도 틀림없이 있을 것이다. 나를 비판하는 사람들은 실제 정치계에서 필요하고 유용한 것은 언제든지 강제력을 사용할 수 있는 권력이라고 말할 것이다. 그리고 나는 흔히 "섬김의 리더십"servant leadership이라고 불리는 가장 고귀한 방법으로 권위를 사용하려는 노력에도 파워게임 같은 것이 있다고 인정한다. 우리가 아무리 노력해도 결코 힘의 정책에서 벗어날 수 없다는 것은 사실이다.

그럼에도 우리는 예수 안에서, 권위의 궁극적 표현을 구체화했고, 섬김의 리더십의 완벽한 모델이 된 인물을 만난다. 물을 것도 없이, 그분은 우리가 앙망해야 할 "이상형"이다. 권력보다 권위의 효용성이 더 크다는 사실을 의심하는 자들은 희생적 사랑을 선호하여 권력을 거절했던 그리스도께서 궁극적으로 정치세계의 '정사와 권세'에 승리했다는 사실을 주목할 필요가 있다. 앞에서 인용했던 빌립보서 2장의 구절은 다음과 같이 이어진다.

> 이러므로 하나님이 그를 지극히 높여
>
> 모든 이름 위에
>
> 뛰어난 이름을 주사
>
> 하늘에 있는 자들과 땅에 있는 자들과 땅 아래에 있는 자들로
>
> 모든 무릎을
>
> 예수의 이름에 꿇게 하시고
>
> 모든 입으로 예수 그리스도를 주라 시인하여
>
> 하나님 아버지께 영광을 돌리게 하셨느니라9-11절

그의 주되심은 희생적 사랑으로 이루어진 것이며, 그의 모범을 따름으로써 우리도 권위를 가질 수 있다. 오직 타인의 필요를 채우려고 몸부림치는 우리의 희생을 통해, 이 시대의 통치자들인 "정사와 권세"에게 도전할 권위를 얻을 것이다.

무지보다 지식을

효과적인 기독교적 정치참여를 위해 한 가지 더 중요한 요구사항이 있다. 우리는 지성적 구성원이 되어야 한다. 민주주의는 교육받은 유권자들이 필요하며, 그리스도인들은 이런 요구사항에 특별한 관심을 기울여야 한다.

말할 권위를 얻었지만, 적절한 방식으로 말할 지식이 없는 것은 어처구니없는 일이다. 우리가 지식과 진리를 올바로 다룰 때, 하나님께 인정

받는다고 성경은 말한다. 딤후2:15 참조 우리는 우리 안에 소망을 지닐 이유가 필요하다.

맹목적 애국주의는 진리가 아니다. 그리스도인들은 최대한 능력을 다해, 당대의 "뜨거운 쟁점들"에 대한 다양한 관점을 이해하고, 그 쟁점들을 지적·성경적으로 숙고하도록 노력해야 한다. 우리가 쟁점들을 숙고하면서, 우리는 당파적 이해를 초월할 의지가 있어야 하며, 하나님의 뜻이라고 믿는 것과 일치하도록 우리의 정치적 견해를 발전시켜야 한다.

나는 그리스도인들이 강단에서 설교자들이 주장한 견해를 단순하게 고수하거나, 그들이 기독교 라디오와 종교 TV에서 들은 것을 맹목적으로 추종하는 모습을 보고 놀랄 때가 많다. 각 그리스도인은 모든 진영의 주장에 귀 기울인 후 개인적 결정을 내림으로써, 정치적 쟁점들 빌2:12 참조 에 대한 자신들의 "구원"을 이루어야 한다. 이 책을 읽은 사람들에게 내가 정말 원하지 않는 것은, 이 책에서 내가 말한 것을 무비판적으로 따르는 것이다. 마치 정치적 쟁점들에 대한 내 생각이 그리스도인들이 생각해야 할 최종적인 것처럼 말이다. 내가 바라는 것은 다음의 정치적 진술이 생각을 자극하고, 이상적으로 한 그리스도인이 자신의 정치적 사상을 알리려고 성경적 신학을 사용하려 얼마나 애썼는지를 보여주는 것이다.

나는 내 관점이 철저하게 기독교적으로 간주되어야 한다고 요구하는 것은 아니며, 다른 지성적 그리스도인들이 주장한 견해들이 무시되어야 한다고 주장하는 것도 아니다. 우리 중 누구도 정치적 생각에서 오류를 피할 수 없고, 나 자신도 여러 쟁점에서 오류를 범해왔다. 지난 세월 동안 나 자신의 생각이 변해온 방식을 생각할 때, 나는 선거 때에 우리가 직면한 중요한 쟁점들에 대해 그리스도인들이 어떻게 투표해야 하는지 나나 다른 누구도 정답을 갖고 있지 않음을 잘 안다. 기껏해야, 이 책은 독자들이 자신들의 관점을 발전시키도록 도전하고, 당대의 정치적 쟁점들에 대한 찬반을 검토하는데 성경적 비판을 가하도록 권면할 뿐이다. 이런 목적을 위해, 나는 다음의 것이 도움이 되길 바란다.

나는 선거 때에 개인이 뜨거운 쟁점들에 대한 자신의 태도를 명확히 하라고 강조하지만, 레드레터 크리스천이 교회가 자신들에게 도움이 될 수 있다는 사실을 무시하지 않길 바란다. 우리 각자가 자신들의 믿음을 실천할 때, 자신들의 결론을 동료 신자들과 기꺼이 공유할 수 있어야 한다. 우리를 통해 일하시는 그리스도는 우리가 심각한 오류를 범하지 않도록 "견제와 균형"을 제공해주신다. 우리가 그리스도 안에서 우리를 사랑하는 사람들에게 받는 비판은, 비록 그 비판이 특정 쟁점들에 대한 우리의 견해를 포기하도록 만들지는 못하겠지만, 우리 생각을 날카롭게 하고, 성경과 일치하는 소망을 갖도록 도울 것이다. 벧전3:15 참조

세계적 이슈

3장
환경

레드레터 크리스천에게, 환경보호는 대단히 중요한 문제다. 그것은 낙태와 동성애 결혼 같은 심각한 문제에 그리스도인들의 정치적 관심과 활동을 집중하길 원하는 복음주의 공동체와 우리를 갈라놓는 문제 중 하나다. 비록 우리가 이 두 관심사에 대한 견해에 항상 동의하지 않더라도, 레드레터 크리스천이 그것들을 가볍게 취급한다고 절대로 생각하지 말라. 사실은 정반대다. 우리는 그것들을 정말 진지하게 취급한다. 하지만 우리가 성경적으로 정치에 접근하길 원한다면, 다른 중요한 관심사들도 포함하도록 쟁점을 확대해야 한다고 생각한다. 환경보호가 그 목록의 상위에 위치한다.

나는 기후변화 및 지구온난화와 관련된 문제들을 위해 어떤 조치가 취해져야 한다는 것을 확신하려고 앨 고어Al Gore의 『불편한 진실』*An Inconvenient Truth*을 읽어볼 필요는 없었다. 10여 년 전에 아프리카를 방문했을 때, 나는 환경파괴에 대해 이전에 읽었던 어떤 글보다 큰 충격을 받았다. 그곳에서 세네갈의 오지에 있는 한 마을 추장과 대화를 나누었다. 나는 아프리카를 파괴하는 가뭄으로 말미암은 황폐화와 고통을 기록하고자 카메라맨과 함께 갔다.

우리 두 사람이 세네갈과 모리타니아를 나누는 세네갈 강변에 함께 서 있을 때, 추장은 우리에게 가뭄이 어떻게 염소 떼를 몰살시켰는지 말해주었다. 그는 그 마을 청년 대부분이 어떻게 더 이상 생계를 위해 염소를 기를 수 없게 되었고, 직장을 찾아 수도 다카Dakar로 떠났는지 설명해주었다. 그 후에, 그는 놀라운 이야기를 들려주었다. 깊이 숙고한 후에, 그는 이렇게 외쳤다. "내 백성은 가뭄에서 생존하는 법을 압니다. 우리는 수백 년 간 그렇게 살아 왔습니다. 하지만 이것은 다릅니다. 날씨가 바뀌고 있어요!"

그 마을의 추장은 기상학자가 아니었다. 하지만 그는 본능적으로 뭔가를 깨달았다. 그들이 기억할 수 있는 오랜 세월 동안 자신들의 삶에 결정적 영향을 끼쳐왔던 기후가 회복 불가능할 정도로 엉망이 되었다는 사실을 그는 알았다. 이들의 삶이 결코 똑같을 수 없다는 것도 잘 알았다.

기후변화의 현실에 대한 이런 증거들이 도처에 있다. 하지만 그 이유에 대한 설명은 다양하다. 우리 대부분은 지난 세기 동안 화석연료에서 배출된 탄소배기량의 극적 증가로 말미암은 결과들을 잘 안다. 하지만 제대로 알려지지 않은 요인들도 많다. 예를 들어, 어떤 과학자들이 "지구의 심장"이라고 부르는 브라질의 아마존 우림이 빠르게 파괴되는 것에 우리는 별로 관심이 없다. 우림은 산소를 분출하고 이산화탄소를 흡수하며, 비가 되는 수분을 다량 생산한다. 하지만 점점 더 많아지는 햄버거 수요와 그 덕분에 점점 더 늘어나는 육우사육 공간의 필요로, 매분마다 축구경기장 크기의 우림지역이 파괴된다. 즉, 워싱턴 주 정도의 땅이 매년 파괴되는 것이다.1) 아마존 밀림의 평지화는 틀림없이 그 세네갈 추장이 말라버린 강둑에 우리와 함께 서 있을 때 인식했던 기후변화의 한 요인이다.

지구의 기온상승에 대한 논란은 없지만, 지구온난화 원인에 대한 주장은 다양하다. 콜로라도대학교 선임연구원 로저 필크Roger A. Pielke 같은 소수의 기상학자들은 우리가 현재 경험하는 온난화는 확장된 시간에서 기대되는 온도변화의 정상적 주기의 일부라고 말한다.[2] 다른 보수적 과학자들은 지구온난화의 존재를 인정할 준비가 되어 있다. 하지만 그들은 그것과 관련된 문제들이 얼마나 심각한지에 대해서는 의문을 제기한다.

매사추세츠공과대학교MIT의 칼 분쉬Carl Wunsch는 지구온난화의 결과로 해수면이 상승할 것이라고 가정할 준비는 되어 있지만, 얼마나 상승할지에 대해서는 아무도 모른다고 말한다.[3] 예일대학교의 경제학과 환경변화 전문가인 로버트 멘델슨Robert Mendelson은 실제로 지구온난화가 다음 세기에 경제에 도움이 될 것이라고 예측한다. "미국은 매년 140억 불에서 230억불 정도의 이익을 얻을 것이다…온난화에 대한 최근의 예측들은…미국에 유익할 것이라고 제안한다."[4]

상대적으로 적은 수의 과학자들은 지구온난화에 대해 호들갑을 떨 필요가 없다고 주장한다. 내 견해로는, 세계의 과학자 중 95% 이상이 다른 결론을 내렸을 때, 우리는 단지 반복되는 주기의 따뜻한 측면을 경험한다고 말하는 사람들을 신뢰하지 말아야 한다.[5] 대부분의 과학자들은 정말 우리에게 심각한 문제가 있다고 동의한다.

비즈니스 블록

증거가 넘쳐나지만, 남침례교회는 지구온난화에 대해 의문을 제기하는 일군의 과학자들의 보고서를 열렬히 지지했다. 텍사스·주 포트워스

Fort Worth에서 열린 2007년 총회의 대의원들은 "인간이 초래한 재난적 지구온난화의 컴퓨터 모델을 과학적 증거가 지지하지 않는다는 결의안을 통과시켰다."[6] 그 결의안은 온실가스를 줄이려는 주요 조치들이 세계에서 가장 가난한 자들에게 부당한 영향을 끼친다고 결정되었기 때문에 통과되었다. 기후변화에 대처하는 것은 산업에 비싼 대가를 치를 것이다. 많은 개발도상국이 초기 산업화의 점증하는 고통을 경험하며, 산업폐기물의 통제기술 공급을 위한 비용을 감당하기가 대단히 어렵기 때문이다.

하지만 2007년 4월에 발표된 「유엔환경변화영향보고서」*United Nations Climate Change Impact Report*는 우리가 배기가스를 통제하지 않는다면 가장 고통 받을 사람들은 가난한 사람들이라고 주장했다. "이 사람들은 세계의 빈민 중에서도 가장 가난한 사람들이다. 이들 중에는 부유한 국가의 빈민들도 있는데 그 사람들이 가장 큰 타격을 입을 것이다." 라고 그 결과를 발표했던 조사위원회 의장 라젠드라 파차우리*Rajendra Pachauri*가 말했다.[7] 탄소배기가스에서 기인한 기후변화가 농업식량생산을 방해하고, 식량부족 때문에 가난한 자들이 가장 심각한 피해를 받을 것이다. 우리가 정말 우리세계에서 가장 연약한 시민들에 대해 걱정한다면, 우리는 좀 더 현명하게 우리의 공통된 집을 돌보아야 한다.

배기가스 통제에 반대하는 더 민족주의적이고 이익중심적인 논리는 시장자본주의 주창자들 입에서 나온다. 그들은 지구온난화위기의 증거가 별로 결정적이지 않다고 생각하기 때문에, 사기업에 대한 정부의 간섭에 신중해야 한다고 말한다. 그들은 탄소배기량을 확실히 줄이려면 필요한 비용이 엄청날 것이며, 그 비용 때문에 미국 산업이 세계시장에서 미국의 주요 경쟁자인 중국과의 경쟁에서 점점 더 힘들어질 것이라고 지적한다. 사람들이 상황을 판단하는 방식을 고려할 때, "미국의 사업이야말로 진정한 사업이다"라고 믿는 사람들이 미국 산업에 더 많은 환경통제를 가하려는 일체의 시도를 의심하는 것은 쉽게 이해할 수 있다. 하지만 우리는 책임적 생태학이 요구하는 대가를 지불하고 싶지 않기 때문에, 우리 자식들과 손자들의 복지를 희생시킬 준비가 되어 있단 말인가?

심지어 우리가 산업화 촉진과 관련된 환경문제를 다룰 때 발생하는 경제적 비용과 우리 정부가 이런 문제를 다루도록 필요한 조치들을 취할 때 발생하는 결과를 고려할 때, 우리는 현재 우리가 처한 곤경에 창조적 해법을 제공함으로써 얻을 수 있는 경제적 혜택도 인식해야 한다. 생태적 책임에 대한 요청을 다루도록 현재 만들어진 새로운 "녹색" 사업과 산업들이 많다. 환경기술을 주도하는 독일은 수만 개의 직업이 새로 창출되며, 화석연료에 대한 대체에너지를 만듦으로써 엄청난 수익을 낳고 있다.

최근에, 독일 북부를 여행하는 동안, 나는 소모되는 전기의 상당부분을 공급하는 풍력터빈을 수없이 보았다. 이 터빈들 중 많은 것을 투자자들이 사적으로 소유한다. 그들은 풍력에너지에 투자한 후, 상당한 액수의 배당금을 받는다. 이런 풍력 터빈의 제작과 배치 과정에서 만들어지는 직업들은 그것을 유지하도록 필요한 핵심 직업들과 함께 독일경제에 혜택을 준다.[8]

또 다른 녹색산업인 재활용도 경제적 혜택이 있다. 이미 미국에서도, 종이, 유리, 금속의 재활용은 일찍이 이런 사업에 뛰어든 회사들에게 상당한 이익을 안겨주고 있다. 그러므로 우리가 버린 거대한 쓰레기 더미 아래 묻히고 싶지 않다면, 투자자들은 미래에 더 많은 재활용이 필요하다는 사실을 깨달아야 한다. 예를 들어, 낡아서 버린 컴퓨터들이 빠른 속도로 쌓이며, 그것들을 재활용해야 할 필요도 고조된다. 또한 우리는 현재로서는 소멸되지 않을 것처럼 보이는 미끄럼틀, 그네, 장난감집 같은 큰 플라스틱 장난감들에도 관심을 가져야 한다. 그것들에 대해 무언가 할 수 있고 또 해야 한다. 이것은 새로운 프로젝트의 혁신적 착수를 위한 수익성 높은 기회다! 얼마 전까지, 스티로폼 컵과 쟁반을 재활용할 방법이 없다고 말한 사람들이 있다. 하지만 과학자들은 방법을 찾아냈고, 투자자들이 수익을 거두고 있다.

환경문제를 다루는 과정에서 수익을 거두는 방법들의 목록은 끝도 없다. 상상력과 진취성이 녹색산업을 더욱 일반적으로 만들기 위해 필요하며, 우리는 그런 증거를 보여주는 기업과 정치 후보자들을 지지해야 한다.

조약 시험

지구온난화에 대한 토론이 있을 때마다, 1997년 도쿄의정서를 언급하는 경향이 있다. 그것은 1998년에 발효될 예정이었다. 이 특별한 조약에 서명한 국가들은 탄소배기량을 1991년보다 낮은 수준으로 축소시켜야 했다. 그것은 환경오염을 줄일 새로운 기술 개발을 위해 가난한 나라에 기금을 제공한다. 또한 그것은 탄소배기량을 감시할 강력한 시스템을 구축하고, 조약의 요구사항에 응하지 않는 국가들을 법적으로 강력히 제재한다. 2002년에 독일의 본Bonn에서 규모가 축소된 조약이 제안되고 최종적으로 채택되었다. 이제 그 조약의 발효를 위해 필요한 충분한 수의 서명국을 확보하고자, 러시아의 비준을 기다리고 있다.[9]

하지만 1997년 도쿄의정서는 2001년 3월에 부시 대통령이 자신의 정부는 그 의정서에 서명하지 않겠다고 발표했을 때, 큰 타격을 받았다.

1990년에 전체 배기가스의 36%를 차지하던 미국은 2008년부터 2012
년까지 단지 배기량을 7%만 줄이겠다고 동의했다.[10] 조약의 규정에 따
르면, 그것은 충분하지 않다.

서명의 장벽처음에는 국회, 다음에는 대통령은 배기가스를 억제하는 조치를
취하는 것에 대해 중국에게 "유예기간"moratorium을 주었다. 중국은 고도
로 발달된 국가들을 따라잡으려면, 1997년 도쿄의정서가 요구하는 오염
규제에 방해받지 않고 자신들의 산업생산을 증대시킬 시간이 필요하다
고 설득력 있게 주장했다.[11] 부시 행정부의 입장은 그런 유예기간이 중
국에게 세계무역에서 의정서에 서명한 국가들보다 부당한 경쟁적 이점
을 제공했다는 것이다. 영국과 독일 같은 다른 선진국들은 어쨌든 서명
했고, 대부분의 생태주의자들은 미국도 똑같이 했어야 한다고 믿는다.

지구온난화에 대한 관심이 2007년 독일에서 열린 G8 회담에서 고조
되었다. 그 회담에서 대부분의 지도자들은 자신들의 모국에서 2050년
까지 탄소배기량을 현저히 줄이겠다고 동의했다.[12] 많은 생태주의자는
부시 대통령이 이 동의안에도 서명하지 않은 것에 분노했다. 하지만 지
구를 사랑하는 레드레터 크리스천이 우리 대통령에게 혹독한 비판을 가
하기 전에, 그의 결정이 우리의 대의를 위해 장기적으로 긍정적인 결과
를 가져올 수도 있음을 인식할 필요가 있다.

부시 대통령은 세계 최대의 오염국인 중국과 인도가 그 동의안에 참
여하지 않았기 때문에 서명하지 않은 것이다. 그는 가까운 미래에 이 두
나라의 지도자들을 만나, 그 나라들이 환경적으로 책임 있는 국가가 되
도록 무슨 일을 기꺼이 할 것인지, 탄소배기량에 관한 문제들을 논의할
계획이다.[13] 만약 부시 대통령이 그 동의안에 이미 서명했더라면, 대단
히 제한된 협상력을 갖고 그 모임에 나갈 것이다. 하지만 G8 회담에서
그 동의안에 서명하지 않았기 때문에, 부시 대통령은 인도와 중국이 탄

소배기량을 축소하라는 세계의 부름에 순응하도록 만드는 자리에 미국을 위치시킬 수도 있을 것이다.

1997년 도쿄의정서와 다른 동의안들에 대해 다른 국가들과 토론이 계속된다. 다음 선거에서 후보들이 그 의정서와 비슷한 조약들에 서명하는 것과 관련해서 어떤 태도를 보이는지, 그리고 미국이 자신의 의무를 충실히 수행하도록 그들이 무슨 일을 할 지 파악하는 것이 중요한다.

지구의 다른 문제들

기후변화가 오늘날 지배적인 환경문제이지만, 결코 유일한 문제는 아니다. 우리가 지구의 재생할 수 없는 자원들을 너무 빠른 속도로 소비하는 것에 대한 경고도 있다. 하버드와 MIT의 일부 과학자들은 지구의 제한된 석유공급이 바닥나는 것은 시간문제라는 명백한 증거를 제공해 왔다.[14] 우리 복지에 훨씬 더 위협적인 것은 우리가 풍부하다고 생각해 왔던 신선한 물이 점점 더 희박해진다는 사실이다.[15]

우리가 수많은 식물, 곤충, 동물의 종들을 무자비하고 지속적으로 파괴한 것이 이미 심각한 결과를 초래했다. 우리 대부분이 깨닫지 못하는 것은 우리가 많은 질병을 치료하려고 사용하는 약품 거의 대부분이 식물과 다른 유기적 자원들에서 얻는다는 사실이다.[16] 우리의 환경파괴로 많은 식물이 멸종되기 때문에, 우리는 심각한 질병들을 치료할 많은 약품들이 어떻게 지표면에서 사라질지에 대해 고민해야 한다. 어쩌면 지금도 우리는 잎이나 뿌리 속에 항암성분을 지닌 여러 식물들을 아마존에서 파괴하는 지도 모른다.

사람들은 점점 더 우리가 먹는 것에 대해 걱정한다. 샐러드 속에 들어 있는 양상추부터 마시는 물까지 모든 것을 화학비료가 오염시켰다.[17] 산업폐기물로 말미암은 물고기 속의 수은함유량 때문에, 정부는 때때로 특정 종류의 해산물 섭취를 금지하는 경고문까지 발표해야 한다.[18]

산업폐기물에 대한 다른 걱정들도 있다. 뉴저지 주 캠든Camden에서 내 학생들이 수행한 연구에 따르면, 그 도시의 여러 학교들이 라돈radon 수위가 매우 높은 쓰레기 처리장 위에 건설되었다. 이것은 실내공기의 질에 영향을 미침으로써, 그 학교 학생들의 건강에 상당한 위험을 초래할 수 있다.[19] 과학자들은 건강문제와 환경오염 간의 상관관계를 계속 밝혀낸다. 그들의 발견은 최근 몇 년 동안 암 발생율의 급격한 증가와 우리가 공기 중에 뿜어내고 강물 속에 쏟아 부은 것들과 어느 정도나 관련 있는지에 대해 우리가 고민하도록 만든다.

전력생산을 위한 핵분열에서 발생하는 방사능이 암뿐만 아니라 다양한 다른 질병들과 얼마나 많은 관련이 있는지에 대해, 아직도 밝혀야 할 것이 많다. 하지만 우리는 러시아 체르노빌의 원자로에서 발생한 비극적 사고가 그 지역의 높은 기형아 출생율과 직접 관련이 있음을 잘 안다.[20] 가장 두려운 것은, 이런 핵발전소의 폐기물들과 어떤 관계가 있는지는 아무도 모른다는 것이다. 그 폐기물에서 발생한 방사능 수준이 안전한 수준으로 회복되기까지는 아마도 수세기가 걸릴 것이며, 그때까지 그것을 보관할 장소를 찾는 것도 대단히 어려운 문제다. 제안된 황당한 해법들 중에는 핵폐기물을 로켓에 탑재하여 우주 밖으로 보내는 것도 있다.[21]

성경은 이 모든 것에 대해 무슨 말을 하는가?

환경론자가 되는 것에 대해 성경적 견해를 제시하는 것은 쉽다. 이런 목적을 위해 성경에서 가장 일반적으로 인용되는 구절은 창세기 1장이다. 거기에서 하나님은 우리에게 피조물의 청지기가 되라는 명령을 주신다.창1:26-28 참조 16세기의 장 칼뱅부터 오늘날의 론 사이더Ron Sider까지 신학자들은 이 특별한 구절이 우리에게 환경보호에 헌신하라는 하나님의 명령이라고 주장한다.

내가 환경보호주의에 대한 레드레터 크리스천의 소명에 대해 설교할 때마다, 나는 로마서 8장 19-22절을 인용한다.

피조물이 고대하는 바는 하나님의 아들들이 나타나는 것이니, 피조물이 허무한 데 굴복하는 것은 자기 뜻이 아니요 오직 굴복하게 하시는 이로 말미암음이라. 그 바라는 것은 피조물도 썩어짐의 종노릇 한 데서 해방되어 하나님의 자녀들의 영광의 자유에 이르는 것이니라. 피조물이 다 이제까지 함께 탄식하며 함께 고통을 겪고 있는 것을 우리가 아느니라.

내 관점에서, 성령을 받은 우리가 지구의 쇠퇴를 막는 일에 헌신해야 하는 것은 명백한 명령이다. 이 구절들에 따르면, 모든 피조물은 우리가 그들을 타락한 상태에서 구하길 기다린다.

정치꾼politician과 정치가statesman의 차이는, 정치꾼은 다음 선거를 염두에 두고 결정을 내리지만, 정치가는 다음 세대를 염두에 두고 결정을 내린다. 현재 우리가 직면한 환경문제들을 후보들이 어떻게 다루느냐에 따라, 그들이 정치꾼이 되거나, 아니면 정치가가 될 것이다. 우리에게는 환경문제들에 대한 그들의 견해와 우선순위에 대해 분명하고 상세한 답변이 필요하다. 하나님의 피조물을 보호하는 일에 당신이 어느 정도 헌신했던지, 당신의 정당과 장래 후보자들이 이런 중요한 문제들에 대해 명확하고 전문적으로 이야기하도록 요구해야 한다. 그들의 견해에 대해 당신이 정확한 결정을 내리도록 말이다. 미래를 위해 치러야 할 비용이 너무 많기 때문에, 다른 것을 위해 쓸 여지가 없다.

4장
전쟁

전쟁은 다음 선거의 결과를 결정하는 결정적 쟁점이 될 수 있다.

이라크 전쟁에 대한 토론이 벌어질 때, 그리스도인들 내에 심각한 분열이 발생한다. 대개, 복음주의자들은 대통령의 정책들을 지지한다. 반면, 주류 교단의 지도자들은 미국의 이라크 침략과 점령에 반대하는 경향이 있다. 남침례교회 연례총회는 부시 행정부에 대한 공식적 지지를 선언했다. 동시에 미국교회협의회 같은 신학적으로 더욱 진보적인 진영은 대통령의 전쟁 선전을 강력히 비난한다. 미국교회협의회에 소속된 모든 개신교 교파 집행부는 이라크 전쟁에 대한 반대를 공식적으로 발표했다. 반면, 로마가톨릭 지도부도 대체로 교황을 따라 이라크 위기에 대한 일체의 군사적 해법에 반대했다. 두 번째 그룹의 종교 지도자들이 모든 전쟁에 단호히 반대하는 것은 아니다. 다만, 이번 전쟁이 신학자들이 "정당한 전쟁"just war이라고 범주화하는 기준에 맞지 않는다는 뜻이다.

정당한 전쟁

정당한 전쟁론에 대한 고전적 정의를 제공한 것은 4세기의 성 아우구스티누스였다. 아우구스티누스가 이 문제에 대해 윤곽을 제시했다면, 16세기 개신교 종교개혁자인 장 칼뱅은 그것을 더 깊이 설명하고 정교하게 다듬었다. 간략히, 그들은 정당한 전쟁이 다음의 조건들을 충족시켜야한다고 주장했다.

1. 대의명분이 정당해야 한다(단지 정복을 위해서는 안 된다).
2. 전쟁은 반드시 합법적으로 선포되어야 한다(은밀한 공격은 안 된다).
3. 전쟁은 다른 모든 선택사항이 시도되었다가 실패한 후에 선포되어야 한다.
4. 전쟁은 성공의 합리적 가능성을 지녀야 한다.
5. 힘의 사용은 지향하는 목적에 비례해야 한다(일반인에 대한 고의적 살상을 피해야 한다).
6. 전쟁을 통해 성취된 선이 전쟁의 결과로 파생된 해악을 능가해야 한다.[1]

이라크 전쟁을 "정당한 전쟁"이라고 부르는데 이의를 제기하는 사람들은 미국이 사담 후세인 정권 때문에 즉각적 위험에 처했다거나, 이라크와의 갈등 해결을 위해 모든 대안들이 시도되었다는 주장의 증거가 충분하지 않다고 주장했다. 더욱이 그들은 전쟁에서 승리하고 평화를 쟁취하려면 무슨 일을 해야 하는 지에 대한 군부의 충고를 무시했고, 전쟁이 이라크 백성에게 무슨 해를 끼칠 지에 대한 아무런 인식도 없이 수행되었다고 주장했다.

여전히 그 갈등에 얽혀 있는 지금, 사실 자체를 이해하기도 힘들다. 이 전쟁을 시작한 것에 대한 찬반은 말할 것도 없다. 엄청난 양의 냉소주의가 존재하고, 음모론이 넘쳐난다. PBS 특집에서, 빌 모이어스Bill Moyers는 대통령의 팀전쟁이 발발하기 전에 전쟁을 계획했던 사람들에 의한 의도적 기만이 있었다고 주장했다. 모이어스는 상당한 양의 비디오 화면들을 사용하여 어떻게 대통령, 국무장관, 대통령안보담당특별보좌관, 국방부장관, 부통령이 사담 후세인 정부와 알카에다를 연관 지으려고 반복해서 음모를 꾸몄는지 보여주려고 노력했다. 모이어스는 권위를 가진 사람들이 빈번하게 거짓말을 하면, 그 주장을 입증할 증거가 없어도 사람들이 그 말을 믿게 된다는 옛 선전전술을 부시 행정부가 사용했다고 주장한다. 실제로, 사담의 이라크와 알카에다 그리고 9월 11일에 세계무역센터와 펜타곤에 비행기를 몰고 갔던 비행사들을 연결 짓는 증거가 전혀 없다고 모이어스는 주장했다. 그 비행사들은 미국과 동맹 관계에 있는 이집트와 사우디아라비아 출신이었다.[2] 빌 모이어스의 주장이 맞다면, 그 책략은 성공했다. 미국인 절대 다수가 사담 후세인과 9/11 공격 간에 관계가 있다고 믿으며, 미국의 이라크 침략은 사담 후세인 정권이 우리에게 한 짓에 대한 일종의 보복으로, 정당하다고 생각한다.[3]

사실과 증거가 이라크에서 미국의 행동이 일종의 정당한 전쟁이라는 분명한 선언을 지지하지 못한다면, 교회의 많은 비평가들이 가진 질문은 "군사적 행동 전에 경고를 발령하는 것이 교회지도자들의 책임인가?"이다. 만약 그들이 증거를 조사하고, 전쟁을 정당화하는 것이 부적절하다고 깨달았다면, 그들이 발견한 것을 회중에게 알려주었는가? 정부의 입증되지 않은 발표에 근거해서 시작했던 전쟁의 엄청난 비용을 고려할 때, 수많은 고통과 죽음을 초래할 근거 없는 주장들에 도전하는 것이 교회에서 예언자적 사역을 수행하는 사람들의 책임이 아니었을까? 전쟁의 북소리가 울리기 시작할 때, 정확한 정보와 용기를 가진 설교자들은 어디 있었는가? 권력을 향해 진리를 선포함으로써 기꺼이 위험을 감수하려는 용감한 목소리는 어디 있었는가?

전쟁의 정당한 이유들

물론, 전쟁을 정당화하는 주장들이 제기될 수 있다. 비록 이런 정당한 이유들이 정당한 전쟁론의 기준에 미치지 못할지라도 말이다. 이것들 중에 가장 일반적인 것은 너무 늦기 전에 독재자들을 막아야 한다는 것이다. 제2차 세계대전을 언급하면서, 이런 생각의 지지자들은 히틀러를 좀 더 일찍 물러나게 했다면, 수천만 명의 목숨을 구할 수 있었을 것이라고 주장한다.

이라크 전쟁을 계속 지지하는 사람들은 우리의 정부 지도자들이 많은 것을 알지만, "안보 때문에" 우리에게 말해줄 수 없는 때가 많다고 주장한다. 그들은 고위직에 있는 사람들이 그런 문제들에 대해 우리에게 결코 거짓말을 하지 않을 것이므로, 우리는 선출된 공직자들이 우리에게 하는 말을 믿어야 한다고 말한다. 특별히, 그런 지도자들이 자신들도 거듭난 그리스도인이라고 주장했을 때 말이다.

미국의 이라크 침략과 그 나라에 계속 주둔하는 것에 대한 지도자들의 변명은 지난 세월 동안 계속 바뀌었다. 처음에는, 사담 후세인이 발사 후 45분 내에 미국과 서양동맹국들 위에 쏟아질 수 있는 대량살상무기를 개발했기 때문에, 그 침략이 불가피했다는 소리를 들었다.[4] 국무장관 콜린 파웰Colin Powell이 유엔에서 연설하며, 그런 무기의 존재에 대한 결정적 증거를 제시했을 때, 대부분의 미국인은 한마음으로 전쟁을

지지했다. 한 보고서에 따르면, 단지 미국인 중 18퍼센트만이 그 침략에 반대했다.5)

이라크가 대량살상무기를 가졌다는 주장에 기초하여 침략을 정당화하는 것은 일종의 "슬램덩크"라고 주장했던 CIA의 한 고위간부의 말에 대통령 자신도 설득되었다.6) 그 침략 이후, 놀랍게도 개인적으로 대통령도 놀랐을 것이라고 믿지만, 그런 무기는 어디에서도 발견되지 않았다.

솔직히 말하면, 나는 대통령이 의도적으로 미국인들을 오도했다고 생각하지 않는다. 냉소주의자들과 달리 냉소주의는 비기독교적 특징이다, 나는 백악관의 최고 관리들부터 당신과 나처럼 평범한 시민들에 이르기까지, 모든 사람이 소위 "정보기관"intelligence community의 잘못된 보고에 속았다고 생각한다. 양당 모두 전쟁을 지지했다. 조지 부시와 클린턴 전 대통령 모두 그 전쟁을 지지했고, 사담 후세인의 강력한 군대를 중동의 평화와 안정에 대한 위협으로 간주했다. 하지만 나는 두 사람 모두 불필요한 전쟁을 원하지 않았다고 정말 믿는다.

전쟁의 이유로 대량살상무기를 주장했던 것이 불신을 받자, 워싱턴의 정보조작 달인들은 이라크를 점령하는 정말 중요한 이유가 독재정권을 제거하고, 그곳에 민주주의를 확립하는 것이라는 주장을 확산시켰다.7) 서글프게도, 그런 희망은 실현되지 못했다. 자유선거 이후, 시아파가 정권을 장악한 이슬람 공화국이 설립되었다. 이란처럼 시아파가 통치하는 다른 나라들에서도, 여성의 권리가 축소되고, 비非무슬림의 종교적 자유가 심각하게 제한된다. 만약 민주사회가 소수의 권리가 보호되는 사회라면, 이라크는 민주사회가 아니다.

그 전쟁에 대한 가장 최근의 변명은 이런 군사적 행동이 미국이 계속해온 "테러와의 전쟁"의 일부라는 주장이다. 대통령이 이렇게 말했다. "우리는 그곳에서 그들과 싸워야 한다. 그렇지 않으면, 우리는 여기에서 싸우게 될 것이다."8) 이라크 전쟁을 테러범들의 공격에서 우리를 지키려는 더욱 심각한 투쟁의 일부로 지적하는 사람들은 그곳에서 테러범들을 제거하는 것이 미국 땅에서 그들의 악한 행동을 막을 것이라고 말한다.

나는 반대하지만, 이런 식의 생각에도 어느 정도의 논리는 있다. 그런 주장에 어느 정도 힘을 실어주었던 9/11 이후, 미국에서 어떤 주요한 테러공격도 없었다는 사실을 인정해야 한다. 하지만 나는 이라크 전쟁이 우리 시민의 복지를 위협하는 테러범들의 수를 줄이는 대신, 그 수를 증가시켰다고 주장한다. 이라크의 일반인 사상자 수가 매달 수백 명에 이르면서, 그런 사상자들의 가족들은 쓰라린 고통을 겪었고, 그 고통 속에서 알카에다 같은 테러조직의 손쉬운 징집대상이 된다. 미국의 침략 전에는, 이라크 출신 테러범들에 대한 이야기가 없었다. 그러나 이제는 이라크가 테러범들의 주요 공급처 및 훈련소가 되었다는 것은 의심의 여지가 없다.9) 개인적으로 그렇게 말하고 싶지 않지만, 나는 장차, 이 전쟁 때문에 발생한 분노한 이라크 테러범들이 상상을 초월한 방식으로 미국과 유럽 국가들에 보복 공격을 가할 것이라고 믿는다.

당신이 모기를 죽임으로써 말라리아를 제거할 수 없듯이, 테러범들을 죽임으로써 테러를 없앨 수 없다. 당신은 모기를 만들어 내는 습지를 제거함으로써, 말라리아를 없앨 수 있다. 마찬가지로, 당신은 테러범을 양산하는 상황들을 제거함으로써, 테러를 없앨 수 있는 것이다. 우리가 팔레스타인 같은 장소에서 아랍인들에 대한 억압을 해결하고, 개발도상국에서 수많은 사람들을 괴롭히는 빈곤문제를 해결할 때까지, 점점 더 많은 수의 테러범들이 모집될 것이다.

그때 이후

그날 이후 이라크 전쟁에 대한 지지가 사라지고 있음은 틀림없다. 현재, 미국 유권자들의 압도적 다수는 그 전쟁이 실수였다고 생각한다.[10] 슬프게도, 그 전쟁에 담긴 부도덕성을 사람들이 점점 더 많이 인식하게 되었기 때문에 사람들의 태도가 바뀐 것은 아니다. 대신, 그것은 진실여부와 상관없이 우리 편이 지는 듯한 인상을 강하게 부여하는 미디어의 이미지와 이야기들 때문이다. 사회 비평가들은 만약 우리가 그 전쟁에서 이긴다면, 우리는 전쟁을 강력히 지지할 것이라고 말한다. 미국은 승자를 사랑하고, 패자들에게 냉정하다. 이것은 우리 태도의 도덕적 근거에 대해 무슨 말을 해주는가?

일부 전문가들은 300,000명 이상의 이라크 평민들이 이 전쟁의 결과로 목숨을 잃었을 것이라고 추정한다.[11] 이 숫자는 사담 후세인 치하에서 학살당한 사람들의 수를 초라하게 만든다. 모든 도시가 폐허가 되었다.

전기와 깨끗한 물 같은 기초 시설들이 계속 부족한 상태다.[12]

많은 사람이 수니파와 시아파 무슬림 간의 내전이라고 부르던 것이 발발했다.

의사, 법률가, 교사 같은 전문직 종사자들을 포함하여 수백만의 사람이 그 나라를 떠났다.[13]

이라크 경제는 붕괴되었다.[14]

이라크의 끔찍한 상황을 볼 때, 사담 후세인의 가학적인 독재정권을 제거한 것이 이라크 국민에게 더 나은 삶을 안겨주었다고 주장하기 점점 더 어렵게 되었다. 수천 명의 미국 군인이 목숨을 잃은 것 외에, 훨씬 더 많은 수의 미국 군인이 불구가 되었으며, 돌아온 병사들 중 24퍼센트가 심리 상담과 정신치료를 받아야 한다.[15] 그리고 많은 미국인에게, 현재 전쟁의 대가는 너무 비싸 보인다.

한때, 예수님은 한 강력한 임금이 전쟁에 나가기 전, 자신의 군대와 자원들을 파악한 후, 자신이 전쟁에 이길 수단을 가졌는지의 여부를 검토한다고 말했다. 만약 그가 확신할 수 없다면, 문제의 해결을 위해 협상을 시도한다. 눅14:31-32 참조 이제, 우리 지도자들이 전쟁에서 이길 뿐만 아니라, 평화를 확보하는데 필요한 것을 제대로 파악하지 못했다는 사실이 분명해 보인다. 그 결과는 엄청난 재난이었다.

고려해 볼 가치가 있지만, 결코 궁극적 중요성을 갖지 않는 것은 전쟁의 엄청난 재정적 비용이다. 현재, 그 전쟁은 3일마다 2조5천만원을, 혹은 일분마다 3억원을 쏟아 붓는다.[16] 그런 종류의 돈을 아프리카에서 말라리아와 결핵을 제거하는데 사용하고, 제3세계의 빈곤을 제거하고 에이즈 위기를 해결하는데 쓸 수도 있었다. 우리가 걱정하는 것이 한 국가의 안전이라면, 영국 군대의 한 장군이 이라크에서 우리에게 질문했던 것에 주목할 필요가 있다. "당신들 미국인은 언제쯤이나 당신들의 안전이 당신들이 파견한 군대보다 당신들이 만드는 친구들에게 달렸다는 것을 깨달을 겁니까?" 그 장군의 말이 그때나 지금이나 백번 옳다! 우리는 계속 전쟁에서 허비하는 수조원으로, 세계의 가난하고 억압 받는 사람들의 필요를 충족시켜 줌으로써 수많은 친구를 사귈 수 있다.

무시하지 말아야 할 또 다른 고려사항은 이라크 전쟁을 통해 발생한 부채다. 그 양이 너무 엄청나서, 우리는 사우디아라비아와 중국에서 돈을 빌려야 했다. 그 결과에 대해 생각해 보라. 미국이 매주 1조2천만원 이상을 중국에서 빌려온다.[17] 미국이 자신의 가장 강력한 경제적 경쟁자에게 빚을 진다는 사실이 어떤 결과를 가져올 것인가? 미국이 중국과 협상 테이블에 앉을 때, 중국이 주도권을 쥐는 한, 제대로 된 협상을 진행하기가 얼마나 어려울 지는 불 보듯 뻔하다.

미션작전이 미션선교에 끼치는 영향

이슬람 사람들과 미국이 한창 전쟁 중일 때, 우리는 그런 군사 작전 mission이 무슬림 국가들 안에서 기독교 선교사들의 전도활동에 어떤 영향을 끼칠 지에 대해 심각히 고민해야 한다. 미국의 이라크 침공이 중세 십자군 전쟁 동안 무슬림이 경험했던 공포의 재생으로 이슬람 국가들에서 정기적으로 보도되었다.[18] 서양인들에게 십자군 전쟁은 기억도 가물가물한 먼 옛날의 일이지만, 우리의 무슬림 이웃들은 훨씬 더 오랫동안 그것을 기억해 왔다는 사실을 우리는 깨달아야 한다. 천 년 전에 그들에게 벌어진 일이 오늘날 그들 의식의 일부분을 구성한다. 결과적으로, 무슬림들은 미군을 중세십자군의 현대판으로 선전한다. 이것은 다양한 이슬람 국가들에서 진행되는 우리 선교사들의 선교활동에 심각한 방해가 된다.

수세기 동안 최초로, 바그다드에서 교회들이 무슬림 극단주의자들에 의해 불에 탔다. 이슬람 일부 분파들이 규정한 전통 복장 착용을 거부한 기독교 여성들 얼굴에 염산을 뿌리는 등 그리스도인들에 대한 위협이 너무 무섭게 증가하여, 수천 명의 사람들이 도주했다는 보도가 있었다. 한때 이라크에는 백만 명 이상의 그리스도인들이 있었지만, 지금은 육십만 명도 안 된다.[19]

내가 선교대회에 참석할 때마다, "10/40 창문"이라고 불리는 곳의 사람들에게 복음을 전한다는 이야기를 듣는다. 세계에서 이 특별한 지역은 북위 10도에서 남위 40도까지를 말하며, 대서양에서 아프리카와 중동을 지나 태평양까지 이어진다. 그곳은 세계에서 가장 복음화가 안 된 지역이다. '10/40 창문'에 사는 사람들 가운데 극소수만이 예수가 누구이며, 그가 자신의 죽음과 부활을 통해 그들을 위해 무슨 일을 했는지에 대해 안다. 이 지역에 사는 대부분의 사람은 무슬림이며, 그들은 미군이 이라크에서 그들의 무슬림 형제자매들에게 무슨 일을 했는지, 그리고 미국이 지원한 이스라엘 군대가 팔레스타인에서 무슨 일을 하는 지에 대해 들었다. 그들이 들은 것 때문에, 그들은 그리스도와 그리스도인들의 사랑에 대한 우리 선교사들의 메시지에 점점 더 부정적 반응을 보인다. '10/40 창문'에서 사역하는 일부 기독교 선교사들이 순교 당했고, 다른 많은 사람은 추방과 거절을 경험했다.[20] 나는 팔레스타인에 있는 선교사들의 수가 최근에 발생한 사건들의 결과로 400명에서 40명으로 떨어졌다고 들었다. 하지만 내가 이렇게 탈출한 선교사들의 정확한 수를 구하려고 했을 때, 거의 불가능하다는 사실을 알게 되었다. 내가 정말 아는 것은 선교사들의 수가 급감했다는 것이다.

오늘날 세계에서 가장 효과적이고 광범위하게 활동하는 선교조직인 오엠선교회Operation Mobilization의 설립자 조지 버워George Verwer는 미군이 이라크를 침공하기 오래 전에, 전쟁이 끼칠 부정적 영향들을 깊이 인식하고 있었다. 그는 일단 전쟁이 시작되면, 수백 명이나 되는 자신의 젊은 선교사들이 수감과 박해의 상황에서 어떤 일을 당할지를 걱정했다.[21] 하지만 복음주의 지도자로서 그의 뛰어난 명성으로도, 그는 자신의 복음주의 형제자매들에게 전쟁이 미칠 결과들에 대해 설득시킬 수 없었다.

증가하는 저항

레드레터 크리스천 중, 평화주의자이든 비非평화주의자이든, 예수의 산상수훈을 진지하게 받아들이는 제자들은 전쟁을 반대해야 한다고 주장하는 사람들의 수가 증가하고 있다.

또 네 이웃을 사랑하고 네 원수를 미워하라 하였다는 것을 너희가 들었으나, 나는 너희에게 이르노니 너희 원수를 사랑하며 너희를 박해하는 자를 위하여 기도하라. 마5:43-44

내 차에는 "'네 이웃을 사랑하라' 고 예수께서 말씀하셨을 때, 그것은 우리가 그들을 죽이지 말아야 한다는 뜻이었다."라는 범퍼스티커가 붙어있다. 심지어 전쟁을 찬성하는 내 그리스도인 친구들도 그것을 읽을 때, 미소를 짓는다.

전쟁을 지지하는 사람들은 산상수훈이 현재 실천되어야 할 것이 아니라, 예수가 이 땅에 자신의 왕국을 건설하려고 육체적으로 재림할 때, 우리를 위해 작동할 윤리적 규범이라고 믿는다. 그러나 대부분의 레드레터 크리스천은 그런 주장을 용납하지 않으며, 산상수훈은 지금 여기서 문자 그대로 실천되어야 한다고 믿는다.

베트남 전쟁 동안, 아나뱁티스트 계열의 평화교단 중 하나인 형제교회the Church of the Brethren 소속의 한 젊은 회원이 군대징집을 거부했기 때문에 법정에 끌려갔다. 자신이 참여하지 않는 전쟁이 부당하다고 생각한 이유를 설명하자, 판사도 감동을 받았다. 그 젊은 반전론자의 진지함에 감동을 받은 판사는 판결을 내릴 시간이 되었을 때, 매우 유감스러웠다.

마음 아파하며, 판사는 이렇게 말했다. "젊은이, 법의 요구사항을 고려하며 이 소송에 대해 판결을 내리면서, 나는 이렇게 할 수 밖에 없네…."

바로 그 순간에, 그 젊은이가 큰 소리로 판사의 말을 막았다. "제가 할 말이 있습니다."

판사가 다시 말을 하려고 하자 그가 장엄하고 유감스런 목소리로 말했다. "제가 할 말이 있습니다."

다시 한 번 그 젊은이는 판사의 말을 가로 막았다. 그리고 이번에는 계속 말을 이어갔다. "판사님, 당신에게도 선택권이 있습니다. 당신은 사임할 수 있습니다!"22)

작지만 점점 늘어나는 대단히 헌신된 레드레터 크리스천이 이런 종류의 급진적 기독교를 표현하고 실천한다. 심지어, 우리 평화주의 형제자매의 현실주의realism에 심각한 의문을 품는 우리도 그들의 견해를 이해하기 시작했다. 나 자신도 비폭력저항자들의 극단적 헌신 때문에 무척 곤혹스럽다. 나는 양심적 병역거부자들의 특권을 위해 용감한 남녀들이 전쟁터에 갔고, 많은 사람이 그곳에서 죽었다는 사실을 잘 알기 때문이다. 사실, 이것이 미국을 위대하게 만드는 한 가지 이유다.

평화주의에 대한 개인적 딜레마를 가졌지만, 나는 양심적 병역거부자들의 태도를 존중한다. 전쟁에 직면해서, 예수의 말씀에 대한 그들의 비타협적 헌신이 기독교 공동체의 다른 사람들에게 점점 더 매력적이 되고 있다.

그런 이상주의자들은 우리가 적들을 로마서 12장 20절의 바울 가르침에 따라 대해야 한다고 제안한다.

네 원수가 주리거든 먹이고 목마르거든 마시게 하라. 그리함으로 네가 어떤 이들은 이런 성경적 지침을 대단히 복잡한 우리 세계에 직접 적용하는 것이 유치하고 비현실적이라고 주장한다. 하지만 나는 절대 그렇게 생각하지 않는다! 만약, 전쟁에 참전하기 전, 성경이 우리에게 말하는 대로 했다면 그 결과는 어떠했을까?

미국이 이라크를 침략하기 전 10년 동안, 이라크 국민이 사담 후세인에게 반기를 들도록 하고자 미국이 추진했던 무역봉쇄조치 때문에, 이라크 국민이 큰 고통을 당했다. 이라크 국민이 자신들의 악한 독재자를 권좌에서 끌어내릴 것이란 기대 속에 봉쇄조치를 시행했던 것이다. 하지만, 그런 일은 일어나지 않았다. 적십자에 따르면, 그 봉쇄조치의 직접적 결과로 50만 명의 이라크 어린이가 목숨을 잃는 동안, 사담의 권력은 더욱 탄탄해졌다.23)

우리 미국 그리스도인들이 막대한 재정을 들여 엄청난 양의 음식과 의약품을 구입하고, 그것들을 배편으로 요르단에 보내 봉쇄망을 피한 후, 다시 트럭으로 사막을 가로질러 고통 받는 이라크 사람들의 필요를 채워주었다고 생각해 보라. 그랬다면, 성경이 말하는 것처럼, 후세인의 머리에 숯불을 쌓음으로써 그의 정권을 붕괴시키지 않았을까?

적을 다루는 기독교적 방식이 그런 국제분쟁에서 시도되었다가 실패했다는 뜻이 아니다. 그런 일은 시도조차 되지 않았다. 정말로!

탈출

미국인이 이 전쟁의 참전을 찬성하든 혹은 반대하든, 우리 모두가 지금 당장 던지는 주된 질문은 어떻게 우리가 뒤에다 끔찍한 상황을 남겨두지 않은 채, 우리 군대를 이라크에서 철수시키느냐 하는 것이다.

한번은 예수께서 어떻게 더러운 영이 한 남자에서 쫓겨났는지에 대해 말한 적이 있다. 하지만 그 더러운 영을 대체할 것이 전혀 없었기 때문에 7개의 더 더러운 영들이 그 자리를 차지했다.눅11:24-26 그것이 바로 이라크에서 벌어진 일 같다. 우리는 한 귀신(사담 후세인)을 쫓아냈다. 그러나, 그 결과 하나의 진공상태가 만들어졌고, 그것은 그 자리를 대신할 다른 귀신들을 빨아 들였다. 폭도, 이란 혁명주의자들, 알카에다, 그리고 일군의 군벌들이 상황을 전보다 더 악화시켰다.

이라크에서 법과 질서가 완전히 붕괴되었다.

테러범들이 정기적으로 폭탄을 터뜨려서, 무고한 시민들을 박살낸다.

종파 간 전쟁이 거의 내전으로 빠져들었다.

갱단에 불과한 반란 세력들이 도시 거리에서 날뛴다. 많은 이라크 도시가 혼돈에 빠져 있다.

여론조사에 의하면, 이라크 국민의 70퍼센트가 미군의 즉각 철수를 원한다.24) 한 영국 장군이 연합군의 존재가 상황을 악화시킬 뿐이라고 선언했을 때, 영국과 미국의 정치꾼들을 경악하게 만들었다.25) 그의 말이 끝난 직후, 이라크 의회는 미국 정부가 군사적 개입을 끝낼 시간표를 제출해야 한다고 요구했다.26)

문제는 그 사회를 혼란 속에 버려두지 않은 채, 사람들이 안전하게 살도록 만들 사회적 통제력을 상실하지 않은 채, 그렇게 할 수 있느냐는 것이다.

최근에, 진보적인 유대인 신학자이자 잡지 「틱쿤」*Tikkun*의 편집자인 랍비 마이클 러너Michael Lerner가 나와 협력하여 미국의 이라크 군사적 점령을 끝낼 방법을 제안했다. 우리는 모든 종교의 지도자들을 초대하여 우리 계획에 서명하도록 했고, 그것을 「뉴욕타임스」의 한 면 전체에 실었다. 우리가 제안한 것은 다음과 같다.

1. 부시 대통령은 유엔에 출석하여, 자신이 정보전문가들의 보고에 기초하여 이라크에 대량살상무기가 있었다고 믿었으며, 그것이 그가 미국의 참전을 요청했던 이유라고 고백해야 한다. 그런 정보들이 틀렸고, 이제 무고한 수십만 명의 사람들이 살해되었으며, 모든 도시가 파괴되었다. 그런 침략 때문에 초래된 고통과 죽음에 대해, 대통령이 자기 자신을 위해, 그리고 이 엄청난 잘못을 압도적으로 지지했던 미국인들을 위해 용서를 구해야 한다.

그런 고백이 약함의 표시가 된다고 주장할 사람들이 있다. 하지만 내 생각은 다르다! 나는 잘못을 인정하는 것이 영적 힘과 성숙의 표시라고 믿는다. 또한, 나는 그런 고백이 이라크 전쟁 때문에 심각하게 손상된, 도덕 국가로서 자신의 명성을 미국에 회복시켜주는데 크게 기여할 것이라고 믿는다. 미국은 세계 앞에서 결코 고개를 숙여선 안 된다고 생각하는 사람들은 자주 인용되는 성경말씀을 기억해야 한다. "내 이름으로 일컫는 내 백성이 그들의 악한 길에서 떠나 스스로 낮추고 기도하여 내 얼굴을 찾으면 내가 하늘에서 듣고 그들의 죄를 사하고 그들의 땅을 고칠지라."대하7:14

2. 우리는 영국군과 미군을 대체할 국제평화군을 요구해야 한다. 그런 국제군은 일차적으로 비인접 국가들의 무슬림으로 구성될 것이지만, 이라크 국민에 대한 폭력이나 경제적 보이콧에 관여하지 않은 비非무슬림들도 포함할 것이다. 미군과 영국군들은 이라크 사람들의 언어, 문화, 혹은 종교를 이해하지 못하며, 이것이 광범위한 오해를 불러왔다.

3. 이라크를 재건하라! 진정한 회개는 말을 뒷받침할 수 있는 행동을 요구한다. 이것을 위해서는 수조 원이 필요하지만, 전쟁을 계속하는 것보다 훨씬 비용이 적게 들 것이며, 이라크 사람들과 세계의 다른 나라들에서 지지를 얻게 될 것이다.[27]

이 제안에 서명한 사람들은 정말로 그것이 효과를 발휘할 것이라고 믿는다. 한 가지는 확실하다. "그 길을 고집하는 것"은 사태를 더욱 악화시킬 뿐이다.

우리는 누구에게 투표할 것인지를 고민하면서, 많은 민주당원이 그랬던 것처럼 후보들이 전쟁을 비난하거나, 일부 공화당원들이 그랬듯이 그 문제와 관련해서 자신들과 대통령을 분리시키는 것만으로 충분하지 않음을 깨달아야 한다. 후보는 하나의 국가로서 우리가 장차 무슨 일을 해야 할 지에 대해 구체적인 제안을 내놓도록 압력을 받아야 한다.

5장

팔레스타인

이스라엘의 정치와 행동만큼 복음주의자들 안에서 분노를 자아내는 문제도 없을 것이다. 또한 이스라엘의 정치와 행동만큼 세계평화를 위해 중요한 문제도 없다.

전 세계의 무슬림들은 팔레스타인 아랍 사람들의 고통을 함께 느낀다. 그들은 자신의 이슬람 형제자매를 향한 이스라엘의 적대적 행동을 미국이 암묵적으로 지지했기 때문에, 두 나라에 대한 자신들의 비판이 정당하다고 생각한다. 매일, 무슬림 세계에서 극단적 선전기계들이 성지에 사는 팔레스타인 사람들에게 이스라엘이 하는 일에 대해 편향되고 기만적으로 과장된 보고들을 만들어낸다. 전 세계의 무슬림들이 그런 보고들을 읽고, 보고, 믿으며, 팔레스타인 사람들을 위한 정의를 부르짖는다. 우리의 정부지도자들은 그들의 우려를 무시할 수 없다. 이슬람세계의 인식은, 워싱턴 권력가들이 팔레스타인 사람들을 괴롭히는 문제들에 대해 공정한 결의안을 통과시킬지 어떨지를 결정해야 하며, 미국이 성지에서 벌어지는 일에 책임이 있다는 것이다.

팔레스타인 사람들에 대한 우리의 관심 때문에, 우리가 성지에서 발생하는 위기를 보통 이스라엘 사람의 관점에서 이해하지 말아야 한다는 것은 아니다. 대다수의 이스라엘 유대인들은 정말 아랍 이웃들과 평화롭게 살고 싶어 한다. 하지만 그들은 자신들의 도시에 발사된 아랍 로켓들이 무차별적 살상을 야기하고, 자신들의 아이들을 죽이는 자살 폭파범들이 아랍 사람들 안에서 영웅으로 찬양 받을 때, 평화를 추구하는 것이 어렵다는 사실을 발견한다.

팔레스타인의 불안정한 상황은 혼란스러울 수 있지만, 레드레터 크리스천이 평화조정자가 되고 싶다면, 그 복잡한 상황에 대해 알아야 한다. 마5:9 참조

한 짧은 이야기의 교훈

1900년 이상, 나치 홀로코스트의 일차적 희생자들은 디아스포라의 백성이었다. 로마인들이 예루살렘을 약탈했을 때, 1세기 유대인들은 고향이라고 부를 만한 곳을 잃었다. 세월이 흐르면서, 그들은 세계 여러 나라에, 특히 유럽에 정착했다. 유대인들은 가는 곳마다, 사회적 차별과 흔히는 끔찍한 박해를 견뎌야만 했다.

그들이 그런 나라들에서 이방인으로 겪어야 했던 것과 모든 곳에서 "기독교인들"에게 당한 반反유대주의를 고려할 때, 시온주의 운동유대인들이 평화롭게 살 수 있는 유일한 희망은 자신들만의 땅을 갖는 것이라고 생각했다의 탄생은 놀랄 일이 아니다. 따라서 유엔이 유대인만의 나라를 만들기로 결정했을 때, 전 세계의 유대인들은 그 결정을 말할 수 없이 기뻐했다. 1947년에, 팔레스타인이 유대인지역, 아랍인지역, 그리고 예루살렘과 베들레헴을 포함한 "국제" 지역으로 배분되었다.1)

그 당시에, 60만 명의 유대인이 성지에 살았고, 약 130만 명의 아랍

인이 있었으며, 그들 중 10~15%가 그리스도인이었다.[2] 팔레스타인인들이 자신들이 수백 년간 살아왔던 땅을 갑자기 빼앗기고, 그것이 유대인들에게 넘어간다는 사실에 반대했다. 하지만 이스라엘인들은 자신들에게 할당된 성지의 55퍼센트를 큰 기쁨으로 받아들였다. 1948년에, 그들은 이스라엘을 독립국으로 선언했다. 그것에 대한 반작용으로, 주변의 아랍 군대들이 이스라엘을 침공했으나, 이스라엘이 승리했다.

전쟁 동안, 장차 이스라엘의 영토가 될 지역에 있던 350개 이상의 팔레스타인 마을이 파괴되었고, 60만 명 이상의 팔레스타인 사람들이 난민이 되었다.[3] 이 난민들이 요르단, 레바논, 시리아, 그리고 서안the West Bank과 가자지구Gaza Strip로 알려진 팔레스타인 지역들로 도피했다.

그 중간에, 지속적인 이주난민의 유입과 세계 최고의 출생률 덕택에, 서안과 가자지구의 인구가 370만 명으로 증가했다.[4] 이스라엘이 팔레스타인인들에게 운송 및 수송수단으로서 공항과 항구의 소유를 금지하면서, 이 지역 안팎으로의 모든 움직임을 통제하기 때문에, 이 아랍인들은 자신들이 감옥에 갇혀 있다고 생각한다. 팔레스타인 지역의 경제상황도 계속 악화되면서, 극단적 빈곤과 영양실조가 특히 아동들 내에서 발생했다. 놀랄 일은 아니지만, 팔레스타인인들이 그들의 이스라엘 이웃들에게 보복하려 했던 것은 끔찍하다. 최악의 테러기술을 동원하여, 그들은 수많은 무고한 유대인 민간인들을 공격해 상처를 입히고 죽였다. 이스라엘 유대인들은 지속적인 공포 속에 산다. 부모들은 자신의 자녀들이 테러범들의 공격을 당하지 않고 무사히 학교에 다녀오도록 기도한다.

그 지역의 아랍인들은 1967년에 이스라엘과 전쟁을 일으켰다. 장차 "6일전쟁"으로 불리는 그 전쟁에서, 이스라엘이 결정적 승리를 거두었다. 이것이 가능했던 이유는 이스라엘에 대한 미국의 후원으로, 이 작은 나라가 세계 제4대 군사강국이 되었기 때문이다.[5] 그 전쟁 후, 이스라엘 군대가 유엔이 팔레스타인인들을 위해 지정했던 땅을 차지했는데, 그 땅은 골란고원, 가자, 시나이와 예루살렘을 포함한 서안을 포함했다. 6개월 후, 유엔안전보장이사회가 "결의안 242"를 통과시켰다. 이것은 그 지역의 무력점령을 비난했고, 이스라엘이 모든 점령지역에서 철수하도록 요청했다.[6] 하지만 이스라엘은 그 요청에 따르지 않았다.

1967년 이후, 그 성지에서 다른 전쟁들(1973년의 욤키푸르 전쟁처럼)이 벌어졌고, 이스라엘에게 점령지역에서의 철수를 요구하는 추가적 요청들이 있었으나, 이스라엘은 계속 거부했다.[7]

상황을 더욱 폭발적으로 악화시키면서, 수천 명의 유대인이 불법 점령 지역으로 이주했다. 세월이 흐르면서, 이스라엘 정부는 본래 팔레스타인인들에게 부여되었던 지역의 유대인 정착지를 지원했다. 2000년에, 점령 지역 내의 209개 정착촌에는 국제법을 명백히 위반하면서 22만5천 명의 정착민이 살았다.[8] 그 수가 그때 이후로 엄청나게 증가했다. 현재 수 천 명의 이스라엘 군대의 보호를 받는 이 정착지들은 중동지역의 평화정착에 주된 장애가 된다.

팔레스타인인들을 더욱 분노하게 만든 최근의 발전상황은 2005년 이후, 이스라엘이 서안의 팔레스타인인들을 이스라엘이 점령한 지역과 분리시키려고 장벽을 건설한 것이다.[9] 겉으로는, 테러공격에서, 특히 그들 한복판으로 침투할지도 모르는 자살테러범에게서 이스라엘인들을 보호하고자 이 장벽을 건설한다고 했다. 이 점에서는 큰 성공을 거두었다. 장벽 건설 이후, 이스라엘 영토에서 테러공격의 수는 예상보다 훨씬 더 줄었다.

그러나, 문제는 팔레스타인인들이 그 장벽을 그들을 가두는 감옥으로 이해한다는 것이다. 그 장벽은 이스라엘 정착지들을 포함하도록 서안 깊숙이 들어왔다. 그것을 건설할 때, 이스라엘인들은 점점 더 많은 땅을 팔레스타인인들에게 빼앗았다. 더욱이, 그 장벽은 몇몇 팔레스타인 마을들을 분리시켰고, 많은 가족을 자신들의 농장과 분리시켰다. 현재, 그 장벽의 이스라엘 측에 20만 명 이상의 팔레스타인인들이 있다. 그들은 다른 팔레스타인인들과 격리되어 있다.[10] 베들레헴이 포위되어 있는 것이 대표적인 예다. 즉, 겟세마네 동산을 포함한 감람산이 다른 지역과 격리되어 있다. 이 문제에 더하여, 이스라엘이 그 장벽을 이용해 그 지역의 신선한 물 공급을 통제하게 되었고, 그 결과, 급증하는 팔레스타인 인구에게 물이 부족하다.[11]

희망의 이유

이런 모든 문제에도 불구하고, 여전히 희망을 품는 이유가 있다. 즉, 팔레스타인인과 이스라엘인의 절대다수가 평화를 원하는 것이다.

아랍인과 유대인 사이에 평화가 가능하다는 것은 1979년에 이스라엘과 이집트의 지도자들이 캠프데이비드협정에 서명하기로 동의했을 때 분명해졌다. 이집트와 이스라엘은 그 협정의 요구사항을 준수해왔다. 이스라엘은 시나이반도에서 자국 군대를 철수하고, 그 지역에 대한 주권을 이집트인들에게 양도함으로써, 평화를 위해 땅을 포기할 수 있다는 사실을 보여주었다. 그때 이후 여론조사에 의하면, 팔레스타인 정부가 이스라엘의 합법성을 인정하고 지난 반세기 동안 그들을 괴롭혀온 테러범들의 공격을 중단시킬 준비가 되어 있다면, 그리고 그것을 유대인들이 확신한다면, 유대인들은 대체로 평화를 위해 기꺼이 땅을 포기할 것이다.[12] 그것은 실천보다 말이 더 쉽다. 하지만 실천가능성은 분명하다.

2003년에, 유엔사무총장 코피 아난Kofi Annan이 "평화의 로드맵"을 선언했고, 부시 대통령은 이 계획을 자신의 중동정책의 주춧돌로 삼았다.13) 미국, 유엔, 러시아, 유럽연합이 동의한, 그리고 아랍인과 유대인 양자의 관심사를 다루는, 그 타협안은 유엔 결의안과 협력하여, 팔레스타인인들에게서 탈취한 땅의 점령을 종식시킬 것이다. 또한 그것은 독립적이고 민주적인 팔레스타인 국가를 설립할 것이며, 가까운 미래에 팔레스타인 난민문제에 대한 정당한 해법이 논의되도록 할 것이다. 그 로드맵은 팔레스타인인들에 의해 수용되었고, 아랍연맹이 승인했다.

한편, 이스라엘 정부는 그 로드맵에 몇 가지 단서조항이 포함된다면 수용하겠다고 말했다. 그 조항에는 팔레스타인에서 육상, 해상, 공중으로 사람과 화물이 출입하는 것에 대한 통제권과 팔레스타인 라디오와 텔레비전에 대한 통제권을 이스라엘에 부여하는 것, 그리고 팔레스타인 난민들이 이스라엘로 귀환할 권리의 포기 등이 포함되었다. 또한 그들은 점령지역에서 이스라엘의 철수에 대한 모든 언급을 로드맵에서 삭제하며, 팔레스타인의 헌법과 정부에 대한 미래의 협상들은 이스라엘과 협조 속에 이루어지고, 이스라엘의 검토를 받으며, 이스라엘은 팔레스타인인들에 대한 군사적 선동을 중단하지 않지만, 팔레스타인인들은 이스라엘에 대한 일체의 군사적 선동을 중지해야 한다고 주장했다.14) 이런 조건들은 로드맵의 애매한 걸림돌이 되었다. 많은 관찰자는 그 계획이 죽은 것은 아니지만, 방해를 받는다고 생각한다. 하지만 부시 대통령은 그 로드맵을 포기하지 않았고, 그가 그 계획을 실행하려면, 아랍인들 및 유대인들과 함께 그 동의안을 추진할 신뢰와 지지가 필요하다.

그리스도인 시온주의

부시 대통령이 직면한 어려움들을 살펴보면, 그의 가장 큰 문제는 이스라엘 사람들이나 팔레스타인 사람들이 제기한 문제들이 아니라, "그리스도인 시온주의자들"이라고 불리는 사람들이 제기한 것이다. 이것은 복음주의 공동체 내의 제법 규모가 큰 집단으로, 창세기 15장 18절에 나오는 하나님께서 아브라함에게 약속했던 모든 땅이 유대인들에게 속해야 한다고 믿는다. 이런 그리스도인 시온주의자들 대부분은 성지 전체를 이스라엘이 장악하는 것이 특정한 성경적 예언들의 성취그들은 이것이 예수의 재림과 직결된다고 말한다를 위해 필요하다고 주장한다. 이런 특이한 그리스도인들이 강력한 유권자집단을 형성하고 있다. 부시 대통령은 그들이 자신의 정치적 토대의 상당 부분을 구성하기 때문에, 그들을 무시할 수 있는 처지가 아니다.

적절한 예로, 그리스도인 시온주의자들이 부시 대통령과 아리엘 샤론Ariel Sharon:그는 2006년에 이스라엘이 가자지구에서 이스라엘군을 일방적으로 철수했을 때, 이스라엘의 수상이었다에게 초래했던 깊은 고뇌를 생각해 보라. 그들은 하나님께서 유대인들에게 주실 것이라고 약속했던 땅이 아랍인들의 손으로 되돌아갔을 때, 매우 분노했다. 미국 전역의 복음주의 라디오들은 부시가 샤론의 결정을 지지함으로써, 하나님의 뜻에 반하는 행동을 한다고 아우성을 쳤다. 팻 로버트슨Pat Robertson은 아리엘 샤론이 팔레스타인 정부에 가자를 돌려준 것 때문에, 하나님께서 그에게 엄청난 벌을 내리실 것이라고 말한 것에 대해 사과해야 했다.15)

성경을 정독하면, 하나님께서 유대인뿐 아니라 아랍인에게도 성지에서 살 권리를 주신다는 것이 사실인데, 그리스도인 시온주의자들은 이 점을 깨닫지 못한다. 그 문제의 땅은 아브라함의 후손에게 약속된 것이며, 아랍인도 아브라함의 후손이다. 그들은 이스마엘의 후손이며, 그는 아브라함이 자신의 후처인 하갈에게서 낳은 자식이다.^{창16장 참조}

더욱이, 그 약속된 땅은 유프라테스 강에서 나일 강까지 이어진다.^{창 15:18-21 참조} 그리스도인 시온주의자들은 레바논, 시리아, 그리고 현재 이집트의 거대한 영토에서 모든 비非유대인들이 축출되어야 한다고 주장하는 것인가? 더욱 더 극단적인 그리스도인 시온주의자들은 그렇다고 대답할 것이며, 아랍인들이 적절한 보상을 받고 자발적으로 떠나지 않으면, 강제로 쫓겨날 것이라고 계속 주장한다. 그런 발상의 결과는 끔찍하다.

양편의 말을 들어보자

이스라엘이 그 로드맵의 수용을 위해 제시한 몇 가지 조건들은 비평가들이 생각하는 것처럼 그렇게 비합리적인 것이 아닐지도 모른다. 예를 들어, 귀환하는 팔레스타인 난민들에 대한 이스라엘인들의 걱정은 근거가 있다. 지난 수년 동안, 이 난민가족들은 대단히 높은 출산율을 보였다. 만약 그들이 현재의 이스라엘로 돌아오도록 허락한다면, 그들은 수적으로 유대인들을 능가하여 투표에 결정적 영향을 끼칠 것이다. 더욱이, 팔레스타인인들 중 지하드주의자들jihadists은 자주 반복하는 슬로건처럼, "유대인들을 바다 속으로 몰아넣을 때"까지 결코 쉬지 않겠다고 결심했기 때문에, 결코 무기를 내려놓지 않을 것이다. 1948년 이래, 유대인들은 팔레스타인 테러범들에 대한 경계를 늦출 수 없었다. 따라서 그 로드맵의 조항들을 고려할 때, 그들이 그토록 염려하는 것을 쉽게 이해할 수 있다.

하지만 평화의 로드맵에 대한 찬반논의가 검토된 후에도, 그것은 여전히 중동문제의 해결을 위한 최고의 희망이다. 팔레스타인 난민들에 대한 의견불일치와 성지 내에 불법적으로 점령된 지역의 이스라엘 통제를 해결하지 않은 채, 중동지역에 평화는 있을 수 없으며, 세계의 이슬람국가들에서 유대인들에 대한 안전보장도 있을 수 없다.

유럽에서 발표된 조사들에 따르면, 대부분의 유럽인들은 팔레스타인인들에 대한 이스라엘의 정책이 이란과 북한에 의한 위협들을 훨씬 능가하며 세계평화의 최대 위협으로 간주한다.16) 이스라엘이 현재 그런 일을 할 수 있는 것은 그 뒤에 미국의 지원이 있기 때문이란 사실을 세계는 잘 안다. 미국 정부가 매년 해외원조로 지원하는 모든 돈의 거의 1/3이 이스라엘로 흘러들어가, 현재의 군사력을 유지하도록 만든다.17) 그러므로 반反이스라엘 정서는 쉽게 반미정서로 바뀔 수 있다는 것도 놀랄 일이 아니다.

레드레터 크리스천이 중동에서 벌어지는 일을 고려할 때, 가장 중요한 고려사항은 다음과 같다. 즉, 아랍인구의 상당부분을 차지하는 그리스도인들에게 무슨 일이 벌어지는가? 흔히, 모든 아랍인이 무슬림이라고 생각하는 경향이 있다. 하지만 현실은 그렇지 않다. 어떤 사람들의 추산에 따르면, 중동의 아랍 공동체 중 15퍼센트가 그리스도인이라고 한다.18) 현재 얼마나 많은 그리스도인이 성지에 계속 사는지는 정확히 말할 수 없다. 대부분이 그곳을 떠났기 때문이다. 한때, 베들레헴 주변에 수만 명의 그리스도인들이 살았지만, 현재는 극소수의 사람들만 남았을 뿐이다.19) 아랍 그리스도인들은 미국정부에 엄청난 영향을 끼치며 이스라엘 정부와도 관계가 깊은 그리스도인 시온주의자들이 자신들의 곤경에는 그토록 자주 눈을 감는 이유를 알고 싶어 한다.

선거운동이 진행될 때, 레드레터 크리스천은 중동분쟁과 관련된 모든 측의 목소리에 귀 기울이고, 성경적 정의가 무엇을 요구하는지 신중하게 생각하며, 각 후보자들이 미국의 해외정책의 핵심문제에 대해 제안하는 해법을 자세히 살펴보아야 한다. 국가의 공직을 맡을 후보들이 아랍인과 유대인의 문제에 대해 제대로 된 정보를 갖지 못하며, 부시의 "평화의 로드맵"에 대한 올바른 식견을 갖지 못하면, 과연 그들이 공직에 적합한지 신중히 고려해야 한다.

중동 분쟁은 당파정치를 초월하며, 그것에 대해 분명한 견해를 가진 후보는 상당수의 잠재적 유권자들을 화나게 만들 수 있다. 결과적으로, 이 문제는 우리가 후보자의 용기와 도덕적 기질을 검토할 수 있는 좋은 기회다. 어떤 후보도 모호하거나 과장된 답변으로 회피하도록 내버려두어선 안 된다. 우리 시대의 가장 중요한 해외정책에 대해 담대하고 명료하게 발언하는 것은 후보의 성품을 측정할 수 있는 일종의 리트머스 시험지다. 우리는 중동의 평화를 위해 제대로 된 계획을 갖지 못한 정치가들이 초래할 결과들을 용납할 수 없다.

6장

에이즈

　　에이즈는 미국 정치가들의 의제에서 별로 중요하지 않다. 선거전에 에이즈를 주요 관심사로 부각시켜서는 유권자들을 별로 얻을 수 없기 때문이다. 하지만 이 유행병에 하나의 국가로서 우리가 어떻게 반응하는가 하는 문제는 그리스도인임을 주장하는 우리에게 대단히 중요하다. 우리는 이 문제를 마치 중요하지 않은 듯이, 옆으로 제쳐둘 수 없다.

　　4천만 명 이상의 사람이 에이즈 양성반응자이며, 이것은 아마도 실제보다 적은 수치일 것이다.[1] 우리는 이 질병이 만연한 중화인민공화국에서 무슨 일이 벌어지는지 아는 것이 거의 없다. 2005년에 약 3천5백만 명의 에이즈 환자가 보고된 아프리카에는[2] 1200만 명의 아이가 에이즈로 부모 모두 혹은 한명을 잃었다.[3] 그 엄청난 사망률은 거의 이해할 수 없을 정도다.

신의 심판인가?

　　교인들은 처음에 에이즈 위기에 반응하길 다소 꺼려했다. 에이즈가

1980년대 초에 뉴욕시에 처음 나타났을 때, 그것이 동성애 집단의 질병으로 간주되었기 때문이다. 일부 그리스도인 지도자들은 에이즈가 "하나님의 눈에 혐오스러운 짓"을 했기 때문에 동성애자들에게 하나님께서 내린 일종의 특별한 심판이라고 대담하게 선포했다.[4] 나는 종종 그런 심판을 선포하는 사람들은 실제로 어떤 하나님을 예배하는지 궁금했다. 정말, 그들은 자신들이 정죄한 사람들보다 하나님의 진노를 덜 받을 자격이 있다고 믿는가?

오늘날, 상황이 변했다. 현재, 에이즈는 압도적으로 이성애적 관계를 통해 감염되고 확산된다. 감염된 여인들은 흔히 자신들의 남편에게 그 질병을 얻은 무고한 희생자이고, 그 남편들은 혼외정사를 통해 감염된 때가 대부분이다.

예수의 시절에, 그리스도인들이 에이즈 바이러스를 대하는 것과 상당히 비슷한 방식으로 간주되던 질병이 하나 있었다. 당시에, 나병환자들은 혐오스런 사람들로 정죄 받았으며, 그들의 질병은 하나님이 보시기에 더러운 인간들에게 내려진 일종의 처벌이었다. 그러나 예수는 나병에 감염된 불가촉천민들을 하나님 아버지의 사랑스런 자녀로 대했고, 그들에게 치료와 도움을 제공했다. 그는 나병환자들을 만졌는데, 그것은 당시의 이스라엘 법에 따르면 그를 불결하게 만드는 행위였다.레22:4-7 참조 하지만 예수는 그런 법들과 그것들이 구체화한 태도들을 무시했다. 예수는 그들이 하늘에 계신 아버지의 사랑을 받고, 그분께 무한히 존귀한 존재라는 사실을 사람들에게 알렸다.

나는 오늘날 세계에서 에이즈로 고통당하는 사람들에게 예수께서 똑같은 일을 하실 것이라고 믿는다. 또한 나는 그분이 나병한센병과 에이즈 같은 질병을 특별히 사악한 죄를 범한 사람들에게 하나님께서 내리는 극단적 형태의 심판으로 간주하는 종교공동체를 꾸짖으실 것이라고 믿는다.

하나님의 기회

2002년에 「크리스채너티 투데이」*Christianity Today*의 한 인터뷰에서, 에이즈 활동가이자 아일랜드 록밴드 U2의 리드싱어인 보노Bono가 이렇게 말했다. "우리는 이 순간에 의해, 하나님과 역사의 심판을 받을 것입니다… 만약 교회가 이것에 반응하지 않는다면, 그것은 부당한 일이 될 것입니다."5) 나도 전적으로 동의한다. 하나님은 자신의 나라를 위해, 우리에게 반응하라고 부르신다.

우리 정부가 에이즈 위기, 특히 아프리카에서 에이즈의 빠른 확산에 대처하도록 필요한 도움을 제대로 제공하지 않았다는 사실은 당혹스럽다. 조지 W. 부시 대통령은 에이즈와의 전쟁에 필요한 기금을 늘리려고 열심히 노력했다. 하지만 의회는 특히, 그가 속한 정당이 그에게 필요한 지원을 제대로 해주지 않았다.6) 너무나 자주, 선출된 대표자들은 부시 대통령이 에이즈를 위해 요청했던 돈을 자기 지역구의 프로그램을 위해 사용하고 싶어 한다. 왜냐하면 지역구에 연방자금을 가져가는 것이 재선의 기회를 높이는데 도움이 되기 때문이다. 슬프게도, 이런 사적 프로젝트의 상당수가 국가에 별로 도움이 되지 않는 "쓸데없는" 프로젝트였다.7)

레드레터 크리스천은 후보들에게 이 주제에 대한 그들의 견해를 밝히도록, 그리고 일단 당선되면, 에이즈와의 전쟁을 지원하겠다는 그들의 약속을 지키도록 요구해야 한다. 우리는 아프리카와 다른 개발도상국의 에이즈에 대한 우리의 민감성과 관심을 증가시켜야 한다. 선거철에, 우리는 후보들에게 우리 정부가 이 끔찍한 질병에 대처하는데 필요한 도움을 제공하도록 힘쓸 것인지 말하게 해야 한다. 세계에서 가장 가난한 시민들의 필요에 특별한 관심을 보이면서 말이다.

개발도상국의 사람들 대부분은 감염된 환자들 내에서 ARV라 불리며 에이즈의 발달을 지체시킬 수 있는 항레트로바이러스anti-retrovirals를 구입할 방법이 없다.[8] 우리는 입법부에 압력을 가해, 그런 약품들의 가격을 과도하게 비싸게 책정하여 세계의 가난한 사람들 대부분이 살 수 없도록 만드는 제약회사들에 제재를 가해야 한다. 그런 제약회사의 홍보 담당들은 의심의 여지없이 그들의 회사가 연구 및 개발에 투자한 많은 비용 때문에, ARV 약품들의 가격을 높게 책정할 수밖에 없다고 주장할 것이다. 하지만 그들은 우리가 내는 세금이 그런 연구에 엄청난 공헌을 한다는 사실을 정직히 말하지 않는다.[9]

세계의 가난한 자들에게는 필요한 의료혜택뿐 아니라, 에이즈의 확산을 막는데 필요한 교육프로그램도 늘 부족하다. 심지어 많은 사람이 정보의 부족과 잘못된 정보의 확산 때문에, 에이즈가 성적 접촉을 통해 확산된다는 사실조차 모른다. 믿을 수 없어 보이지만, 어떤 곳에서는 에이즈가 필요 없다고 생각하는 인종집단의 제거를 위한 미국 CIA의 음모라고 믿는다![10] 개발도상국에서는 이 질병의 발달속도를 늦추려면 감염된 사람들이 어떻게 해야 하는지를 설명해주는 상담서비스도 제대로 받지 못한다. 에이즈 희생자들은 어떤 음식이 가장 도움이 되는지, 또 에이즈를 옮기지 않으려면 어떻게 해야 하는지에 대해서도 알 필요가 있다.

에이즈 위기와 관련된 한 가지 문제가 있다. 우리의 가장 탁월한 그리스도인 지도자들 중 일부가 이 문제에 대해 비난받을만한 태도를 취했다. 즉, 개발도상국에서 필요한 사람들에게 콘돔을 사용하도록 만드는 것을 반대한 것이다. 미국에서 수천만 명의 유권자들에게 막대한 영향을 행사하는 이 일부 지도자들은 콘돔을 사용하게 만드는 것이 정부가 추진하는 일체의 프로그램에 포함되어선 안 된다고 주장했다.[11] 콘돔배급을 반대하는 사람들은 그렇게 하는 것이 성적 난잡을 부추긴다고 주장했다. 이런 지도자들의 정치적 영향력을 고려할 때, 정치가들은 그들의 요구에 쉽게 굴복했고, 그 결과는 끔찍했다.

개발도상국에서 가난한 사람들의 콘돔사용의 효용성을 부정한 것은 에이즈 확산이 통제되던 몇몇 나라에서 에이즈 환자의 수를 증가시키는 데 기여했다.[12] 커다란 종교관련 구호단체의 대표와 이처럼 반(反)콘돔 지도자 간의 감정적 대립에 대한 한 보도는 콘돔을 억제하려는 사람들의 태도를 반영한다. 그 영향력 있는 지도자는 이 특별한 구호단체가 에이즈 프로그램의 일환으로, 젊은 아프리카 여성들이 콘돔을 이용하도록 했다는 사실을 알았다. 그는 자신의 라디오 방송을 청취하는 사람들에게 그 단체에 대한 일체의 재정적 지원을 중단하도록 말하겠다고 선언했다.

그 단체의 대표는 엄청난 규모의 지원자들과 접촉할 수 있었던 그 유명한 복음주의자에게 그렇게 하지 말아달라고 간청했다. 그가 말했다. "자신의 어린 동생들을 혼자 책임지는 17세 소녀가 있다고 가정해 봅시다. 그녀가 그들의 생존을 위해 음식을 먹이고 돌보도록 돈을 버는 유일한 방법은 자신의 몸을 파는 것입니다. 그렇다면 당신은 그녀를 위해 무슨 일을 해줄 수 있을까요?"

그 그리스도인 리더는 이렇게 대답했다. "음, 저는 그녀에게 콘돔을 주지는 않을 것입니다!"

"하지만, 당신이 그녀를 위해 무슨 일을 해줄 수 있을까요?"라고 그 단체의 대표가 다시 물었다. 그러자 그 남자는 대단히 격한 감정으로 응답했다. "아무튼, 저는 그녀에게 콘돔을 주지 않을 겁니다."13)

콘돔을 이용하도록 만드는 일이 수많은 무고한 사람들의 생명을 살리는 일차적 방법 중 하나라고 주장하면서, 호의적인 그리스도인들도 있다. 이미 언급했듯이, 많은 여성이 자신의 잘못이 없음에도, 흔히는 창녀들과 난잡한 성생활을 하는 남편 때문에 에이즈 바이러스에 감염된다. 이 남자들이 집으로 그 바이러스를 가져와서 아내를 감염시킨 후에, 아내는 자신도.모르는 사이에 임신 중인 태아에게, 혹은 자신의 젖을 먹는 아기에게 그 바이러스를 옮긴다. 아프리카에서 절대다수의 에이즈 감염자들은 그런 여성과 아이들이다.

몇 년 전, 나는 남아프리카의 프리토리아Pretoria에서 열린 커다란 아프리카 교회지도자 대회에서 강연자의 한 사람으로 참석했다. 내 앞의 강연자가 강력한 설교를 했다. 그와 나는 그 설교가 타문화에 대해 조심스럽게 접근했다고 생각했지만, 우리는 후에 사실이 그렇지 않았음을 알았다. 그가 이렇게 말했었다. "우리 모두는 아프리카 사람들이 그리스도께 복종하고 성경이 규정하는 도덕에 따라 산다면, 이런 에이즈 위기는 없을 것임을 잘 압니다."

내가 보기에 그 말은 너무나 명백한 진리였고, 의심의 여지가 없었다. 하지만 군중은 분노했다. 아프리카에서 에이즈에 감염된 사람들 절대다수는 여성과 어린이이며, 그들은 성적 행동에 관한 성경적 기준을 어떤 식으로도 범하지 않았던 것이다.14)

이렇게 불행한 발언을 한 그 미국 복음전도자는 자신의 설교를 마친 후 곧 집으로 떠났기 때문에, 그의 설교 이후에 발생한 논쟁에 대해 알지 못했다. 그러나 그 대회에 참석한 사람들 안에서 발생한 분노가 너무 커서, 우연히 그 자리에 참석했던 남아프리카의 대통령이 자신의 권위로 그 복음전도자를 태우고 가던 비행기와 연락하여 그가 라디오를 통해 그 대회 참석자들에게 사과하도록 조치했다.

언젠가 마더 테레사가 말했다. "저는 에이즈로 죽어가는 사람의 눈을 쳐다볼 때마다, 예수님께서 제 눈을 쳐다보신다는 섬뜩한 느낌을 받습니다."

우리 모두가 에이즈 환자들을 그런 식으로 간주하면 좋을 텐데. 보노가 미국인들에게, 특히 미국 그리스도인들에게 이 위기를 아프리카 사람들과 세계의 나머지 사람들에게 미국인이 얼마나 동정심이 강한 사람들인지를 보여줄 절호의 기회로 삼으라고 호소한 적 있다. 우리가 이 기회를 잡고, 미국의 선출된 지도자들에게 같은 일을 하도록 요구할 수 있다면 얼마나 좋을까.

최고 관심사

7장
동성애자 권리

2004년 선거에서 동성결혼 문제만큼 많은 관심을 불러일으킨 사회적 이슈도 없었다. 공화당의 가장 유능한 선거전략관 중 한 명인 칼 로브Karl Rove는 동성결혼에 대한 국민투표가 '동요하던' 주요 주들의 투표에 영향을 발휘했다고 확신했다. 그는 이 이슈로 촉발된 감정이 복음주의자들의 표를 가져올 것이라고 생각했고, 실제로 그렇게 되었다!1) 정치학자들은 이 이슈가 오하이오 주를 공화당 쪽으로 가져오고, 조지 W. 부시가 선거에서 승리하게 만든 결정적 요인이었다는데 동의한다.2)

기독교 라디오와 텔레비전에서 들려오는 목소리는 거의 보편적으로 동성애 결혼을 비난하고, 청취자들이 그것에 반대하도록 촉구한다. 일반적으로 종교적 우파The Religious Right에서 들려오는 이런 강력한 목소리들은 게이와 레즈비언들이 정말로 원한다면, 자신들의 성적 정체성을 바꿀 수 있다고 자주 주장한다. 그들은 동성애 파트너들 간의 동성결혼이나 시민적 결합civil union을 허용하는 것이 성경에 계시된 하나님의 뜻에 의도적으로 불복종하도록 부추기는 것이라고 설교한다.

그 문제에 대한 수많은 고함과 비난적 설교만 있을 뿐, 그 주제에 대한 지식이 대단히 부족하다. 사실은 이렇다. 즉, 동성애 성향의 원인을 아무도 모른다. 그 주제에 대한 거의 모든 과학적 연구에 따르면 우리가 아는 것이라곤 그들이 서로 간에 느끼는 매력이 선택사항은 아니라는 것이다.[3] 더욱이 점증하는 지식에 의하면, 관련된 요인들이 매우 많을 수 있다고 한다.[4] 그리고 많은 전문가들은 남성과 여성의 동성애 원인이 전혀 다를 수 있다고 제안한다.[5] 과학 공동체에서는, 동성애 성향이 아동기 초기에 일찍 형성되기 때문에, 게이들이 현재와 다른 자신들의 모습을 전혀 기억하지 못한다는 주장을 널리 수용한다.[6]

게이와 레즈비언들을 상담한 사람들 대부분은 그들이 자신들의 성적 성향을 바꿀 기회가 거의 없으며, 게이보다 레즈비언들이 바뀔 가능성이 훨씬 더 적다는데 동의한다.[7] 게이와 레즈비언들이 자신들과의 갈등을 다루는데 도움을 줄 목적으로 창설된 기독교 사역 네트워크인 엑소더스 인터네셔널Exodus International의 리더들도 동성애 경향이 동성애적 성관계를 거절하고 이성애적 결혼을 선택한 사람들의 삶에서도 계속 나타날 수 있다고 말한다.[8]

이렇게 일반적으로 인정된 사실들을 고려할 때, 기독교 공동체가 동성애자들에게 어떻게 반응해야 하는가에 대한 상이한 의견들이 존재한다는 것을 알 수 있다. 슬프게도, 많은 유권자들과 특히 그리스도인들은 자신들의 걱정과 갈등에 동성애자들도 관심을 갖도록 유도할 수 있는 대화의 기회를 좀처럼 만들지 못하고 있다. 동성애 결혼과 권리의 문제들에 대해 극단적으로 보수적 태도를 가졌던 사람들이 자신들의 가장 가까운 가족 중 누군가가 동성애자임을 밝힐 때, 자신들의 생각과 감정을 바꾼 사례가 많다. 이제 그들은 그들의 이야기를 들으려고 시간을 낸다. 만약 더 많은 사람이 그렇게 했다면, 양편의 거친 언어는 사라지고, 그들은 효과적으로 대화했을 것이다.

동성애 권리와 일반인 권리

그것이 공공정책에 이르면, 우리는 누군가의 종교적 확신이 그런 신앙이 없는 사람들의 권리와 특권을 결정하도록 할지에 대해 질문해야 한다. 지난 10여 년 동안, 이 질문에 대해 더 많은 사람들이 고민하면서 동성결혼을 지지하는 경향이 있었다.[9] 하지만 퓨연구소의 최근 연구에 따르면, 머지않아 이런 경향이 역전될 가능성도 있다.[10] 동성결혼 이슈가 다음 선거에서 정치적 우파의 생각만큼 그렇게 압도적 이슈가 되지 않을 수도 있다. 미국인들이 그 문제에 대해 흥미를 잃어가며, 그들의 태도가 변하는 증거가 증가한다.[11] 대부분의 미국인들은 게이와 레즈비언의 "결혼" 관계는 반대하지만, 대개 시민적 결합은 지지하는 편이다.[12]

대부분의 사람들은 미국을 탄생시킨 원리 중 하나가 대표자 없는 세금징수는 부당하다는 것임을 안다. 그것을 염두에 두고, 동성애자들이 자신들도 세금을 내기 때문에 다른 사람들과 동일한 권리를 가져야 한다고 주장할 때, 대부분 동의한다. 현재, 동성애 커플은 다음과 같은 기본권을 부정당하고 있다.

- 파트너들의 사회보장 혜택 거부
- 일부 주에서 동성애 커플에게 자동차보험 거부
- 일부 마을에서 동성애 커플의 주택 및 사업 공동소유 금지
- 가난한 동성애 커플에게 식권과 저가주택 공급 거부
- 예비역 동성애 커플에게 혜택 거부
- 많은 주의 병원이 동성애 파트너의 병문안이나 병든 파트너의 진료기록 검색 거부

- 일부 주에서 동성애 파트너가 의도된 유산을 상속받지 못하도록, 동성애 파트너의 유언장 유보
- 동성애 커플의 공동세금반환청구권 부정

미국회계감사원the U.S. Government Accountability Office은 이성애 커플이 향유하는 권한 중, 동성애 커플에게 거부된 것이 1,138개나 된다고 말한다.13) 우리 대부분은 대체로 동성애자들에 대한 조직적 차별을 모르며, 왜 그들이 동등한 권리를 얻으려고 애쓰는지 이해하지 못한다. 내가 아는 한 동성애 남자가 내게 말했다. "만약 우리가 대표자 없는 세금징수를 부당하다고 믿는다면, 동성애자들에게 그들이 동등한 법적 보호를 받지 못하는 한 세금을 내지 말아야 한다고 말해주어야 합니다." 그는 말했다. "당신들이 우리를 그런 식으로 대한다면, 역사상 가장 큰 동성애 정당을 갖게 될 것입니다." 나는 동의했다. 그런 제안을 고려할 때, 나는 많은 동성애자가 손을 들고, "나도 게이야! 나도 게이야!"라고 외칠 것이라고 생각한다.

특별히 중요한 것은 미군의 "묻지도 말고, 말하지도 말라"는 정책이다. 거의 1만 명의 남녀가 이 정책이 실행된 이후, 미군에서 축출되었다.14) 이라크에서 제대한 사람 중 통역관이 꼭 필요했던 아랍어, 쿠르드어, 그리고 다른 중동언어를 말하던 사람들은 거의 없었다. 2007년 1월 2일에 발간된 「뉴욕타임스」의 한 칼럼에서, 미국합동참모본부Joint Chiefs of Staff의 의장 존 샬리카쉬빌리John M. Shalikishvili는 그 정책이 실행되었을 때, 다음과 같이 썼다. "지난 14년간 나타났던 증거를 볼 때, 나는 동성애자들이 공개적으로 미군에서 복무한다고 해서, 결코 군대의 효용성을 붕괴시키지 않을 것이라고 믿는다." 그는 아프가니스탄과 이라크에서 돌아온 5백 명 이상의 군인을 대상으로 한 조그비Zogby:미국의 여론조사기

관의 새로운 여론조사에 따르면, 그들의 3/4이 자신들은 동성애자들과 함께 지내는데 불편함을 느끼지 않았다고 말했다. 또한 그들은 말했다. "테러리즘과 전쟁을 벌이는 이스라엘, 대영제국, 그리고 다른 동맹국들을 포함한 24개국이 동성애자들의 공개적 복무를 허용하며, 사기나 징집 면에서 아무런 문제도 발생하지 않았다."[15]

동성과 일반인 결혼

동성애 결혼을 합법화하면 결혼제도가 붕괴되고, 이미 약화된 미국 가정이 완전히 해체될 것이라고 주장하는 사람들이 있다. 동성애 결혼이 전통적 결혼에 파괴적 영향을 끼칠 것이라고 말하는 사람들에게, 그것은 오히려 전통적 결혼을 강화시키는 정반대의 결과를 가져올 것이라는 반박도 존재한다. 동성애 결혼을 옹호하는 사람들은 자신들이 일생 동안의 헌신을 소중하게 생각하며, 결혼이 가족과 사회 전체를 위해 선하다고 주장한다.

물론, 가까운 미래에 동성결혼의 결과가 어떨 지를 정확히 예측할 수는 없다. 하지만 증거들을 검토해 볼 때, 나는 미래에 동성애자들의 결혼 때문에 핵가족이 붕괴될 것이라고는 생각하지 않는다. 나는 결혼생활을 보존하는 문제에 관해서는 우리가 이성애자들에게 집중해야 한다고 말하고 싶다. 이성애자들은 이혼하지만, 동성애자들은 결혼하고 싶어 한다!

결혼제도가 위기에 처했다는 주장을 위해 더 이상의 사회학적 연구는 필요하지 않다. 한 해 동안 결혼한 사람들 중 이혼율이 50%를 상회하는 것과[16] 미국인 중 20%가 결혼하지 않고 동거한다는 것은 잘 알려진 사실이다.17) 이 정도면 증거로 충분하다. 그러나, 동성결혼 금지가 결혼 제도를 강화하는 주된 발걸음이라고 제안하는 것은 지나치다. 만약 우리가 제도로서 결혼을 보존하고 싶다면, 이혼문제를 다루는 노력부터 시작해야 하며, 우리 자신에게 어떻게 하면 전통적 이성애 결혼을 더욱 만족스럽고 안정되게 만들지를 질문해야 한다.

부시 대통령은 동성애 커플의 시민적 결합에 대해서는 반대의 목소리를 높이지 않았지만, 동성애 결혼에 대해서는 강력히 반대했다. 그는 결혼은 신성한 제도이며, 남녀 간의 결합이어야 한다고 말했다.18) 상황이 그렇다면, 그리고 대부분의 미국인이 이 문제에 대해 그에게 동의한다면, 나는 왜 정부가 사람들을 결혼시키는데 관여하는지 묻고 싶다. 결혼이 정말 성스러운 제도라면, 교회와 국가의 분리를 인정하는 국가에서 왜 정부가 그것을 통제하는가?

개인적으로, 그리고 침례교 목사로서 나는 내가 집례 하는 결혼식 끝부분에서, "이제, 펜실베이니아 주에 의해 내게 주어진 권위로 나는 당신을 남편과 아내로 선언합니다"라고 말할 때마다 늘 마음이 불편하다. 결혼식에서 성경봉독, 기도, 성경적 설교와 결혼축도 등을 포함한 다양한 종교적 의례를 행한 후, 나는 갑자기 국가의 대행자로 변신한다. 대단히 종교적인 예식에서 내가 교회를 정부의 업무를 수행하는 장소로 바꾸어야 하는 것이 일관성을 잃은 것처럼 보이지 않는가? 내가 나의 목회적 역할과 국가의 대행자 역할을 통합시키는 것은 모순 아닌가?

오늘날 우리가 동성애 결혼을 승인해야 하는가에 대한 어려운 질문들과 이런 갈등에서 벗어날 방안을 제시해 보겠다. 나는 정부가 동성애 결혼문제에서 손을 떼어야 하며, 대신 시민적 결합에 법적 지위를 부여해야 한다고 제안한다. 정부는 이런 조치를 동성애 커플과 이성애 커플 모두에게 부여해야 한다. 그리고 결혼문제를 교회와 다른 종교기관의 손에 남겨두어야 한다. 그것이 바로 네덜란드에서 행해지는 방법이다. 만약 동성애자든 이성애자든 상관없이 어떤 커플이 법 앞에서 결합되길 원한다면, 그들은 시청에 가서 등록하면 된다. 그럼으로써 그들은 네덜란드 법아래 모든 커플이 소유하는 권리와 특혜를 얻는다. 만약 그 커플이 자신들의 관계가 축복받고 싶으면, 즉 결혼하고 싶으면, 그들은 교회, 회당, 혹은 다른 예배소에 간다.[19]

결혼은 하나님에 의해 제정된 제도로 간주되어야 하며, 정부의 통제에서 벗어나야 한다. 물론, 동성애 커플도 동성결혼을 환영하고 인정하는 교회에 가서 그들의 결합을 축복받을 수 있다. 그것이 바로 사람들이 자신들의 개인적 신념에 따라 종교를 선택할 권리를 보장하는 국가에서 마땅히 행해져야 할 방법 아닌가? 만약 그런 제안이 규범적이 된다면, 나처럼 결혼에 대해 전통적 관념을 고수하는 사람들은 결혼에 대한 보수적 신앙을 유지하는 전통적 교회에 가서, 우리 결혼을 축복받을 것이다. 반면, 일체의 종교적 냄새가 나는 것을 싫어하는 세속주의자들은 새로운 결합을 축하하는 파티를 열 것이다. 결혼을 종교적 제도로 간주하고 싶어 하는 우리 모두에게는 결혼이 그렇게 보존될 것이다. 이처럼 대단히 논쟁적인 문제에 대한 누군가의 개인적 신념이 타협을 강요당해선 안 된다.

가까운 미래에 이런 일이 벌어질 것 같지는 않지만, 사회학자들은 이 문제에 대해 미국이 이런 방향으로 진행할 것이라고 말한다.[20]

다가오는 선거에서 후보들이 이 문제에 대해 어떻게 생각하는지, 즉 그들이 혁신적 해법들에 개방적인지 아니면 단지 고정된 이념적 태도를 반복하는지 살펴보는 것이 현명하다.

증오와 차별

1998년에 와이오밍에서 매튜 셰퍼드Matthew Shepard의 끔찍한 살인사건 이후, 동성애자들을 향한 증오의 범죄를 막도록 연방법 제정 요청이 거세다. 더욱 진보적 태도를 지닌 일부 주에서는 그런 법을 제정했다. 하지만 정치적으로 보수적인 많은 그리스도인들은 현행법이 동성애자들이 당하는 부당함을 다루기에 충분하다고 주장한다. 보수주의자들은 주장한다. "결국, 셰퍼드를 살해한 자들은 정의 앞으로 끌려갔고, 연방정부가 통과시킨 추가법률도 살인자들의 기소를 위해 필요한 것은 아니었다."

동성애자들의 보호를 위해 특별한 시민법이 제정되어야 하는지에 대한 전체 논의가 나에게 1950년대와 60년대를 떠올리게 만들었다. 당시에, 흑인과 다른 소수자 집단들이 차별과 육체적 해를 당하지 않도록 보호하는 특별법이 필요한지에 대해 찬반양론이 팽팽히 맞섰다. 당시에 남부의 어떤 마을들에서는 인종적 편견이 너무 심해서 백인이 흑인에게 범죄를 저지른 것이 명백한 상황임에도, 백인 배심원들이 유죄판결을 내린 적이 거의 없었다. 그러나, 연방시민법이 통과된 후, 살인을 포함해서 범죄를 저지르고도 인종적 편견에 사로잡힌 배심원들 때문에 방면된 사람들은 희생자의 시민법이 위반되었다는 사실에 근거해서 연방법원에서 조사를 받을 수 있다.

일부 동성애 인권옹호자들은 미국에서 동성애자들에 대한 적대감이 너무 심해서, 게이와 레즈비언들에게 해를 끼치는 사람들에게 배심원들이 유죄판결을 내리길 거부하는 마을들이 존재하는지 묻는다. 그들은 피해자가 동성애자였을 때, 범인들에게 지나칠 정도로 관대한 판결을 내린 판사들이 있다며 증거들을 제시한다.[21] 이런 활동가들은 한 세대전에 인종차별적 범죄들을 기소하려고 통과시켰던 법률들이 오늘날도 필요하다고 주장한다. 만약 지역사회에서 판사와 배심원들이 반동성애적 태도에 근거해서 판결을 내린다면, 연방법에 호소할 수 있는 권한을 부여하면서 말이다.

연방의 증오범죄법안 통과에 반대하는 주된 불평은 어떤 식으로든 그런 법률이 강단에서 설교자들이 동성애에 대한 자신들의 신념을 신자들과 나눌 수 없도록 막는다는 것이다. 전국의 낙태반대론자들은 상원법안 1105와 하원법안 1592를 저지하려고 국회의사당 계단에 집결했다. 그 법안들은 성적 소수자들을 포함하도록 증오범죄의 범위를 확대하고, 연방정부가 동성애자들에 대한 증오의 폭력을 더 쉽게 규제하도록 만들어 줄 것이라고 기대되었다. 이런 저항자들의 걱정을 들은 후에, 나는 그 문제를 주의 깊게 살펴보았고, 이 법률이 강단에서 언론의 자유를 세심하게 보호한다는 사실을 발견했다. 특히, 다음과 같은 규정이 있다.

이 법안에서 어떤 것도…제1차 수정헌법의 연설과 종교의 자유 조항들에 의해 보호된 일체의 행동들을 금지하는 것으로 해석되어선 안 된다(HR-1592, Section 8).

그 법안의 어디에도 이미 그 법에 위배되지 않는 것은 범죄 행위로 규정되지 않는다.

다르게 생각하는 사람들이 자주 인용하는 것은 그 법안이 하원에서 논의될 때 제기된 질문으로, 만약 한 목사가 동성애에 대한 성경적 가르침에 대해 설교하자, 한 교인이 밖으로 나가 일종의 증오범죄를 저지르면, 그 목사는 법적 보호를 받을 수 있는가이다. 이 질문에 앨라배마 주 하원의원 아서 데이비스Arthur Davis는 "아니오"라고 대답했다.22) 데이비스가 무슨 생각으로 그렇게 대답했는지는 잘 모른다. 하지만 435명의 하원의원 중 한 사람의 부정확한 답변 때문에 그 법안이 설교자가 자신의 신념을 설교할 수 없도록 기안되었다고 주장하는 것은 지나친 확대해석이다.

동성애자들의 보호를 위한 증오범죄법의 필요성에 대해 동성애 그리스도인들과 이야기를 나눈 후, 나는 다양한 반응을 접했다. 그러나, 나는 성적 지향sexual orientation에 근거한 차별에서 게이, 레즈비언, 양성애, 성전환자들의 보호를 위한 연방시민법이 절실하다는 것에 대해 의견의 일치를 발견했다. 공화당 소속 대통령 후보가 한 토론회에서 자신은 고용주가 직원이 동성애자란 사실을 알고 파면하면 그를 지지할 것이라고 답변하여, 많은 동성애자들의 등줄기를 서늘하게 만든 적 있다.23) 또한 그들은 자신들의 동성애 사실이 밝혀지면 집주인이 자신들을 아파트나 임대주택에서 쫓아낼 수도 있다며 두려워한다.

이런 종류의 두려움과 그들이 살아가는 세상의 현실을 고려할 때, 나는 성적 지향성에 근거한 차별에서 자신들을 법적으로 보호하려는 동성애 활동가들을 지지한다. 다른 한편, 교회와 신앙에 기초한 조직들은 예외가 있을 수도 있다는 점에서 그들은 나와 의견이 일치한다. 그런 예외 때문에, 법률제정이 보류된 상태다.24)

종교적 · 정치적 지평의 양끝에는 극단주의자들이 있다. 그들은 자신들의 자극적 메시지로 유권자들을 조종하려 한다. 『완벽한 적』Perfect Enemies이란 책에서 크리스 불Chris Bull은 종교적 우파의 극단주의자들과 퀴어 네이션Queer Nation 같은 일부 좌파적 동성애 그룹 지도자들이 동성애 권리에 대한 정치투쟁에서 상대편이 승리할 경우, 미국에 무슨 일이 벌어질지를 극단적으로 표현함으로써, 자신들에게 필요한 자금과 후원자들을 모집하는 전략들을 매우 설득력 있게 기술한다.25)

레드레터 크리스천은 정치적 충돌을 해결할 정당한 방법을 찾기 위해, 의제들을 지배하는 수사학들을 면밀히 검토함으로써, 동성애 문제에 대한 분별적 사고를 보여주어야 한다. 우리는 진실을 왜곡하면서 양편에서 들려오는 극단적 메시지를 헤쳐 나가며, 선동적 언어들을 재구성해야 한다.

선거일에 동성애자들을 위한 정의가 레드레터 크리스천의 정치적 우선순위에서 가장 앞에 있어야 한다. 우리가 향유하는 기본권을 그들에게 거절한다면, 우리가 그들을 사랑한다고 말하는 것이 불가능하기 때문이다. 그리고 모든 사람을 사랑하라는 것이 성경에 레드레터붉은 글자들로 분명히 선포되고 있다. 마22:37-39

8장

총기규제

정치인의 용기를 측정하는 한 가지 방법은 그가 총기들에 어떤 조치를 취해야 하는지에 대해 명확히 진술할 수 있는가 하는 것이다.

총기규제에 대해 어떤 태도를 취하든, 거대한 정치적 위협이 존재한다. 총기옹호자들은 대단히 잘 조직되어 있고 막강한 재정적 능력도 갖춰서, 자신들을 반대하는 일체의 후보자를 떨어뜨리도록 오랫동안 싸울 준비가 되어 있다.[1] 다른 한편, 정치인들은 우리 대부분이 총기를 소유한 사람들, 그리고 일반시장에서 판매되는 총기 종류에 대해 더욱 엄격한 법을 원한다는 사실을 잘 안다.[2]

일반적으로, 정치인들은 이 문제에 대한 발언에 그들의 태도를 명확히 파악할 수 없을 정도로 많은 단서와 조건들을 붙인다. 비록 우리가 총기규제에 대한 정치인들의 태도를 정확하게 지적할 수 있을지라도, 레드레터 크리스천에게는 여전히 우리 태도를 확립해야 하는 문제가 남아 있다. 그리고 어떤 이들에겐, 행동보다 말이 더 쉽다.

자신들의 견해를 지지하도록 복음주의 총기옹호자들은 흔히 누가복음 22장 36절을 지적한다. 이 구절에서, 예수는 장차 일어날 일을 예견하면서, 각자가 칼을 사야한다고 자기를 따르는 자들에게 말했다. 하지만 그 명령 직후에 유다와 로마 군인들이 예수를 잡으러 오자, 그의 제자들이 칼을 들고 그들과 싸우려 했을 때, 예수께서 그들에게 그러지 말라고 말씀하신 것을 우리는 알고 있다. 예수의 제자 한 사람이 대제사장 종의 귀를 잘랐을 때, 예수는 그 다친 사람을 고쳐주셨다.눅22:49-52 참조 그 후에 예수는 "칼로 선 자는 칼로 망한다"라고 말씀하셨다.마26:52 참조

말장난을 용서하시라. 그러나, 당신은 예수의 말씀이 양쪽으로 이용될 수 있음을 알 것이다.

나도 이 문제에 대한 기독교적 견해를 명쾌하게 정의해 줄 성경구절을 제시하고 싶지만, 그럴 수 없다. 내가 할 수 있는 최선은 모든 그리스도인에게 안전하고 평화로운 사회를 추구하자고 호소하는 것뿐이다. 심지어 다른 많은 그리스도인들이 달리 생각해도, 그런 부름을 고려할 때, 나는 누가 총기를 소유할 수 있고 어떻게 구입할 수 있는지, 그리고 어떤 종류의 총기를 사용할 수 있는지에 대해 엄격히 통제해야 한다고 주장하는 사람이다. 나는 이런 논쟁적 문제에 대해 양측에서 제기하는 많은 주장에 진지하게 귀 기울인 후, 예수께서 오늘날 우리 가운데 정말 육체를 입고 오신다면, 40구경 반자동 무기를 소유하지는 않을 것이라고 깊이 확신한다. 내 편견을 밝힌 후, 이제 이렇게 뜨거운 이슈를 살펴보자.

연방법

총기소유를 규제하려는 일체의 노력은, 어떤 식으로든 총기를 제한하는 것이 헌법을 위반하며 우리의 자유가 위태로워진다고 부르짖는 총기소유찬성론자들과 충돌하게 된다. 이것은 "시민들은 제약 없이 무기

를 소지할 권리를 지닌다"고 주장하는 미국총기협회the National Rifle Association:NRA 회원들의 모호하고 증거 없는 선언이다. 하지만 이런 주장을 하는 사람들 대부분은 수정헌법 2조를 읽으려 하지 않고, 그것이 의미하는 바를 정확히 이해하지도 못한다. 분명히 말하지만, 수정헌법 2조는 다음과 같다.

> 규율 있는 민병대는 자유로운 주의 안보를 위해 필요하므로, 무기를 소장하고 휴대하는 인민의 권리는 침해할 수 없다.

당신도 인지할 수 있듯이, 이 수정안은 시민들이 연방정부의 전체주의적인 군사적 위협이나 다른 외부의 위협에 대항하도록, 각 주가 민병대를 유지할 권리를 보장하고자 기획한 것이다. 물론, 법원이 이 조항을 개인의 무기소지를 정당화할 권리로 해석한 사례도 있었다.[3] 그러나 총기규제 옹호자들에 따르면 이런 식의 해석은 이 수정헌법에 대한 여러 해석 중 하나에 불과하며, 연방정부가 미국에서 총기규제법을 강화할 수 없다거나 각 주가 총기규제에 대해 어떤 조치도 취하지 못하게 하는 것으로 해석할 수 없다.[4] 더욱이, 수정헌법 2조는 각 주가 공적 안전을 강화하도록 총기규제법의 통과를 금하지 않는다.

1970년대 이후, 미국역사상 모든 전쟁 사망자들을 합친 숫자보다 더 많은 수의 미국인이 사적으로 소유한 소형 화기들에 목숨을 잃었다.[5] 미국인들은 전세계에서 폭력적인 것으로 유명하다. 통계가 알려주듯이, 내 생각에 그런 일반적 인상이 사실이라면, 그런 무기를 소지한 사람들이 누구인지 정확히 모른 채, 2억 개의 총을 사람들의 손에 쥐어 주는 것은 좋은 생각이 아니다.[6]

주법

누가 총기를 소유할 수 있는지 그리고 어떤 조건으로 총기구입이 가능한지를 결정하는 법을 제정할 때, 각 주가 진정한 권한을 갖는다. 주들이 만든 일부 법에는 심각한 약점이 있다. 믿기 어렵지만, 실제로 누가 총기를 구입할 수 있고, 건쇼gun show에서 어떤 총기들을 사적으로 판매하는지에 대해 여러 주에서 아무런 규제도 하지 않는다. 건쇼에서 팔린 총기들 중 최소한 절반 이상매년 약 25,000개이 소비자에 대한 신상파악이나 대기기간 없이 판매된다.[7] 이런 규제의 부재 때문에, 알카에다 요원 지침서들은 테러범들을 위해 무기를 구입하는 최고의 장소로 건쇼를 추천한다.[8]

2007년 4월, 버지니아 공대의 악명 높은 총기사건 이후 매우 심각한 허점이 세상에 알려졌다. 그때 조승희가 자신을 포함한 33명을 살해하는데 사용했던 총들을 어떻게 구입했는지 밝혀졌다. 정신적으로 문제가 있던 이 젊은이는 규정대로 무기들을 구입한 것처럼 보였지만, 사실, 불법으로 구입한 것이다. 이런 오류는 연방법이 정의한 부적격한 정신병과 버지니아 주가 정의하는 것 사이의 차이에서 기인했다.[9]

법은 결코 완전하지 않다. 하지만 잘못된 법을 바꾸거나 개선하려는 시도들이 총기소유 지지자들의 강력한 로비에 의해 심각한 저항에 부닥친다. 미국총기협회 회원들과 다른 총기 로비스트들이 원하기 때문에, 허점들이 개선되지 않은 채 남아 있다.

도덕법

내가 보기에, 총에 중독된 미국인이 너무 많다. 최소한, 너무 많은 사람이 자신들의 총기 소유권에 집착한다. 총기소유 옹호자들은 자신들이 훌륭한 준법시민이기 때문에, 세상의 미친놈들에게서 자신들을 보호할 목적이라면, 자신들이 원하는 모든 총기를 소유하도록 허용되어야 한다고 주장한다. 그들은 잘못된 사람들의 총기사용에서 자신들을 현실적으로 보호하는 유일한 방법이 올바른 사람들이 쉽게 총기를 사용하도록 하는 것이라고 주장한다. 그들은 "버지니아 공대 강의실에서 일부 학생들이 총기를 소유했다면, 조승희가 아무런 제지도 없이 2시간 이상 사람들을 죽일 수는 없었을 것이다"라고 주장한다.

총기소유는 종교적 우파에 속한 많은 그리스도인이 여러 이유로 성스럽게 생각하는 권리 중 하나다. 정치적으로 보수적인 복음주의자들 사이에 강력한 한 가지 믿음이 존재한다. 즉, 우리가 "말세"에 살고 있으며, 적그리스도의 군대가 현재 하나님의 백성에 대항해 전쟁을 치르려고 집결 중이라는 것이다. 그들은 이런 위협에 직면하여, 그리스도인들이 무장하고 악한 세력과 싸울 준비를 갖추는 것이 낫다고 주장한다.

총기소유를 지지하는 많은 복음주의자는 미국을 군사적으로 점령하려는 좌파 이데올로기를 주창하는 사람들의 일체의 위협에 맞서, 중무장한 그리스도인들이 계속 순찰을 돌아야 한다고 주장한다. 이런 사람들은 험악한 개인주의에 집착하여, 경찰이나 미군이 제공하는 보호와 상관없이, 모든 사람이 자신을 보호하도록 무장해야 한다고 믿는다.

아동보호기금 회장인 마리안 라이트 에델만Marian Wright Edelman 같은 사람들은 더욱 엄격한 총기법을 요청한다. 그녀는 매일 8명의 아동 및 십대들이 총으로 사망한다고 주장한다.10) 미국에서 어린이들이 총기사고로 죽는 것을 볼 때, 4일마다 버지니아공대 사건에 해당하는 일이 벌어지는 것이다.

총기옹호자들은 "총기는 사람을 죽이지 않는다. 사람이 사람을 죽이는 것이다"라고 주장할 것이다. 내 반박은 이렇다. 미시간 주 플린트Flint에서 같은 반 친구의 총에 죽은 6살짜리 여자아이의 가족들에게 그런 소리를 해보라. 만약 그날에 6살짜리 꼬마가 총 대신 연필을 들고 있었다면, 그 남자아이가 여자아이를 죽였을 것이라고 나는 생각할 수 없다.

하버드공공보건학교의 한 연구에 따르면, 5-14세의 아이들 사이에서 총기사고로 말미암은 사망은 총기소유율이 가장 높은 5개 주에서 16배나 많이 발생한다.[11] 같은 주에서 아이들과 십대들의 자살률이 7배나 더 높다.[12] 그런 통계들은 어떤 것을 증명할 뿐만 아니라, 상당히 많은 것을 제시한다.

뉴욕과 필라델피아 같은 도시들의 경찰은 공격무기판매를 불법화하고 싶어 한다. 그들은 총격전에서 만난 범죄자들의 훨씬 더 강력하고 빠른 화기에 압도당한다고 주장한다. 어떤 때에는, 범죄자의 총들이 방탄조끼도 뚫는다. 이런 경찰들은 더 엄격하게 총기를 규제한다면, 총기구매자들을 더 엄격하게 점검한다면, 그리고 구매자가 총기구입을 위한 서류작성을 마치고 실제로 총기를 손에 넣기까지 기다리는 시간을 더 연장한다면, 총기사고가 훨씬 줄어들 것이라고 믿는다.

필라델피아에서 경찰국장이 펜실베이니아 주 입법부에 압력을 가해 그 주의 다른 지역에는 현재 시스템을 계속 유지하도록 하면서, 그 시를 위해서는 분리된 총기규제 시스템을 갖추도록 했다. 그는 농촌에 사는 펜실베이니아인들에게 총기사용권을 포기하도록 압력을 가하여, 사냥을 즐기는 그들의 삶을 방해하고 싶지 않았다. 그러나 이미 살인발생율이 높지만, 2005년과 2006년 사이에 살인발생율이 거의 8%나 증가한

도시에서 총기사고를 줄이려는 그의 노력을 총기로비스트들이 개입하여 무효로 만들어버렸다.13)

비극적으로, 국가적 재난이 발생해야 총기규제옹호자들이 총기로비 및 법률과의 싸움에서 성공할 기회를 갖는다. 1981년에 로날드 레이건 대통령이 암살자의 공격으로 심한 상처를 입었을 때, 같은 공격으로 영구장애를 입은 그의 언론비서관 제임스 브래디James Brady는 장차 "브래디 법"Brady Bill이 통과되도록 힘을 쏟았다. 브래디 법은 가장 극단적 형태의 무기를 구입하고 싶은 사람들에게 5일간 기다릴 것을 명령한다. 자동속사기능을 갖춘 공격무기들의 이름이 그 법안에 구체적으로 명기되어 있다. 나쁜 소식은 총기소지를 지지하는 정치적으로 보수적인 민주당원과 공화당원들이 지난 수년 동안 이렇게 중요한 법안을 서서히 제거할 수 있었다는 점이다.

도래하는 선거를 위해, 브래디법과 유사하거나 훨씬 강력한 법이 당신의 표를 구하는 후보자에 의해 지지될 것인지 검토해야 한다. 이것은 연방 수준에서뿐만 아니라, 각 주의 선거를 위해서도 적절한 고려사항이다.

미국총기협회는 전국과 지역 정치에서 가장 강력한 로비단체 중 하나다. 그리고 그 회원들은 자신들을 대변해 줄 후보들의 선거운동에 막대한 비용을 지원했다. 선거철에 총기로비들에 맞서는 것은 대부분의 후보들에게 큰 위험이다. 심지어 공화당원들만큼 총기로비스트들에게 굴복하지 않지만, 민주당 정치인들도 선거기간 동안 미국총기협회의 영향을 크게 받는다. 2004년 대선과정에서, 존 케리John Kerry가 대선에서 휴가를 내어, 운동복을 입고 오리사냥을 떠난 것만큼 어색하고 이상한 것도 없었다. 그가 총기소유자들과 총기소유지지자들의 호의를 얻도록 그랬던 것은 너무나 명백했다.

일반적으로, 나는 중대한 정치적 이슈들을 다룰 때, 공평하려고 노력한다. 하지만 당신들이 볼 수 있듯이, 나는 총기규제문제를 다룰 때는 평정심을 잃는다. 나는 총기소유 로비스트들에게 정말 화가 난다! 사적으로 총기를 소유할 수 있는 모든 권리를 철폐해야 한다고 내가 말하는 것이 아님을 기억하길 바란다. 나는 합리적인 총기규제법이 제정되고 집행되도록 총기로비스트들에게 굴복하지 말아야한다고 주장하는 것이다. 레드레터 크리스천으로서, 우리가 총기사용에 대해 가진 잘못된 개념들을 포기하도록 성령께 간구하자. 그런 후에야, 우리는 이렇게 중대한 문제에 대해 합리적이고 올바른 결정을 내리기 시작할 것이다.

9장

교육

전국의 많은 지역에서, 학교들이 몰락하고 있다. 우리 학생들이 다른 선진국 학생들에게 뒤처지고, 우리는 기술경제의 필요에 부응하는 충분한 수의 대학원생들을 제공하지 못한다.

더 중요하게, 우리 교육제도는 선거철에 세계화된 세계와 미국이 직면한 이슈들을 제대로 이해하는 시민들을 양성하지 못하고 있다. 우리 정부는 유권자들이 정치적 결정을 내리는데 적절한 정보를 가질 것이라는 전제 위에 설립되었다. 우리의 교육제도가 실패할 때, 민주주의도 실패한다.

모든 학교가 동등한 것은 아니다

교육과 관련해서 고려해야 할 모든 문제 중, 레드레터 크리스천의 특별한 주목을 끌만한 것은 대부분의 주에서 교육기금을 마련하는 방식이다. 일반적으로, 공교육 자금은 지방세로 충당한다. 이것은 고가의 건물들이 즐비한 부자 마을들이 양질의 교육을 위한 충분한 세입을 갖는다는 뜻이다. 반면, 빈곤한 마을들은 자녀들을 적절히 교육할 기금이 부족하다. 매우 빈번하게, 현행 제도는 가난한 자들에게 상처를 준다.

적절한 예는 다음과 같다. 이스턴대학교가 위치한 펜실베이니아 주 래드노어 타운십Radnor Township에서, 매년 한 아동의 교육을 위해 사용된 비용이 2천여만원이다. 그 시에서 8마일 떨어진 필라델피아에서는 매년 한 학생의 교육을 위해 1천 3백여만 원이 할당된다.[1] 그것은 레드노어 같은 부자동네에서 20명으로 구성된 한 학급이 필라델피아 도심에 위치한 학급보다 매년 약 1조 2천만 원을 더 갖는다는 뜻이다. 더 심각한 것은, 대부분의 도시 학교들은 대부분의 교외 및 농촌 학교들보다 학생들을 위해 더 많은 서비스가 필요하다. 도시 아이들은 자녀교육에 별로 관심 없는 문제가정 출신이 많다. 그리고 도시학교들은 추가 상담 및 교정을 위해 더 많은 스텝이 필요하다.*

많은 사람이 우리 교육제도의 문제는 더 많은 돈을 쏟아 붓는다고 해결되는 것이 아니라고 주장하지만, 상황을 바꾸는데 돈이 필요하다는 사실은 모두 인정할 것이다.

한때 필라델피아 교육감이었던 내 친구 데이비드 혼벡David Hornbeck은 필라델피아 의회에 시의 부동산세를 통해 빈약한 재원에 추가로 보조금을 지원해 달라고 간청한 적 있었다. 그는 그린 추가 보조금만 있으면, 자신이 그 도시 학생들의 학업성취도를 주위 부유한 지역의 좋은 학교 학생들과 같은 수준으로 끌어 올릴 수 있다고 주장했다. 부유한 교외

---

*[역주] 미국에서는 주로 부자들이 교외 지역에 살고, 가난한 사람들이 도심에 산다. 도심에서는 지하철이나 버스 등 대중교통시설을 쉽게 이용할 수 있고, 저임금 일자리들도 많기 때문에, 차가 없는 가난한 사람들도 비교적 살기 쉽다. 반면, 이런 이유들로 가난한 사람들이 도시로 몰려들면서, 부자들은 도시를 떠나 교외로 이동했다. 그들은 자동차를 소유하고 있기 때문에 장거리 이동에 문제가 없고, 빈민이나 이민자의 수가 적은 교외지역이 상대적으로 안전하기 때문에, 교외지역에 거주하면서 도시에 있는 직장으로 출퇴근한다. 이런 사회조건 때문에, 교육 문제에 있어서도 도시와 교외 지역에 큰 차이가 나타나는 것이다.

및 농촌 지역 출신으로 구성된 주 의원들은 자신의 유권자들이 더 많은 세금을 내지 않도록 막으면서, 혼벡 박사의 기금요청을 반대했다. 대신, 그들은 혼벡 박사가 제안했던 금액의 10퍼센트만 승인했다.

이렇게 제한된 추가기금을 필라델피아 학군 내의 수백 개 학교들에 배분하는 대신, 그 장학관은 임의로 선정한 10개 학교들에 배분하기로 결심했다. 수년 내에, 그 10개 학교들에서 학생들의 학업성취도가 그 학군 내의 다른 학교들보다 훨씬 뛰어나게 되었고, 심지어 필라델피아 교외의 일부 엘리트 학교들의 학업성취도를 능가했다.[2]

성경적 정의는 우리가 이런 불의와 씨름해야 한다고 말한다. 불공정한 학교 지원금 문제에 대한 한 가지 해법이 이미 뉴저지 주에서 실행되어 왔다. 학생이 어디에 사느냐와 상관없이 한 학생당 지급될 최저비용을 주 의회가 결정한 것이다. 마을 재산세가 최저비용을 충당하지 못하면, 주에서 추가 비용을 지원한다. 물론, 이런 해법이 부유한 학군과 가난한 학군 간의 완전한 평등을 성취하지는 못하지만, 그것은 그 주에 사는 모든 아동에게 적절한 교육을 위한 기초적 지원을 제공한다.

한 후보에 대해 고민할 때, 레드레터 크리스천은 그 후보가 가난한 사람들을 위한 교육기금 문제를 어떻게 다루는지 질문해야 한다. 그의 대답이 더 가난한 학교에 다니는 아이들의 필요에 무관심한 것으로 드러나면, 한 아이에게 죄지은 사람에 대해 예수가 하신 말씀을 기억해야 한다. "그가 이 작은 자 중의 하나를 실족하게 할진대 차라리 연자맷돌을 그 목에 매여 바다에 던져지는 것이 나으리라"눅17:2

나는 교육재정의 불평등이 가난한 동네에 사는 아이들이 부적절하게 교육받는 유일한 이유라고 주장하고 싶지는 않다. 너무나 빈번히, 도심 학교들이 과도한 행정비에 재정을 탕진한다. 노조의 보호를 받는 무능한 교사들을 학문적 실패의 주된 원인으로 인정해야 한다. 더욱이, 우리

도시들의 엄연한 현실인 재정부패와 정실인사가 재정낭비를 초래한다.

지역과 주 수준에서, 가난한 아이들에게 해를 끼치는 교육정책과 관행을 결정하는 "정사와 권세들"에게 레드레터 크리스천이 저항하는 것이 중요하다. 필라델피아에서 델라웨어 강 건너편에 위치한 인구 8만 명의 뉴저지 주 캠든Camden에서, 재정적 부정이 너무 극심하여 교육을 위해 할당된 돈의 1/5이 사라졌다. 캠든의 교육제도가 너무 타락하고 비효율적이어서, 주 교육위원회는 주 의회의 결정을 통해 그 학군에 대한 시의 통제권을 박탈하고 자신이 직접 관리하기로 했다.[3]

나는 형편없는 재산세를 통해 얻은 교육재정의 부족으로 오직 도심의 어린 학생들만 희생된다는 신화를 조장할 생각이 없다. 실제로, 미국에서 가난한 사람들의 절반은 빈곤한 농촌지역에 산다. 그곳의 학교들도 아이들의 교육을 위해 필요한 수단들이 부족하다.[4] 그들이 언론의 주목을 거의 받지 못하기 때문에, 농촌의 빈민들은 일반 대중의 시야에 거의 드러나지 않는다.

교육재정문제를 다룰 때, 고려해야 할 또 다른 요인들이 있다. 예를 들어, 노인들 사이에서는 자신들의 재산세를 인상하려는 국민투표에 반대하는 경향이 존재한다. 따라서 노인들의 수가 많은 지역에서는, 교육을 위해 활용할 수 있는 재정이 적을 수밖에 없다. 노인들은 고정된 수입으로 살기 때문에, 교육을 위한 지출의 증가를 자신들의 경제적 복지에 대한 위협으로 간주한다. 이런 때에, 그리스도인들이 나서서 노인들에게 아이들을 위한 재정지출에 관대해질 필요가 있음을 설명해주어야 한다. 젊은이들을 돌봐야 한다는 성경적 명령은 분명하며, 레드레터 크리스천 설교자들은 자신들의 회중 속 노인들에게 그런 의무에 대해 명확히 이해시켜야 한다. 레드레터 크리스천은 자신들의 이익을 위해 투표할 뿐만 아니라, 이기심을 거부하고 공공선특히, 가난한 아이들에 일치하여 투표해야 한다.

바우처 제도, 어떻게 할 것인가

가톨릭교구학교를 운영하는 사람들은 오랫동안 교육 목적을 위한 쿠
폰지급을 옹호해 왔다. 그리고 개신교인들도 최근에 가톨릭 교인들과
함께 그런 운동에 동참했다. 수가 늘어나는 사립개신교학교들을 위해
공적 재정지원을 확보하길 바라면서 말이다. 바우처 제도는 부모나 보
호자에게 아동교육을 위해 사용하도록 일정한 액수의 가치가 있는 증서
를 제공하는 조치다. 이런 바우처들은 사립학교나 교구학교들의 등록금
지급에 도움이 된다.

바우처 사용에 대해 가치 있는 찬반론이 존재한다. 그 제도를 옹호하
는 사람들은 그것이 학교들을 경쟁적으로 만든다고 주장한다. 학교들이
학생들을 위해 경쟁하면서, 좀 더 높은 학문적 성취를 이루도록 이끈다.
업적을 내지 못하는 학교들은 학부모들의 선택을 받지 못하고, 곧 망할
것이다. 어떤 이들은 시장경제 원리들을 교육제도에 적용하면, 현 체제
보다 더 많은 세금을 걷을 수 있다고 확신한다.

현재 유명한 밀워키의 교육 바우처에서, 이런 체제의 결과들은 매우
긍정적이었다. 바우처를 이용하여 사립 및 교구학교에 다니는 어린이들
은 공립학교에 다니는 어린이들보다 학업성취도가 훨씬 더 높았다.5) 하
지만 한때 필라델피아의 교육감이었던 데이비드 혼벡은 전통적인 공립
학교들에 적절한 재정지원이 이루어지면, 학생들은 밀워키에서 바우처
혜택을 받은 학생들만큼, 혹은 그들보다 더 잘할 수 있다고 주장했다.6)

바우처 제도에 대해 복음주의 그리스도인들이 공통적으로 제기하는

또 다른 주장은 공립학교제도가 세속적 인본주의로 유인되어 왔다는 것이다. 여러 학군에서, 종교에 대한 일말의 흔적조차 제거해 버린다. 그들은 공립학교에서 학교가 후원하는 기도와 성경읽기를 종식시켰던 대법원 판결들을 세속화 경향의 증거로 인용한다.[7] 그 이상으로, 어떤 때에는 학생들이 대부분의 복음주의 그리스도인들이 믿고 긍정하는 것과 반대되는 가치들을 배운다. 이 그리스도인들은 흔히 혼전 금욕을 권장하지 않고, 동성애적 삶의 방식을 합법적인 것으로 가르치는 성교육수업을 대표적인 예로 지적한다.

창조론을 믿는 일부 복음주의자들은 인류의 기원과 언제 어떻게 세계가 창조되었는지에 대한 그들의 믿음이 공정하게 고려되지 않는 것에 분노했다. 그들은 현재 학교에서 찰스 다윈의 이론을 가르치는 것에 저항하는 것이 아니라 자신들의 견해가 무시되는 것에 저항한다. 단지, 창조주에 대한 그들의 믿음에 기초한 이론들에도 공립학교들이 개방적 태도를 보여주길 원하는 것이다. 많은 학군에서, 수백만 년 전에 초인적 지능의 지도 아래 우주가 창조되었다고 가정하는 지적설계론 교육을 금하고 있다. 경험과학의 범주를 넘어서는 이론들의 제거는 자신들의 창조론 설명이 경험적 증거와 대립되지 않는다고 믿는 많은 복음주의자들을 격분시킨다. 그들은 묻는다. "수천만 명이 믿는 우리 이론들이 교육되지 말아야 하는가? 그렇게 많은 신자의 견해가 존중되지 말아야 하는가? 학교들이 다양하고 널리 수용되는 견해들에 개방적이지 말아야 하는가?" 많은 공립학교가 과학수업시간에 창조에 대한 자신들의 견해를 고려하도록 허락하지 않기 때문에, 일부 복음주의자들은 바우처 제도를 적극 권장한다. 그들은 자신들의 신앙을 인정해주는 학교에 자녀들을 보낼 수단이 필요한 것이다.

세속적 세계관의 확산에 대한 깊은 우려 때문에, 많은 교회와 신앙관련 기관들이 자신들의 독특한 신앙과 관행이 존중되는 환경에서 자녀들을 교육하고자 자신들만의 학교들을 시작했다.

바우처 제도에 대해 그것을 반대하는 그리스도인들도 일부 있다. 가장 공통된 주장은 바우처 제도가 공교육의 자금을 빼돌림으로써, 결국 공교육을 파멸시킨다는 것이다. 바우처 제도에 반대하는 사람들의 주장에 따르면, 더 심각한 것은 미국에서 사회적으로 가장 불쌍한 아이들이 다니는 학교에서 돈을 빼간다는 것이다. 그들의 지적에 따르면, 가난한 학교에 다니는 자녀들을 둔 부모들이 있다. 그들은 자녀교육에 대한 관심이 부족하여 바우처 제도를 이용해 더 좋은 학교를 선택할 기회들을 놓친다. 이제는 정치적 올바름을 넘어서, 거대한 하부문화가 미국에서 출현한다는 사실에 직면할 때라고 반대자들은 주장한다. 이 랩 음악, MTV, 그리고 약물중독의 삶에 대한 찬미 등을 포함한 하부문화는 미디어 같은 사회세력들에 의해 자양분을 공급받는다. 이런 하부문화에는, 자기자식들에게 무슨 일이 벌어지는지에 대해 관심이 별로 없는 부모들이 많다.

1장에서 언급되었던 뉴저지 주 캠든의 통계를 살펴보라. 그런 장소에 사는 모든 부모가 다른 부모들만큼 자기자식들을 사랑한다고 말하는 것은 정치적으로 옳다. 그러나 그들 중 상당수는 그렇지 않다! 미국에서 부모에게 버림받아 혼자 먹고살아야 하는 아이들 수가 상상을 초월하며, 우리는 그런 환경 출신 아이들에게 학교가 유일한 희망이라는 사실을 깨달아야 한다. 바우처 제도가 그런 불행한 아이들을 양산해 낼 것인가? 그들이 시설도 형편없고 선생들의 사기도 떨어진, 경쟁에서 뒤처지고 재정도 부족한 학교에 다닐 수밖에 없도록 하는가? 이것은 무시할 수 없는 문제다.

흔히 인종주의도 바우처 제도 반대에 힘을 보탠다. 인종분리교육이 위헌임을 선언하고, 공립학교의 인종통합을 확고히 하도록 "버스타기" bussing* 가 시작된 1950년대와 1960년대 초반, 많은 교회들, 특히 남부 교회들이 "인종혼합"racial mixing을 피하려고 "기독교 학교들"을 설립했다. 오늘날, 대부분의 기독교 교육자들은 그런 관행들 속에 담긴 인종차별적이고 비기독교적인 악을 충분히 인식한다. 그리고 많은 학교가 가난한 가족들에게 장학금을 제공하고, "유색아동" 모집을 위해 특별한 노력을 기울였다. 하지만 불행히도, 자신의 아이들이 다른 인종의 아이들과 접촉할 기회를 최소화하기 위한 수단으로 바우처 제도를 이용하려는 부모들이 존재한다는 사실을 인정해야 한다. 미래 세대들이 우리사회를 돌이켜보고 이 사회의 인종차별을 비난할 때, 어떤 그리스도인들이 인종분리를 확대하도록 바우처 제도를 사용했다고 지적하지 않을까?

바우처 제도를 비판하는 사람들의 또 다른 주장은 공립학교가 사립학교, 교구학교, 차터스쿨chater school** 이 못마땅해 하는 학생들의 소굴이 될 것이라는 두려움에 기인한다. 학생들의 특별한 필요를 충족시켜 주려면 더 많은 비용이 든다. 육체적·정신적으로 결함이 있는 엄청난 수의 학생들은 사립학교들에서 외면당하고, 결국은 그들을 교육하는 데 필요한 비용 때문에 공립학교로 몰릴 수밖에 없다. 동시에, 바우처 제도 때문에 공립학교들은 특별한 도움이 필요한 학생들을 위한 재정을 크게 축소하지 않겠는가?

또한 문제아들은 어떻겠는가? 사립학교와 교구학교들은 그들을 쫓아낼 수 있다. 사실, 그들은 일반적으로 그렇게 한다! 우리 공립학교들이

---

*[역주] 지역적으로 분리되어 있던 학생들이 인종통합학교에 다닐 수 있도록 버스운행을 실시한 제도
**[역주] 일종의 대안학교로서, 주정부로부터 예산과 감독을 받지만, 아주 최소한의 감독과 지시만 받고, 대부분의 운영이 학교 고유의 경영철학과 교육철학으로 이루어짐

선생들의 진이 빠지게 만드는 그런 훈육프로그램의 일차적 장소가 되지 않겠는가?

19세기에 미국공교육의 개척자였던 호레스 만Horace Mann 자신이 공적후원제도를 주창하는 이유들을 설명했을 때, 그런 학교들이 위대한 "용광로"melting pot 현상을 증진시키길 소망했던 것이다. 그는 미국이 이민자들의 나라임을 이해했고, 공립학교제도가 다양한 문화적 배경과 상이한 사회적 가치를 지닌 아이들이 공통된 목표를 지닌 개인들로 구성된 하나의 문화로 통합될 최고의 도구라고 믿었다.8)

바우처 제도 때문에 공교육이 쇠퇴한다면, 미국인들을 공통된 가치를 지닌 하나의 통합된 사회로 용해시키는 일도 방해를 받지 않을까? 상이한 종교적 배경을 지닌 아이들이 공립학교에서 다른 배경을 가진 아이들과 접촉할 기회를 갖지 못한다면, 그들이 종교적 · 인종적 편견 속에 자라지 않을까?

몇 년 전, 북아일랜드의 한 특별조찬기도회에 강사로 초청된 적이 있다. 그 조찬모임은 가톨릭과 개신교인들 사이의 화해를 위해, 그리고 전쟁 중인 두 신앙공동체가 자신들의 공통된 미래를 위해, 권력과 책임을 공유할 수 있는 정부 수립을 위한 평화토론회에 속해 있었다.

나는 탁자 상단에 앉았다. 내 옆에는 가톨릭교회의 주교가 있었고, 반대편에는 중요한 개신교 지도자가 위치했다. 가능한 한 그 상황에 적합하길 바라면서, 나는 두 종교 지도자들에게 물었다. "북아일랜드에서 가톨릭 교인들과 개신교인들 간의 관계를 개선하고, 종교적 편견을 축소할 수 있는 한 가지 방법이 있다면, 그것은 무엇일까요?"

두 교회의 지도자들 모두 변화를 위한 최고방법은 아일랜드 아이들의 분리된 학교교육을 종식시키는 것이라고 대답했다. 북아일랜드는 바우처 제도와 비슷한 구조를 가졌기 때문에, 가톨릭 아이들과 개신교 아이들이 오랫동안 분리된 학교에 다녔던 것이다. 그들의 일상생활이 분리된 가운데, 아이들이 가정에서 습득한 편견들이 변화될 기회를 좀처럼 갖지 못한채 더욱 심화된 것이다.

그날 아침에 내가 배운 것을 고려할 때, 만약 점점 더 많은 아이들이 종교적으로 분리된 학교에서 교육받는다면, 미국에서 바우처 제도를 통해 어떤 편견들이 악화될 것인지 나도 잘 모르겠다. 자신들만의 분리된 사립학교들을 운영하는 블랙무슬림들이 자신들의 교육제도를 확대하고자 납세자들에게 재정지원을 받고, 역으로, 이 제도가 백인들을 향한 편견을 강화하고, 유대인들을 향해 특별한 적대감을 부추긴다면 어떡할 것인가? 그리고 KKK*와 Aryan Nation** 같은 극단적 인종주의자들이 미국의 본질과 대립되는 가치들을 교육하는 학교들의 재정충당을 위해 세금 혜택을 누릴 날이 얼마나 남았을까?

어떤 아동도 포기하지 말라

다가오는 선거에서 교육정책들을 논의할 때, 레드레터 크리스천의 특별한 관심을 불러올 수 있는 또 하나의 이슈가 있다. 즉, 2002년에 부시 대통령이 서명했던 "어떤 아동도 포기하지 않는다"는 법이 계속 될지, 수정될지, 아니면 철폐될지 하는 것이다. 이 법은 학생들의 읽기, 쓰기, 그리고 수학실력 및 기초지식 이해력에 대한 시험결과에 따라 공립학교에 연방기금을 지원한다. 매년 전국 학교에서 학생들이 시험을 치

---

*[역주] Ku Klux Klan, 1866년에 미국에서 설립된 인종차별단체. 흑인들의 정치진출 저지와 흑백인종분리를 목적으로 하며 흑인들과 그들에 동조하는 세력들을 테러, 폭력, 협박함.

**[역주] 백인우월주의자, 화이트 기독교 분리주의 종교단체

른다. 그리고 정부가 규정한 기준에 미달한 학생들이 속한 학교들은 연방기금을 상실한다. 한편, 학생들의 성적이 좋은 학교들은 연방기금이 증액된다.

일부 민주당원들은 부시의 교육프로그램이 "어떤 부자 아동도 포기하지 말라!"라고 명칭을 바꿔야 한다고 냉소적으로 말했다. 내가 출석하는 흑인교회에서 그 법안을 처음으로 설명했을 때, 한 할머니가 이렇게 말하는 것을 어깨너머로 들었다. "부시가 성경을 읽지 않는다고는 내게 말하지 말아요! 그는 '무릇 있는 자는 받아 풍족하게 되고, 없는 자는 그 있는 것까지 빼앗기리라' 마25:29 참조란 성경구절을 사랑함에 틀림없어요"

어떤 교사들은 이 프로그램이 교육과정의 본질을 실제로 방해한다고 불평한다. 즉, 이 프로그램에 따르면, 학생들이 스스로 생각하고 자신들의 세계를 개발하도록 돕는데 집중하는 대신, 교실에서 교사들의 일차 업무는 학생들의 시험 준비를 돕는 것이된다. 더 심한 것은, 연방기금을 더 얻고자 부정행위를 부추기는 때도 있다는 것이다. 뉴저지 주 캠든에서 스캔들이 터졌다. 학생들의 성적을 올리려고 교사들이 대규모로 부정행위를 저지른 것이다. 적발되었을 때, 이 교사들은 학교운영에 결정적인 연방기금을 얻도록 자신들이 해야 할 일을 했을 뿐이라고 말했다.9)

"어떤 아동도 포기하지 말라" 법에 대해 어떤 비난이 퍼부어지든, 그 프로그램이 미국에서 학생들의 수준을 향상시키는데 주목할 만한 성과를 거두었다는 경험적 증거가 있다. 『USA투데이』*USA Today*의 광범위한 연구에서, 부시 프로그램은 높은 점수를 받았다.10) 이제, 심지어 일부 민주당원들도 그 프로그램이 좋은 결과들을 낸다며 마지못해 인정한다.

다가오는 선거에서 후보들은 부시의 교육프로그램에 대한 자신들의 계획을 밝혀야 하며, 레드레터 크리스천은 당파정치와 정치이념들을 초월하는 해답을 찾아야 한다. 민주당 후보들은 흔히 "어떤 아동도 포기하지 말라" 법안에 대단히 비판적인 교사노동조합들과 전국교육연합회the National Educational Association에서 선거후원금을 받는다. 결과적으로, 레드레터 크리스천은 그런 특별한 이익집단들의 후원금이 그들의 태도에 어떤 영향을 끼쳤고, 그 프로그램을 지원하는 경험적 자료들에 그들이 어떻게 반응하는지를 검토해야 한다. 그 대통령 프로그램을 지지하는 공화당 후보들은 그것에 대한 정당한 비판들을 극복하도록 그 프로그램을 어떻게 수정할지에 대해 답변해야 한다.

이처럼 그 주제에 대한 제한된 논의에서 밝혀졌듯이, 레드레터 크리스천이 투표소에 들어갈 때, 고려해야 할 일군의 교육적 의제들이 있다. 이 의제들에 대한 정보를 얻는 것은 좋은 시민이 되는 필수조건이며, 성경에서 붉은 글자레드레터로 표현된 예수의 메시지를 몸으로 실천하고 싶은 사람들에게 절대적으로 중요하다.

10장
낙태

많은 그리스도인들에게 낙태는 정치적으로 결정적인 이슈다. 그것은 많은 그리스도인 유권자들에게 너무 중요해서, 이런 소리를 듣는 것이 낯설지 않다. "만약 내가 다른 모든 이슈들에 대해 한 후보와 의견이 일치할지라도 이 이슈에 대해 틀리다면, 그 혹은 그녀는 내 표를 얻지 못할 것이다!"

근본주의자들을 잠에서 깨우고 정치에 끌어들인 것이 바로 낙태문제였다. 20세기의 오랜 시간 동안, 근본주의자들은 정치적으로 수면상태에 있었다. 강단에서 정치적 문제를 언급했던 설교자들은 교회의 진정한 사명인 잃어버린 영혼을 구하는 것을 망각한 "사회복음주의자들"이라고 비난받았다.

1973년, "웨이드 대 로우"Wade vs. Roe에 대한 대법원 판결과 함께 모든 것이 변했다. 이 판결은 제리 폴웰Jerry Falwell과 팻 로버트슨Pat Robertson 같은 근본주의 텔레비전 설교자들에게 일종의 징집영장이었다. 폴웰은 "도덕적 다수"Moral Majority를 조직했다. 그는 탁월한 소통능력과 뛰어난 네트워크 기술로 곧 수백만 명의 추종자들과 수십만 명의 회원들을 얻었다. 과장 없이, 그는 1980년까지 로널드 레이건Ronald

Reagan을 미국 대통령에 당선시키기에 충분한 수의 유권자들을 끌어 모았다.

몇 년 후에, 팻 로버트슨은 주된 정치적 운동가로서 폴웰에 합류했고, 낙태반대운동의 또 다른 전사가 되었다. 그는 이 문제를 매우 효과적으로 다루면서, 1988년 대통령 선거에 출마했다. 처음에 로버트슨의 후보자격이 방송계 전문가들의 비난을 받았지만, 그가 아이오와 예비선거에서 2위를 차지한 후, 그들은 그를 진지하게 생각했다.

비록 로버트슨의 대선도전이 실패로 끝났지만, 그는 선거 후에 전국적인 대중적 정치조직을 갖게 되었고, 랄프 리드Ralph Reed의 탁월한 전략기술을 활용하여 "기독교연합"the Christian Coalition을 창립했다. 기독교연합은 미국 역사상 가장 효과적인 정치집단 중 하나가 되었다. 지난 20여 년 간, 이 유권자 집단은 자신들이 후원한 후보들을 미의회, 주의회, 그리고 일군의 지방 공직에 당선시켰다.

낙태합법화가 없었다면, 도덕적 다수나 기독교연합(이들은 다른 유사한 그룹들과 함께 집단적으로 종교적 우파라 불린다)은 출현하지 않았을 것이다. 이 한 가지 이슈가 미국 역사상 거의 존재한 적이 없었던 복음주의자들의 정치참여를 가능케 한 결정적 문제였다. 내 친구가 비꼬듯이 내게 말했다. "1960년대 내내, 너희들은 '국민에게 모든 권력을!' 이라고 부르짖었지. 그리고 1980년대에 그 국민의 실체를 발견했지."

처음에, 공화당은 낙태문제가 수백만의 새로운 당원들을 자기진영으로 끌어오는 방식에 전율했다. 하지만 옛 공화당의 친기업적 성향에 깊이 몰두했던 일부 전통적인 공화당원들은 곧 자신들의 당과 반낙태주의적 복음주의자들 간의 결합에 관심을 잃었다. 종교적 우파와 소위 "골프장 공화당원들" 간의 긴장관계는 세월이 흐르면서 점점 더 명백해졌다.

즉, 골수 공화당원들은 종교적 우파의 의제들에 자주 분노하고, 그 우파
가 공화당에 강요하려는 명백한 기독교적 강조점들에서 자유롭고 싶어
한다. 불행히도, 더 전통적인 공화당원들이 볼 때, 현재 공화당이 종교
적 우파와 낙태반대에 의존하지 않도록 할 수 있는 일은 거의 없어 보인
다.

통으로 짠 옷

　레드레터 크리스천은 압도적으로 낙태를 반대한다. 비록 우리는 종
교적 우파의 권력중심적 정치에 관련되길 거부하지만 말이다. 정말, 우
리는 일차적으로 우파 복음주의자들과의 구별을 위해 "레드레터 크리스
천"이란 명칭을 택했다. 대부분의 레드레터 크리스천은 오직 낙태문제
에 의해 정치가 결정되는 "싱글 이슈"single issue 유권자들이 되고 싶지
않다.

　한 가지 특정한 이슈가 너무 중요해서 그 문제에 대한 후보들의 태도
가 우리의 투표를 결정하는 때가 있을 수 있다고 우리도 쉽게 인정한다.
19세기 동안 노예제가 그런 이슈였다. 오늘날 낙태에 대해 똑같이 말하
는 사람들이 있다. 그들은 아직 태어나지 않은 존재를 하나님의 형상으
로 창조된 거룩한 인격으로 간주한다면, 해마다 시행되는 수백만의 낙
태는 일종의 홀로코스트라고 주장한다.

　레드레터 크리스천 사이에 공통된 것은 우리가 고집스럽게 낙태를
반대해야 한다는 믿음이다. 생명은 거룩하다. 그것은 태어나지 않은 생
명뿐만 아니라, 태어난 생명도 보호해야 한다는 뜻이다. 이것은 낙태를
막는 것 외에, 전쟁을 멈추고, 사형제를 종식시키며, 모든 시민을 위한

보편적 의료보험을 실시하는데 헌신하는 것이다. 시카고교구의 고故 조
셉 버나딘Joseph Bernardin 추기경은 이렇게 철저한 반反낙태적 태도를 장
려했다. 그는 반反낙태주의를 "통으로 짠 옷"seamless garment이라고 말했
는데, 그것은 예수가 입었던 옷을 가리킨다. 요19:23 참조 1)

낙태를 결정적인 정치적 이슈로 삼는 사람들과 그렇지 않은 사람들
간의 공통분모는 낙태수를 줄이도록 함께 수고하려는 마음에서 발견된
다. 거트마처연구소Guttmacher Institute의 최근 연구에 따르면, 국민의료
보조 시스템인 메디케이드Medicaid에 저소득층 여성들의 피임까지 적용
한다면, 해마다 20만 명의 생명이 낙태를 피할 수 있다고 한다.2) 이 연
구에 따르면, 정부가 병원비를 낼 수 없는 임신여성들에게 의료혜택을
제공하고, 자신과 자녀들의 생계를 위해 직업을 구한 어머니들을 위해
놀이방 지원금을 제공한다면, 매년 낙태수가 훨씬 더 극적으로 감소할
수 있다.3) 너무나 많은 저소득층 여성들, 특히 홀어머니가 된 사람들은
우리 대부분이 너무나 당연시하는 필요들을 감당할 수 없다.

낙태비율을 줄이는 다른 방안으로는 여성들이 직업보장과 어머니로
서의 역할수행 사이에서 고민할 필요가 없도록 출산휴가를 보장하는 것
과 최저임금을 인상하는 것이다. 연구에 따르면, 현행 최저임금으로는
전업직업여성이 저렴한 아파트의 임대비용도 제대로 낼 수 없는 형편이
다.4) 고려할만한 다른 방안으로는, 젊은 엄마들이 학교에 계속 다님으
로써 학업을 마치도록 돕는 특별 프로그램을 신설하는 것이다. 고등학
교 졸업장마저 없다면, 미혼모들은 빈곤선 이하의 삶을 살 수 밖에 없
다. 가난한 여성들이 더 나은 삶을 살도록 만들어주는 것이야말로 그들
이 예기치 않은 임신의 해법으로 낙태를 선택하지 않도록 돕는 확실한
방법이다.

국회의원이 낙태에 대해서는 반대표를 던지면서, 정작 전문가들의

말에 따르면 매년 50만 명의 생명을 낙태에서 구원할 수 있는 경제적 원조를 취하지 않는 것은 도덕적으로 앞뒤가 맞지 않는다.[5]

'생명을 위한 민주당원들'Democrats for Life, DFL을 이끄는 크리스틴 데이Kristine Day가 최근에 그 조직의 '95-10' 법안을 발표했다. 그것은 향후 10년 동안 낙태율을 95%까지 감소시키는 것을 목표로 한다.[6] 2005년에 미국에서 1300만 건의 낙태가 있었다.[7] 95%를 줄인다는 것은 그 수치가 6만5천이 된다는 뜻이다. 이 법안이 낙태를 범죄화하지 않기 때문에, 데이는 낙태권을 주장하는 민주당원들도 그 법안을 기꺼이 지지할 것이라고 믿는다. 하지만 DFL의 제안에는 피임과 피임교육에 대한 조항이 없다. 이것은 미연합장로교회 워싱턴사무소의 앨리너 기딩스 아이보리Eleanor Giddings Ivory 같은 많은 개신교인들뿐만 아니라, 의회의 많은 자유주의자들의 눈에 명백한 결점으로 보인다.[8] 이런 누락은 가난한 여성들에게 피임의 기회를 주는 것을 매우 중요하다고 생각하는 사람들에게는 심각한 문제로 보일 수밖에 없다.

'임신여성지원법'the Pregnant Women Support Act을 중심으로, DFL 법안에 대한 지지가 강화되어왔다. 테네시주 하원의 민주당의원인 링컨 데이비스Lincoln Davies의 지지를 받은 이 법안은 미하원의 양당낙태반대간부회의 의장인 공화당의 크리스 스미스Chris Smith와 상원의 힐러리 클린턴Hilary Clinton을 포함하여, 양당 모두에서 상당한 지지를 얻었다.[9]

임신여성지원법 같은 법안이 가난한 여성들 사이에서 낙태수를 감소시키는데 목적을 두지, 결코 자신들이 원하던 삶의 방식을 아기가 방해하기 때문에 낙태를 선택하는 부유한 여성들의 낙태율을 감소시키지는 못한다는 사실을 나는 충분히 깨달았다. 하지만 분명한 사실은 가난한 여성들이 잘 사는 여성들보다 4배나 더 계획하지 않은 임신을 하며, 5배나 더 의도하지 않은 출산을 하고, 3배나 더 낙태를 한다.[10] 돈이 전부는 아니지만, 그것은 미국에서 낙태율에 영향을 끼친다.

대부분의 레드레터 크리스천에게 그 이슈는 태아가 하나님의 형상으로 창조된 거룩한 존재인가의 여부로 귀결된다. 그 질문에 대한 대답이 "예"라면, 낙태는 살인행위로 간주되어야 한다. 그리고 살인이 성경에 금지되어 있음은 의심의 여지가 없다. 나는 많은 레드레터 크리스천이 임신순간에 뭔가 기적 같은 일이 발생하고, 집합체zygote가 세포 덩어리 그 이상의 무엇이 된다는 믿음을 잘 안다. 4세기의 성 아우구스티누스까지 거슬러 올라가는 전통을 따라, 생명이 창조되는 순간은 바로 정자에 의해 난자에 수정이 이루어지는 때라고 생각한다.

그 순간 이후, 그렇게 고귀한 인간의 생명은 반드시 보호받고 돌봄 받아야 한다. 그 아기가 태어난 전후로 말이다.

다른 관점들

일부 레드레터 크리스천은 낙태반대자들이지만, 그럼에도 강간과 근친상간 같은 특별한 때에는 낙태를 허용해야 한다고 주장한다. 또한 그들은 출산이 산모에게 심각한 육체적 손상이나 심지어 죽음을 초래할 때, 낙태를 통해 산모의 생명을 보호한다는 규정들이 있어야 한다고 주장한다. 출산이 그런 위협을 초래할지를 판단하는 것은 대부분 쉽지 않고, 사실 그런 법률 조항들은 쉽게 남용될 수 있다는 것이 문제다.

낙태권을 주장하는 레드레터 크리스천 내에서도 주장이 다양하다. 예를 들어, 어떤 이들은 임신후기에 낙태하는 것은 곤란하다는 태도를 보인다. 그들은 자궁이 발달하는 동안 태아와 산모가 상호작용을 하며, 이런 상호작용을 통해 아직 태어나지 않은 아기가 인간이 된다. 즉, 거록한 인간이 된다고 믿는다. 영혼은 생물학적 과정을 통해 창조되는 것이 아니라고 그들은 주장한다. 대신, 뱃속의 존재가 하나님의 형상으로 성장하는 것은 바로 어머니와의 영적, 정서적, 그리고 심리적 상호작용을 통해서다. 그들은 그런 상호작용이 임신 후 8~9주차에 시작된다고 말한다. 바로 그 때, 어머니와 상호작용의 관계를 가능하게 하는 태아의 뇌와 중추신경계가 발달한다. 임신 말기단계까지, 이런 인간화의 과정이 지속적으로 진행되기 때문에, 그들은 뱃속의 아이를 낙태하는 것은 살인행위라고 믿는다.

낙태를 찬성하는 많은 하원의원들도 태아를 인간으로 취급하는 이런 해석에 동의한다. 결과적으로, 그들은 자신들이 낙태권을 찬성한다고 주장하면서도, 2003년의 '임신말기낙태금지법' Partial Birth Abortion Ban Act에 찬성표를 던졌다. 그들은 임신 첫 3개월 동안 낙태를 허용했던 1973년의 대법원 판결Roe v. Wade에 동의하지만, 태아가 생존가능해진 후에 생명을 해치는 것은 지지하지 않는다.

일부 레드레터 크리스천에게 낙태에 반대표를 던지는 것은 여성이 자신의 생물학적 운명을 결정할 권리에 반대하는 것이다. 그들은 한 여성이 낙태할 것인가의 문제는 그녀와 의사가 결정해야 한다고 믿으며, 본인 외에 어느 누구도 그녀의 몸에 무슨 일이 벌어지는지에 대한 통제권을 가질 수 없다고 주장한다. 이런 생각을 가진 사람들은 여성에게 행해진 수많은 부당행위들을 지적한다. 그들은 인간역사의 대부분 동안 자신들의 몸에 대한 통제권을 거의 가져본 적이 없다. 그리스도인으로서 우리는 여성억압을 종식시키고, 그들이 자신들을 위해 유익하고 건강한 선택을 하도록 할 수 있는 모든 일을 해야 한다고 그들은 주장한다.

이런 주장에 대해, 낙태반대론자들은 한 사람의 자유가 타인의 생명을 위협하는 순간, 그 자유는 끝난다고 반박한다. 그 누구에게도 자신의 개인적 이익을 위해 타인의 생명을 취할 자유는 없다.

투표할 때

투표할 때, 낙태반대 레드레터 크리스천과 낙태찬성 레드레터 크리스천 모두가 가난한 사람들을 도우려는 그들의 헌신, 전쟁에 대한 그들의 반대, 환경파괴에 대한 그들의 분노, 그리고 인종적 편견과 동성애자들에 대한 차별을 종식시키려는 그들의 열정들을 고려하여, 낙태문제에 대한 자신들의 관심을 저울질한다. 그렇게 중요해 보이는 관심들을 염두에 두고, 낙태반대 레드레터 크리스천이 당 차원에서 낙태를 찬성하는 민주당에 투표할 수도 있다.

일부 낙태반대 레드레터 크리스천은 민주당의 공식적 태도에도 불구하고, 자주 그 당에 투표한다. 그들은 단지 낙태를 불법화한다고 낙태를 확실히 줄일 수 없다고 주장한다. 또한 그들은 그 법을 피해갈 만큼 충분한 돈을 가진 사람들도 낙태를 하는 때가 있다고 확신한다. 그럴 능력이 없는 사람들은 원치 않은 아기를 가질 수밖에 없고, 아기를 낙태하려고 위험한 수단을 찾는다. 더욱이, 그들은 낙태를 불법화하면 음지에서 낙태를 불법적으로 시행하도록 만들뿐이라고 생각한다. 또한 그들은 이미 불법이 합법화되기 전에, 낙태가 어떤 식으로 시행되었는지 들었다. 비전문가에 의한 "뒷골목 낙태"는 흔히 엉성한 절차나 비위생적 환경 때문에, 여인을 불임으로 만들거나 죽이기도 했다.

낙태문제와 관련해서, 우리가 어떻게 투표하는가와 상관없이, 우리는 일부 그리스도인 동료들을 화나게 만들 수도 있다. 많은 사람들에게 이것은 단지 또 다른 이슈가 아니다. 이것은 삶과 죽음의 문제다. 하지만 레드레터 크리스천은 그 논쟁의 양편에 훌륭한 그리스도인들이 있다는 현실을 직시해야 한다. 비록 어렵겠지만, 우리는 우리와 다른 태도를 취하는 사람들에게 친절을 베풀어야 한다.

많은 사람들이 생각하는 것과 반대로, 성경은 낙태문제에 대해 구체적으로 말하지 않는다. 낙태반대론자들은 자신들의 주장을 변호하려고 이사야 49장 1절을 자주 인용한다. 태어나기 전에 하나님의 "부름을 받는다"는 것은 아직 태어나지 않은 존재도 살아 있는 영혼이라는 그들의 견해를 지지한다고 주장한다. 그 구절은 다음과 같다.

> 여호와께서 태에서부터 나를 부르셨고 내 어머니의 복중에서부터 내 이름을 기억하셨으며

다른 한편, 낙태찬성론자들도 자신들의 주장을 위해 동일한 구절을 인용한다. 그들은 태어나지 않은 존재를 거룩한 영혼으로 만드는 '인간화 과정'이 발생하는 것은 바로 자궁 안이지만, 오직 뇌와 신경계가 작동한 직후에 그렇게 된다고 주장한다. 이에 따라 그들은 임신 초기에는 낙태를 허용한다.

이 문제를 한 번에 완전히 해결하는 쉬운 방법은 없다. 성경 말씀에서, 우리는 "두렵고 떨림으로 너희 구원을 이루어야"한다. 빌2:12 공직에 출마하는 사람들의 주장들을 조심스럽게 검토하여, 그들이 어떻게 그런 주장을 하게 되었는지 그리고 우리가 옳다고 여기는 것과 그들의 견해가 어떤 관계를 갖는지를 결정해야 한다.

11장

이민

미국의 이민정책들에 관한 뜨거운 논쟁이 지속되고 있다. 미국 이민의 미래에 대해 심각한 질문들이 존재할 뿐 아니라, 이미 미국에 사는 1,200만 명의 불법체류자들그들 중 거의 60퍼센트가 멕시코 출신으로 추정된다을 어떻게 할 것인지에 대한 훨씬 더 어려운 문제들도 있다.[1] 그들의 엄청난 수를 고려할 때, 그들을 추적하여 체포한 후 본국으로 돌려보내는 것은 비현실적이다. 이런 어려움 외에도, 많은 이민자들은 대부분의 미국인들이 하고 싶어 하지 않는 일도 한다는 사실을 언급해야 한다. 예를 들어, 중남미 출신의 이민자들은 고생스럽고 낮은 임금의 공장과 농장 일들을 즐겁게 한다. 불법이민자들이 없다면, 우리나라 경제활동 중 일부공업과 농업 모두가 중단될 것이라고 말해도 과언이 아니다.

그들이 중요한 일을 하는 것 외에, 합법적, 불법적 이민자들이 행하는 우리가 고려해야 하는 다른 긍정적 기여들도 있다. 즉, 그들이 세금을 낸다. 심지어 불법이민자들도 대부분 그들의 월급에서 세금이 징수된다.[2] 납세자들에게 손해를 끼치면서, 학교교육과 의료혜택 같은 사회적 서비스가 불법이민자들에게 제공된다고 지적하는 비판자들은 이 사실을 자주 간과한다.

특별히 언급할 가치가 있는 것은 시민권을 얻지 못한 많은 이민자들이 우리나라의 사회보장제도기금에 정기적으로 돈을 내지만, 정작 사회보장 혜택은 받지 못한다는 사실이다.[3] 게다가, 영주권을 가진 합법적 이민자들도 자신들의 월급에서 사회복지수당Social Security을 위해 지급된 혜택을 제대로 누리지 못한다.[4] 합법적 노동자들에게 사회보장제도가 거부되는 문제를 다루는 적절한 법률이 존재하는지에 대해 레드레터 크리스천은 질문을 던져야 한다. 아무튼 현재 사회보장제도에 의지하는 연로하고 장애를 지닌 시민들은 합법과 불법 이민자들이 미국의 사회보장제도기금이 제대로 운영되는데 도움을 준다는 사실을 인정해야 한다.

높은 벽, 넓은 문

우리가 불법이민자 문제를 고려할 때, 우리는 왜 이 형제자매들이 합법적으로 우리나라에 입국하지 않는지를 생각해보아야 한다. 불법으로 입국하면, 그들은 비양심적 고용주들에게 쉽게 착취당한다. 이 고용주들은 그들의 불법적 신분을 악용하여, 그들에게 정당한 대우를 하지 않으며, 농업이주민에게는 형편없는 주택을 제공한다. 뉴욕과 로스앤젤레스에는 노동착취공장들이 많다. 그곳의 노동자들이 불평하거나 그만두려 하면, 고용주들은 그들을 당국에 신고하겠다고 위협하기 때문에, 그들은 극단적으로 억압적인 상황을 참고 견뎌야 한다. 그렇다면, 왜 그들은 합법적으로 우리나라에 들어오지 않는가?

아마도 우리가 시간을 내어 합법적 이민자가 되려면 무엇이 필요하고, 미국시민이 되려면 무엇이 필요한지를 상세히 검토해 본다면 질문의 답을 찾을 지도 모른다. 현재는 합법적 거주와 취업의 필수조건인 영주권을 얻으려면 3년의 시간과 3천불의 비용이 필요하다. 게다가, 각 이민자에게는 후원자가 되어 혹시 그가 지게 될 빚을 책임질 미국시민이 필요하다.[5] 시민권을 획득하는 것은 훨씬 더 어렵다. 대부분 8-10년 정도 소요되고, 합법적 비용으로 1만 불이 든다.[6] 이런 요구조건들을 고려할 때, 대단히 가난하고 자신과 가족을 위해 더 나은 삶을 찾는 다수의 밀입국자들이 불법으로 우리 국경을 넘는 것이 이상한가?

다른 한편, 우리는 이민정책 강경론자들이 제기하는 정당한 주장들, 즉 사람들이 불법으로 미국에 들어올 때 그들이 누군지 또 그들이 무슨 위험을 야기할지 우리가 모른다는 사실을 무시할 수 없다. 이런 불법이민자들 중 얼마나 많은 사람들에게 전과기록이 있는가? 얼마나 많은 사람들이 마약밀수범인가? 그리고 이렇게 혼란스러운 시절에, 얼마나 많은 사람들이 장차 불법적으로 국경을 넘는 테러범이 될까?

이런 상이한 관점들을 고려하면서, 나와 다른 레드레터 크리스천은 "넓은 문"을 지닌 우리 국경 주위에 "높은 담"을 세우는 정책을 선호한다. 비유적으로 말하면, 우리는 배경을 조사하지 않으면 아무도 우리나라에 들어오지 못하도록, 그리고 우리의 안전과 복지에 위협이 될 만한 외국인들의 입국을 막을 수 있는 "높은 담"을, 국경통제를 강화하는 형태로 갖춰야 한다. 역으로, 우리의 높은 담에는 권리, 특권, 책임을 갖고 우리 공동체의 일원이 되고 싶어 하는 모든 사람을 환영하는 "넓은 문"도 있어야 한다. 현재 미국의 위대함은 더 나은 삶을 찾아 조국을 떠난 이민자들의 오랜 수고와 용기 위에 건설된 것이며, 나는 우리 미래의 위대함도 우리가 내일의 새로운 미국인들을 어떻게 환영하는가에 달렸다고 믿는다.

이민에 관한 구제 법안을 통과시키려는 최근의 시도들이 심각한 논쟁을 불러왔다. 2007년 6월, 매사추세츠 주 민주당의원 에드워드 케네디Edward Kennedy와 아리조나 주 공화당의원 존 키일John Kyl이 상원에 발의했으나 거의 죽었던 이 법안의 한 조항이 2007년 1월 1일 이전에 도착했던 약 1200만 명의 불법 이민자들에게 합법적 거주자의 신분을 신청하도록 허용하려 했다. 게다가, 이런 불법 이민자들은 그들이 원하기만 하면, 시민권도 얻을 수 있었다. 이것은 엄청난 일이지만, 매우 까다로운 요구조건들이 있었다. 그 법안은 300페이지 분량에다 대단히 복잡해서, 여기서는 지면의 한계 상 자세히 논할 수 없다. 대신, 그 법안의 개요만 대략적으로 살펴보자.

먼저, 지금은 불법적으로 이 나라에 있지만, 장차 합법적 신분을 얻게 될 사람들은 전과기록이 없다는 신상조사를 입증해야 한다. 그 법안의 찬성자와 반대자 모두에게, 이것은 대단히 합리적으로 보인다. 하지만 둘째와 셋째 요구조건 즉, 불법 이민자들은 합법적 재입국 신청을 위해 향후 8년 내에 본국으로 돌아가야 하며, 가족 당 5,000불의 벌금 외에도 그들이 미납한 일체의 세금을 납부해야 하는 것은, 그 법안에 대한 진보적 비평가들의 눈에 너무 가혹해 보인다. 시민권을 얻는데 이렇게 많은 비용이 든다면, 이런 법안의 혜택을 받을 사람의 수가 많지 않을 것 같으며, 특히, 이런 법안이 적용되는 이민자들 대다수는 그만한 재원이 없기 때문이다.

게다가, 제안된 법안은 우리나라에 안겨줄 이익을 토대로 선발된 숙련공 수를 증가시키면서, 누구에게 재입국을 허용할 지 결정하도록 새로운 기준을 세우려 했다. 동시에, 그 법안은 농장 노동자들은 특별한 예외였지만, 해마다 합법적으로 허용되던 미숙련 외국인 노동자 수를 감축하려 했다.

그 법안이 집행되면, 불법이민자에게 가장 큰 영향을 끼칠 수 있었던 항목은 "방문" 노동자로서 합법적 지위를 입증할 수 없는 사람의 채용자체가 불법이 되는 조항이었다. 미국에 잠입하는 일차적 이유가 직업이기 때문에, 이 조항은 불법입국을 약화시킬 것으로 기대된다.

왜 진보주의자들은 이런 조건들이 이민자들에게 너무 가혹하다고 믿는지, 왜 그들은 그 조건들이 미국이 세계의 더 가난한 국가들에서 유도하는 "두뇌유출"을 더욱 증가시킬 것이라고 생각하는지 쉽게 이해할 수 있다.

보수주의자들도 그 법안은 로날드 레이건Ronald Reagan 집권기에 실시했다 실패한 사면의 또 다른 예에 불과하다며, 그 법안을 공격했다. 레이건은 이미 미국에 있으면서 기꺼이 정부에 등록하길 원하는 불법 이민자들에게 합법적 신분을 허용했다. 이런 허용 이후에는 국경에 대한 엄격한 통제가 뒤따르도록 되어 있었다. 보수적 비평가들은 레이건 정책의 이 뒷부분이 제대로 시행되지 않았다고 지적한다.

보수주의자들은 우리 국경에 구멍이 많다고 주장한다. 진보주의자들도 동의한다. 장애물이나 국경 수비대조차 제대로 없다. 사람들이 불법적으로 국경을 넘다 걸리면, 짐을 싸서 본국으로 돌려보내는 것으로 끝이다. 본국으로 돌려보내진 사람들 대부분은 다시 불법입국을 시도한다. 그리고 결국에는 성공한다. 그 법안의 비판자들은 그 법안에 미국 남부국경에 울타리를 치겠다는 내용이 없는 이유를, 그리고 그 법안이 경찰과 법원에게 정부이민법을 위반한 사람들을 더 엄격하게 다룰 방법을 제공하지 않는 이유를 알고 싶어 했다.

이런 비판들에 대해 많은 보수주의자들과 진보주의자들이 동의한다. 당신의 대표자 선택을 위해 고민할 때, 당신이 충분히 인식한 상태에서 신앙적으로 올바른 결정을 내리려면 논쟁의 대상이 되는 법안의 찬반 양측의 주장과 제안된 법안들에 대한 각 후보의 태도를 정확히 파악하는 것이 매우 중요하다. 자기 당내의 많은 보수주의자들의 반대에도 불구하고, 부시 대통령이 지지했던 이 법안은 결국 통과되지 못했다. 하지만 다음 선거에서 민주당이 상원에서 좀 더 많은 의석을 차지한다면, 이 법이 약간의 수정을 거친 후 재 발의되고 법으로 확정될 것이다.

신성소운동 New Sanctuary Movement

구약과 신약 모두 이민자들에 대해 할 말이 많다. 고대 이스라엘의 유대인들은 자신들도 한때 낯설고 먼 나라에서 이방인이었다는 사실을 기억하며, 이민자들을 친절, 존중, 관용으로 대하라고 배웠다. "너는 이방 나그네를 압제하지 말라 너희가 애굽 땅에서 나그네가 되었은즉, 나그네의 사정을 아느니라"출23:9

예수께서 이방인이나 주변인들 대접에 대해 하신 말씀 중에서, 아마도 마태복음25장 31-46절이 가장 잘 알려진 것 같다. 이 구절은 문 앞의 이방인들을 어떻게 대접했는가에 따라, 개인이든 집단이든 심판을 받을 것이라고 예수께서 제자들에게 하신 말씀을 기록한다.

성경 말씀을 고려하면서, 일부 교회지도자들대부분은 로마가톨릭이 정부가 추적해서 붙잡히면 고국으로 돌아가야 하는 불법이민자들에게 "성소"를 제공해왔다. "거룩한" 교회건물 안에서는 국가권력마저 누구도 체포할 수 없게 한 중세관행에 따라, 성직자들이 법원의 추방명령이 내려진 이민자들에게 "피난처"를 제공한다. 특별히 그 추방이 아기와 부모의 이별을 의미할 때, 그들은 더욱 성소를 제공하려 한다. 남서부에서, 한 주교는 자신의 교구 내 교회들에서 성소를 찾는 이민자들을 경찰에게 넘겨주느니 차라리 자신이 감옥에 가겠다고 말했다.

그런 성소운동에 대해 당신은 어떻게 생각하는가? 이렇게 논란이 많은 문제에 대해 후보에게 질문할 때, 당신은 어떤 답을 기대하는가?

동정과 정의

대부분의 그리스도인들이 이민정책을 검토할 때, 동정과 성경적 정의에 대한 헌신이 우리의 동기가 되어야 한다는 점에 동의한다. 단지 일자리를 찾아 우리나라에 오고 싶어 하는 사람들뿐 아니라, 가혹한 억압이 존재하는 나라에서 피난을 원하는 사람들을 위해 말이다. 우리 법은 미국에서 안식처를 찾으려는 정치적 망명객들을 위해 법조항을 만들지만, 그 조항들에 예외가 거의 없다. 하지만 예외가 인정되어야 하는 때도 많다. 예를 들어, 종교적 박해를 피해 들어오는 난민들을 위한 법조항들이 충분치 않다. 말레이시아에 대해 생각해 보라. 그곳에서는 여성이 남편과 그 나라의 이슬람위원회 허가 없이 기독교로 개종하면 감옥에 갈 수 있고, 무슬림들을 전도하는 사람은 죽을 수도 있다. 자유롭게 하나님을 예배하고 싶어 하는 사람들에게 우리는 문을 세게 닫아야 하는가?

비슷하게, 사회적 억압을 피하려는 사람들에게도 충분한 자유가 주어지지 않는다. 제2차 세계대전까지, 미국 정부는 나치의 박해를 피해 미국에 입국하려는 수천 명의 유대인을 돌려보냈다. 당시에 미국이민정책은 유럽의 몇 나라들에 대해 엄격한 제약을 두었기 때문이다.[7] 1950년대에 소련에 대한 반란 이후, 많은 헝가리인들이 자신들의 조국을 떠났지만, 미국의 이민 "할당제" 때문에 오직 소수의 사람들만 미국에 입국했다는 사실을 발견했다. 미국 정부의 라디오 방송, '미국의 소리'

Voice of America가 그들을 부추겨서 소련에 반란을 일으키도록 했음에도 말이다.[8] 더욱 최근에는, 매월 대략 5만 명의 이라크인이 미국의 침입으로 초래된 혼란 때문에 자신들의 조국을 탈출한다. 하지만 미국이 이라크를 독재국가로 정의하지 않기 때문에 이라크 난민들이 미국에 들어오는 것은 매우 어렵다. 현재까지 1000명 미만의 이라크인이 난민신분으로 미국에 들어왔을 뿐이다.[9] 그 숫자와 스웨덴에서 입국을 허용한 이라크 난민들의 수, 3만 명을 비교해보라.[10] 오늘날 이라크 난민문제를 야기한 것이 미국의 이라크 침공이란 사실을 고려할 때, 이런 비교는 미국을 매우 인색한 나라로 보이게 한다.

내 아버지가 이 나라에 왔을 때, 그에게는 아무런 기술과 돈이 없었다. 심지어 영어도 할 줄 몰랐다. 그럼에도, 이 나라는 그를 받아주었다. 미국은 그와 그의 가족이 더 나은 삶을 살 기회를 주었다. 이런 종류의 기회가 자신들의 새로운 나라에 충성을 맹세하고, 모든 미국인이 공유하는 가치와 의무에 헌신하는 백성으로 우리와 함께 살겠다고 다짐하는 선한 사람들에게 허용되어야 한다.

이민법은 복잡한 문제다. 하지만 당신의 표를 원하는 후보들은 성경에 명시된 정의와 동정심을 보여줄 아이디어가 있어야 한다.

자유의 여신상 받침대 내부 장식에는 이런 구절을 담은 동판이 걸려 있다.

나에게
자유롭게 숨 쉬고 싶어 하는
당신의 지치고, 가난하고
웅크리고 있는 사람들을
당신의 북적거리는 해변에 모인 가련한 난민들을 보내라.

나에게 이 사람들, 집 없고, 폭풍우에 시달린 사람들을 보내라.
나는 황금의 문 옆에서 등불을 들어올린다![11]

자유의 여신이 미국인들을 위해 이 초청을 계속 확대하는지, 후보들
에게 물어야 한다.

12장

범죄

법무부 통계국에 따르면, 미국의 감옥과 형무소 수감자 수가 2006년 6월까지 한 해 동안 4만2천 명이나 늘었다. 그것은 2000년 이후 최대 증가치다.[1] 현재, 160만 명이 감옥에 있다. 지방형무소에 수감된 인원을 포함시킨다면, 감옥에 수감 중인 사람들의 총계는 약 220만 명에 이른다.[2] 그 기간 동안 수감된 사람들 중에서 10명 중 6명이 흑인이거나 히스페닉이고, 대부분의 수입은 빈곤선 이하다.[3]

미국에 사는 사람들 중 30명 당 한 명 꼴로 40세가 되기 전에 심각한 범죄를 저지르지만,[4] 범죄를 저지른 사람들 중 겨우 12%만이 유죄판결을 받는다.[5] 이런 통계가 정확하다면, 우리는 범죄가 미국에 만연하며, 가난과 인종차별이 우리 형법제도에 막대한 영향을 끼친다는 점을 인식해야 한다.

이처럼 최근에 급증하는 범죄율에 대한 많은 이론과 설명이 있다. 민주당 의원들은 클린턴이 백악관의 주인이던 시절, 미국 거리에 5만 명의 경찰관을 추가로 배치했던 연방예산을 부시 행정부가 감축한 것에 대해 문제를 제기한다.[6] 다른 이들은 인구학적 요소들에 책임이 있다고 믿는다. 18세부터 40세 사이의 남자인구가 지난 10년 전보다 훨씬 더 많아졌다.[7] 그리고 이 연령층 사람들이 가장 범죄를 저지르기 쉽기 때문에, 지난 10년 동안 범죄 증가는 충분히 예측했어야 한다는 것이다.

사회비평가 및 학자들의 관찰에 도움을 받으면서, 많은 설교자들이 범죄율의 증가는 사회질서가 붕괴한 결과라고 주장한다. 그들은 도덕적 방향감을 상실하고, 종교적 토대에서 벗어난 사회를 지적한다. 록과 랩 뮤직의 반항적 메시지와 함께 텔레비전과 영화에서 묘사되는 가치들이 선하고 안전한 사회를 위한 원칙들의 해체에 결정적으로 기여했다는 비난이 설교단에서 쏟아졌다. 이 설교자들이 말하는 것은 대체로 사실이다.

미국에서 범죄가 폭발하는 이유가 무엇이든, 우리는 우리 자녀들을 위해 더욱 안전하고 건전한 국가를 창출하도록 가능한 해법들을 면밀히 검토해야 한다.

화이트칼라 범죄

오늘날 범죄에 대한 일반적 담론에서 흔히 간과되는 것은 화이트칼라 범죄의 극적 증가와 영향이다. 나와 다른 많은 사회학자들은 화이트칼라 범죄들이 복지에 대한 사회의식에 엄청난 영향을 끼치며, 다른 종류의 범죄보다 더 큰 위협이 된다고 믿는다. 정부 관리들이 뇌물을 받았고 대기업 간부들이 내부주식거래로 대중을 기만했다는 사실이 폭로되면, 공적 신뢰가 크게 흔들린다. 기업가들이 자신들의 회사가 시장에 내놓은 제품들의 위험을 숨겼다는 사실이 드러나면, 우리가 쉽게 감옥에 처 넣을 수 있는 사람들한테보다 훨씬 더 많은 상처를 받는다.

흡연으로 사망한 수백만 명의 사람들과 공중보건서비스에 투입되는 엄청난 비용을 생각해 보라. 공중보건국 의무국장이 담배가 사람들을 죽인다고 분명하게 발표하기 훨씬 전부터 담배회사 간부들은 자신들이 만든 제품들이 건강에 해롭다는 사실을 잘 알았다.[8] 그렇게 이익에 눈이 먼 태만도 범죄 아닌가?

그렇다면 앤론Enron 스캔들은 어떤가? 수만 명의 남녀들이 "장부의 요리"cooking of books 때문에, 앤론에서 일자리를 잃었다. 즉, 그 회사의 최고경영진들이 회사수입을 과대평가하여, 회사가 파산에 이르게 한 것이다. 다른 수천 명의 사람들이 앤론 주가가 공중분해 됐을 때, 노후자금을 날렸다.

최근에 이라크에서 할리버튼사Halliburton Co.의 거래에 관한 불편한 뉴스가 있었다. 납세자들이 낸 수조 원의 행방이 묘연하다는 것이다. 그 돈이 사라져버린 것이다.[9] 체니 부통령과 할리버튼 이사들 간의 회담 기록을 공개하지 않고, 부통령이 그 회사에서 일했을 때부터 지금까지 계속 보너스를 받아 왔다는 사실을 고려할 때, 대중적 신뢰가 흔들린다.[10]

혹은, 교활한 정치로비스트 잭 아브라모프Jack Abramoff에 대한 발표와, 그 이후에 드러난 부패 조사들결국, 두 명의 백악관 직원들, 한 명의 하원의원, 그리고 9명의 다른 워싱턴 내부자들이 실형을 선고받았다의 영향도 생각해보라.[11] 매일 같이 정치적 부패의 엄청난 증거들이 폭로될 때, 미국인들이 자신들의 정치제도를 신뢰하는 것이 점점 더 어렵다.

이런 기업과 정부의 범죄들 외에, 의료분야에서 발생하는 범죄들도 있다. 병원에서 과실치사로 분류되어야 할 사망이 증가하며,[12] 제약회사들이 처방약을 속이거나 지나치게 비싼 가격을 책정했다는 증거들이 많아지고 있다.[13] 또한 노숙자 환자들을 거리로 쫓아낸 병원들에 대한 뉴스가 헤드라인을 장식할 때, 미국인들은 의사들이 "환자의 건강과 생명을 첫째로 생각하겠노라"고 맹세했던 히포크라테스 선서를 지금도 믿

는지 의심스럽다.14)

화이트칼라 범죄자들은 대중 안에 사업, 보건, 정부에서 고위직에 있는 모든 사람을 향한 냉소주의를 조장한다. 이런 분야에 종사하는 훨씬 더 많은 지도자들이 여전히 신뢰할만해도 말이다. 사회의 안정성은 시민들이 지도자들을 신뢰하는 것에 달렸으며, 화이트칼라 범죄는 그렇게 필수적인 신뢰를 붕괴시킨다.

화이트칼라 범죄자들에 대한 처벌은 대체로 너무 가볍다. 특히, "블루칼라 범죄자들"에게 내리는 벌과 비교할 때, 더욱 그렇다. 서글프게도, 교회지도자들과 기독교자선단체 수장들이 화이트칼라 범죄에 대해 더욱 엄격한 처벌을 요구하려 하지 않는다. 아마도 이런 종류의 범죄에 책임 있는 사람들이 흔히 그들 교회에서는 매우 "정직한" 회원들이기 때문일 것이다.

최근에 나는 노스캐롤라이나 주 덜함에 있는 한 부유한 교회에서 설교한 적 있다. 담배산업의 악에 대한 나의 감정을 잘 알던, 그 크고 부유한 교회의 담임목사는 내가 강단에서 무슨 소리를 할지 긴장하고 있었다. 그는 그 "죽음"의 사업에서 돈을 벌면서, 그 교회에 다니는 사람들을 경악시킬까봐 걱정했던 것이다. 그는 내가 그 문제에 대한 견해를 명확히 밝힐 것이라고 믿었기 때문에 걱정했던 것이다! 설교하고자 일어섰을 때, 나는 어떻게 그리스도인들이 매년 45만 명을 죽이고, 수백만 명에게 엄청난 고통을 안겨주는 물건을 만들 수 있냐고 질문했다. 당신이 오후에 그 마을에서 비행기를 타고 떠날 것이면, 예언자적이고 논쟁적이 되는 것은 쉬운 일이다. 하지만 그 결과물을 다루도록 남아야 하는 그 목사는 용감한 사람이다.

레드레터 크리스천은 악을 행함으로 돈을 버는 산업들을 향해 진리를 말할 때, 두려워하지 말아야 한다. 그리고 장래의 입법자들이 선거비용을 어디서 충당하는지 특별한 관심을 쏟아야 한다. 담배와 다른 산업들이 주와 연방 차원의 선거에서 후보들의 선거자금에 엄청난 액수를 후원한다. 그런 기부금은 후에 조사와 판결이 내려질 때, 화이트칼라 범죄자들을 보호하는 한 가지 방법이다.

의무적 양형제도

최근 공직에 출마하는 사람들 중에서, 범죄에 대해 엄중한 태도를 보이고 싶어 하는 사람들이 특정한 종류의 범죄에 대해 "의무적 양형제도" mandatory sentences를 약속하는 경향이 있다. 그 결과, 비교적 가벼운 죄 (마리화나 소지 같은)를 범한 많은 젊은이들이 감옥에 가게 되었다. 연구에 따르면, 젊은이들을 감옥에 보내는 것은 범죄행위를 약화시키기보다 오히려 부추기는 경향이 훨씬 더 많다고 한다.15) 그렇다면, 사회사업가들의 도움을 받은 법원들이 사건에 따라 적절한 판결을 내리는 것이 최선 아닐까? 아직 그들을 교정할 가능성이 남아 있는 동안, 우리는 젊은이들에게 더 효과적으로 범죄수법을 가르쳐줄 숙련된 범죄자 집단 속으로 그들을 집어넣는 대신, 그들이 더 나은 결정을 내리도록 돕고 싶지 않은가?

그 결과가 때때로 터무니없기 때문에, 의무적 양형제도는 재검토해야 한다. 웰든 안젤로스Weldon Angelos사건을 생각해 보라. 그는 초범이었음에도, 잠시 마리화나와 총기를 소지한 것 때문에 2004년에 55년형을 선고 받았다. 법에 의해 그토록 가혹한 선고를 내렸던 바로 그 판사가 그에 대한 감형을 청한 서류를 부시 대통령에게 제출했다.16) 지금까지 아무런 조치도 취해지지 않았다. 아마도 우리는 대통령이 웰든의 의무적 양형이 너무 가혹하다고 생각할 것이라고 희망을 품을 수 있다. 연방 대배심 앞에 누웠다는 이유로 부통령 체니Cheney의 전 참모총장, 스쿠터 립비Scooter Libby에게 30개월이 선고된 것이 너무 심했다고 생각했던 것 처럼 말이다.

범죄에 대해 엄격한 태도를 취하려는 또 다른 시도로 많은 주에서 소위 "삼진아웃" 법을 제정했다. 이 법령은 세 번째 유죄판결을 받은 범죄자에게는 의무적 양형을 적용하도록 제안한다. 또한 이것은 비교적 가벼운 범죄보다 오랫동안 옥살이를 하도록 만들었다. 그런 "삼진아웃"제도는 판사와 배심원들이 사회와 유죄판결 받은 사람들 모두에게 가장 이로운 선고를 내리지 못하도록 방해한다. 유권자들은 그런 법이 정당하고 합리적인지에 대해 숙고해야 한다. 그렇지 않다는 것이 결론이라면, 공직에 출마하는 어떤 후보가 그것들을 철폐시키겠다고 서약하는지를 면밀히 검토해야 한다.

사형제도

레드레터 크리스천이 신중하게 취급해야 하는, 범죄 문제와 관련된 또 다른 주제가 바로 사형제도이다. 사담 후세인이 교수형을 당했을 때, 영국 수상 토니 블레어Tony Blair는 자신이 개인적으로 도덕적 근거에 의해 사형제도에 반대한다고 분명히 밝혔다.[17] 그는 후세인이 인류에게 범한 끔찍한 범죄들에도 불구하고, 그의 처형에 반대했다. 토니 블레어와 조지 부시 모두 독실한 그리스도인들이다. 하지만 사형제도에 관해서 그들의 견해가 매우 다르다는 사실은 자신들의 신념에 똑같이 충실한 두 사람이 얼마나 상반된 견해를 가질 수 있는지를 명백히 보여준다.

나는 양측의 주장을 상세히 진술하려 하지 않을 것이며, 사형제도는 결코 그리스도를 따른다고 주장하는 사람들이 지지해선 안 된다고 담대하고 명백하게 말할 것이다. 다르게 생각하는 사람들의 의견과 반대로, 나는 성경의 붉은 글자들red letters이 범죄의 정도와 상관없이, 사형제도를 허용하지 않는다고 믿는다.

내가 사형제도를 반대하는 이유는 마태복음 5장 7절에 기인한다. 예수는 "긍휼히 여기는 자는 복이 있나니 그들이 긍휼히 여김을 받을 것임이요"라고 말했다. 예수의 산상수훈에 따르면, 죽을 죄를 다룰 때조차, 그리스도인들에게 긍휼이 필요하다. 성경은 눈에는 눈, 이에는 이, 생명에는 생명으로 대응하라고 명령한다고 주장하는 사람들이 있다.출21:24, 레24:20, 신19:21 참조 그들은 처벌이 범죄에 상응해야 한다고 말한다. 즉, 다른 사람을 죽인 사람은 죽어야 한다는 것이다. 그런 주장에 대해, 나는 예수께서 우리에게 새로운 계명을 주심으로써, 우리가 보복적 정의 원칙을 초월해야 한다고 제안했다는 사실을 지적하고 싶다. 예수께서 우리에게 새 계명을 주실 때, 새 계명이 옛 계명을 대체해야 한다는 것이 그분의 뜻이라고 주장하는 것은 결코 주제넘은 짓이 아니다.

우리가 "선으로 악을 이겨야 한다"롬12:21라고 썼을 때, 사도 바울은 예수께서 시작한 주제를 다시 꺼내든 것이다. 지은 죄와 상관없이, 하나님의 형상으로 지음 받은 사람을 죽이는 것이 과연 선으로 악을 이기는 것이라고 말할 수 있을까?

사형제도가 복음주의자들 안에서 널리 용인되지만, 레드레터 크리스천은 대체로 그것에 반대한다. 이 점에서, 레드레터 크리스천은 교회의 가르침으로 사형제도를 금지하는 로마가톨릭 및 주류 개신교인들과 생각이 일치한다.

우리가 범죄로 인한 문제들의 해법을 찾을 때, 고려할 만한 제안들은 수도 없이 많다. 나는 하원에 제출된 한 법안을 소개하고 싶다. 그것은 비폭력적 성향의 범죄를 처음으로 범한 45세 이상의 수감자들에게 보호 감찰을 제공하는 것이다.[18] 그렇게 방면된 수감자들이 일반 대중에게 별로 위험하지 않다면, 그리고 그들의 활동이 적절하게 감시 받고 조심스럽게 억제된다면, 그들의 방면으로 납세자들의 돈을 크게 줄일 수 있다. 한 사람의 범죄자를 감옥에 수감하는데 매년 4만 불의 비용이 든다.[19] 그 법안에는 방면된 사람들이 사회봉사프로그램에 참여해야 한다는 조항이 담겨 있다. 이 법안을 옹호하는 사람들은 이런 요소들이 범죄에 대한 우리의 태도를 개혁하고 향상시키는데 중요한 발걸음이 될 것이라고 말한다. 슬프게도, 그 법안이 하원에서 계속 상정되었지만, 가까운 미래에 투표에 붙여질 것 같지는 않다.

후보들에게 그런 법안을 지지하는지, 그리고 당선되면 법안 통과를 위해 노력할 것인지 질문해야 한다. 감방은 일차적으로 폭력적 범죄자들을 위해 남아 있어야 하지 않을까? 정작 사회에 심각한 위협이 되는 사람들이 감옥에 자리가 없어 우리 사이에 버젓이 걸어 다니는 동안, 수많은 비폭력 범죄를 저지른 나이 많은 사람들을 감옥에 두어야 할까?

우리를 인도할 지침들

우리가 어떻게 범죄자들을 다루어야 할지 고민할 때, 도움이 될 만한 원칙들을 분별하도록 성경을 검토해야 한다.

고대세계에서, 범죄에 대한 반응은 거의 언제나 보복적이었다. 하지만 성경적 가르침들을 면밀히 읽어보면, 하나님은 우리에게 보복 이상의 답을 주신다. 성경을 면밀히 검토할 때, 범죄자들에 대한 네 가지 반응을 발견할 수 있다.

1. 회개
2. 배상
3. 화해
4. 회복

악을 범했을 때, 범죄자에게 요구해야 할 첫 번째는 회개다. 현재의 사법제도에는 이런 것이 없다.

이따금, 범죄자들은 피해자들에게 끼친 해악의 의미도 모르고, 회개도 거의 하지 않는다. 예를 들어, 범죄학자들의 연구에 따르면, 많은 강간범들은 피해자들이 실제로 자신들에게 벌어진 일을 "즐겼고", 자신들의 명예를 지키려고 그것을 범죄로 주장할 뿐이라고 생각한다는 것이다.[20]

내 생각에는 선고과정의 일부로 범죄행위가 초래한 상해에 대해 피해자들이 범죄자들에게 말할 기회를 주어야 한다. 범죄자들은 법정에서 대면하든 혹은 영상으로 대면하든 피해자들을 만날 기회가 있어야 한다.

강간범들은 끔찍한 악몽과 지속적인 공포 속에 살아가는 피해자들의 말을 들을 필요가 있다. 그들은 피해자들이 그런 범죄행위 때문에 겪는 감정적·정신적 고통을 직접 들어야만 한다. 그들은 강간이 피해자와 타인들 간의 관계에 어떤 손상을 입혔는지, 어떤 때에는 이혼까지 했음을 알아야 한다.

흔히 도둑들은 자신들이 훔친 것에 대해 보험회사들이 배상할 것이라고 생각함으로써, 자신이 저지른 범죄를 최소화하려는 경향이 있다. 도둑맞은 사람들은 낯선 사람이 자기 집에 들어와 물건들을 만졌기 때문에, 얼마나 걱정하고 무서워하는지 설명할 기회를 가져야 한다. 도둑들은 피해자들이 어떻게 자신들의 집 안에서조차 안심할 수 없게 되었는지 들어야 한다. 그런 대면과 설명 덕택에, 범죄자들이 회개할 수 있을 것이다.

너무 자주, 회개라고 표현되는 것이 단지 붙잡힌 것에 대한 유감인 때가 많다. 한 사람이 "유감입니다"라고 말할 수 있지만, 그것은 단지 임박한 처벌에 대한 유감일 수 있다. 참된 회개는 그들이 저지른 잘못 때문에 무고한 피해자가 겪어야 했던 상실과 고통에 대해 진심으로 후회할 때 가능하다.

성경적으로, 회개는 죄인에게 요구되는 첫 번째 것이다. 우리는 이것을 이해하는, 즉 회개에 대한 강조를 "범죄에 대한 가벼운 처리"의 표시로 간주하지 않는 후보들을 찾아야 한다.

범죄자를 선하고 품위 있는 시민들로 변화시키도록 할 수 있는 일을 생각할 때, 우리가 주목해야 할 두 번째 고려사항은 배상이다. 누가복음 19장 1-10절에서, 우리는 삭개오에 대한 이야기를 듣는다. 그는 이스라엘을 정복한 로마인들에게 협력했던 세리였다. 그는 자신에게 주어진 권세를 이용하여, 동료 유대인들을 속이고 부자가 되었다.

우리는 그가 예수를 만난 사건 속에서, 한 사람이 타인에게 잘못을 저지른 후, 그에게 어떻게 배상할 수 있는지에 대해 훌륭한 예를 발견한다. 그의 경멸할만한 행동에도 불구하고, 예수께서 그를 용납했기 때문에 삭개오는 자신이 저지른 비리의 모든 희생자에게 보상할 수 있었다. 그는 예수에게 자신이 빼앗은 것에 대해 네 배로 돌려주겠다고 약속했다.

처음에는 이렇게 과도한 선행이 예수의 은총에 대한 지나친 감사의 표현으로 보인다. 하지만 출애굽기 22장 1절에서 발견되듯이, 네 배로 돌려주는 것이 도적질에 대한 보상으로 하나님의 법이 정확하게 요구하는 것이다. 출애굽기 21장과 22장은 다양한 범죄에 대한 배상을 위해 긴 요구목록을 제시한다. 성경은 잘못을 저질러 뒤틀려진 상황을 바로잡고 싶어 하는 사람이 자신의 잘못으로 해를 입은 사람에게 보상해야 한다고 가르친다. 따라서 배상은 오늘날 범죄에 대한 우리 이해의 일부가 되어야 한다.

배상은 회개하는 범죄자들에게 죄책감과 근심을 덜어줌으로써, 그들을 도울 수 있다. 범죄자는 출옥한 후, "사회에 진 빚을 어느 정도 갚았다"는 소리를 들을 것이다. 하지만 도둑맞은 것은 사회가 아니었다고 피해자들이 소리친다. "그것은 바로 나였어! 아직까지 그 누구도 내가 잃은 것에 대해 보상하지 않았다고!"

내가 척 콜슨Chuck Colson의 교도소선교회Prison Fellowship 사역자, 다니엘 반헤스Daniel VanHess에게 배운 바에 따르면, 18세의 한 범죄자가 1만5천불 상당의 금품을 훔치려고 자기 동네의 몇 가정에 침입했다가 체포되었다. 그의 재판에서 판사는 절도범을 감옥에 보내는 것보다 매우 창조적인 판결을 내렸다. 첫째, 그는 그 젊은이에게 매주 토요일에 사회봉사활동, 즉 마을을 청소하고, 집에 페인트칠을 하고, 놀이터를 정리하도록 명령했다. 둘째, 그 소년이 피해자들에게 보상하도록 했다. 그는 자신이 훔친 물건에 해당하는 액수를 돌려주어야 했다. 그 액수는 그가 훔친 물건들을 팔고 받은 돈보다 훨씬 많은 금액이었다. 셋째, 그는 자동차를 포함해서, 그가 소유한 모든 물건을 팔아서 모은 돈을 보상기금에 집어넣어야 했다. 끝으로, 그는 도둑맞아 화난 사람들을 직접 만나, 그들의 말을 들어야 했다. 놀랍게도 참회와 보상을 통해 그 젊은이와 피해자들은 화해했고, 결국에는 친구가 되었다.

우리는 이 사례처럼, 범죄행위에 대한 창조적 해법을 계속 추구해야 한다. 내가 보기에, 우리는 피해자와 피의자 모두에게 배상이 얼마나 중요한지를 이해하고, 기꺼이 배상방법을심지어 이미 감옥생활을 한 이후에도 생각해 보려는 후보들을 찾아야 한다.

다음으로, 우리는 화해에 대해 신중히 생각해야 한다. 하나님이 우리를 다루실 때, 그 목적은 언제나 화해를 이루는 것이었다. 예수를 우리에게 보내신 이유는, 그를 통해 하나님과 우리가 화해하기 위해서였다. 화해를 이룬 우리는 다른 이들과의 화해사역을 위해 부름 받았다.고전 5:18-19 참조

범죄가 발생했을 때, 우리는 범죄자와 피해자 간의 화해를 시도해야 한다. 분명히, 이런 일을 불가능해 보이도록 만드는 상황이나 환경이 존재한다. 하지만 하나님과 더불어 모든 것이 가능하다.

1970년대에 니카라과 혁명기 동안, 혁명군의 산디니스타 사령관인 토마스 보르게Thomas Borge가 독재자 아나스타시오 소모사Anastasio Somoza에 충성하던 군대에 체포되어 감옥에 갔다. 감옥에 있는 동안 보르게는 거세를 당했다. 그 후에, 그를 감옥 벽에 쇠사슬로 매달아 놓고 그의 아내를 데려와 그가 보는 앞에서 강간했다. 따라서 우리는 보르게가 이 끔찍한 인간들에게 얼마나 강렬한 증오감을 가졌을지 쉽게 상상할 수 있다.

마침내 혁명이 산디니스타 혁명군의 승리로 끝났을 때, 토마스 보르게도 감옥에서 나와 마나구아Managua 대로를 관통하는 승리의 행진대열에 합류했다. 혁명의 영웅들이 행진하는 동안 수도의 시민들은 길가에 늘어서서 환호했다. 보르게가 환호하는 군중에게 손을 흔들 때, 그는 결

코 잊을 수 없는 얼굴, 즉 그를 거세하고 그의 눈앞에서 아내를 강간한 군인들 중 한 명을 발견했다. 그는 행진대열에서 빠져나와, 그 남자를 향해 달려갔다. 그의 어깨를 붙잡고 흔들면서, 그는 소리쳤다. "당신, 나를 모르겠어? 내가 누군지 알지? 내 얼굴을 알아보겠지?"

겁에 질린 남자는 토마스 보르게를 모르는 척하려 했다. 하지만, 보르게는 그를 그냥 보내주지 않았다. 그는 반복해서 계속 외쳤다. "나는 당신이 누군지 잘 알아! 나는 죽어도 당신을 잊지 못할 거야! 죽어도! 죽어도! 죽어도!"

그런 후에 보르게가 소리쳤다. "당신은 우리가 왜 이 혁명을 했는지 아나? 당신은 이 혁명의 의미를 이해하겠어? 지금 알겠어?"

두려움에 부들부들 떨면서, 넋이 나간 남자가 대답했다. "네! 네! 압니다! 이해합니다!"

"아니야, 당신은 몰라!"라고 토마스 보르게가 대꾸했다. 그러면서, 그는 그 남자를 끌어안고 소리쳤다. "바로 이것이 혁명의 뜻이야. 그래, 나는 당신을 용서할꺼야! 바로 이것이 혁명의 뜻이야!"[21]

하나님의 은총으로, 불가능해 보이는 화해가 가능해진다.

끝으로, 범죄자들을 다루는 목적은 반드시 '회복'이어야 한다. 범죄자를 하나님께서 원래 그에게 의도하셨던 모습으로 회복시키려는 시도가 있어야 한다. 이런 과업 속에서, 교회는 많은 일을 할 수 있다. 예를 들어, 그 목적이 범죄자를 그가 출옥한 후에 가족들과 재결합시키는 것이라면, 가족들이 함께 살 수 있는 거처와 적절한 임금을 지불할 직장을 마련해 주는 것이 회복의 한 방법이 될 것이다. 교회가 도울 수도 있다. 회복은 범죄자에게 범죄 이전의 삶을 돌려줄 뿐 아니라, 하나님께서 본래 그에게 주고 싶으셨던 삶도 돌려줄 것이다. 우리는 다음의 성경구절을 기억해야 한다.

형제들아, 사람이 만일 무슨 범죄한 일이 드러나거든 신령한 너희는
온유한 심령으로 그러한 자를 바로잡고 너 자신을 살펴보아 너도 시
험을 받을까 두려워하라갈6:1

출옥한 사람들이 회복하도록 도울 때 한 가지 심각한 문제는, 그들이
평생 동안 전과기록을 갖고 살아야 한다는 사실이다. 이것은 직업을 얻
는데 혹은 어떤 마을에서 살려고 할 때, 심각한 장애가 될 수 있다.

시카고에 있는 카브리니 그린Cabrini Green 법률상담소의 론 액턴Ron
Acton은 그의 사역에서 이런 문제와 씨름해왔다. 그의 종교기관은 옛 흉
악범들이 사회에 재진입 하도록 돕는 일을 했다. 액턴의 설명에 따르면,
현재, 흉악범의 과거 범죄기록을 말소하는 유일한 방법은 대통령, 혹은
어떤 때에는 주지사가 사면을 허락하는 것이다. 액턴의 제안은 특정한
판사들이 특별한 재판에서 사면할 권한을 갖도록 헌법을 개정하는 것이
다. 물론, 어떤 흉악범들의 전과기록은 계속 보존되어야 한다. 특히, 폭
력과 성범죄를 저지른 때에는 그렇다. 하지만 전과기록을 보존하는 것
이 부당한 때도 있다.

예를 들어, 액턴은 마약관련 범죄로 잘못 기소된 한 히스패닉 여인이
그녀의 국선변호사에게 유죄를 인정하고 집행유예를 받도록 압력을 받
았다. 그렇게 되면, 그녀는 흉악범으로서 전과가 남는다. 거의 영어를
할 줄 몰랐던 그 여인은 유죄 인정의 결과를 잘 이해하지 못했다. 후에,
그녀는 자신의 범죄기록 때문에 취업이 어렵다는 사실을 깨달았다. 카
브리니 그린 법률상담소 변호사들이 주지사에게 그녀의 사면을 요구했
지만 주지사는 급히 판결을 내리면서 그녀의 항소를 기각했다. 론 액턴
에 따르면, 이 소송에서 한 공정한 판사의 신중한 판단이 이 여인의 회

복에 도움을 주고, 형사사법제도의 약점을 교정할 수 있었다.

그러나 판사에게 그런 사면권을 허용하도록 헌법을 개정할 가능성이 거의 없기 때문에, 액턴은 흉악범의 전과기록을 공개하지 않고 특별한 때에 오직 적절한 법적 절차를 통해서만 검색하도록 허용하는 것이 최선이라고 말한다. 그는 이런 조항이 형량예를 들면, 20년을 마친 후, 일정 기간 동안 모범적 행동을 한 흉악범들에게 적용되어야 한다고 믿는다.

최소한, 재활에서 주목할 만한 발전을 보이고 기록상 새로운 흠이 없는 사람들은 그들이 선한 시민이 되고자 성공적으로 노력했다는 사실을 장래의 고용주와 집주인이 알도록 그들의 기록에 설명과 논평을 첨가하는 조치가 취해져야 한다.

흉악범들의 전과기록 및 범죄자들의 회복과 관련된 다른 문제들을 어떻게 다룰지, 선거를 앞둔 후보들은 진지하게 고민해야 한다. 그리고 그들이 이 문제에 주목하도록 만드는 것은 레드레터 크리스천에게 달렸다. 우리가 수감자들을 돌보라는 성경적 의무를 이행해야 한다면,마 25:31-46 참조 우리는 전과자들이 일상으로 돌아가려고 노력할 때, 그들 편에 서는 일을 포기할 수 없다. 우리는 말할 수 없는 사람들을 위해 말이 되어주어야 한다.

법이 할 수 있는 일들이 있다. 하지만 오직 하나님의 은총으로 가능한 일들그 은총은 교회를 통해 표현된다이 있다. 모든 교회정말 모든 교회는 교도소사역을 해야 한다. 특히, 수감자들의 자녀들을 돌보아야 한다. 그 사역의 일부는 감옥에 있는 사람들을 방문하는 것이다. 다른 부분은 감옥에 있는 사람들의 가족들을 돌보는 것이다. 가장 중요한 것은, 교회가 출옥한 사람들이 온전히 회복하도록 가능한 모든 방법으로 돕는 사랑의 공동체가 되어야 한다는 것이다. 예수는 그런 사역을 위해 교회를 부르셨다.

레드레터 크리스천 **4**

경제적 이슈

13장
연방예산

예산안은 도덕적 문서다. 예수는 "너의 보물이 있는 곳에 너의 마음도 있을 것이다"마6:21라고 말했다. 이 진리는 개인, 가족, 교회, 그리고 확실히 정부에 적용된다.

정치적으로, 예산안은 마을, 시, 주, 혹은 국가의 가치와 우선순위를 반영한다. 그것은 예산안을 입안하는 선출된 공직자들에게 무엇이 가장 중요한지, 그리고 그들이 대표하는 사람들에게 무엇이 가장 중요한지를 말해준다. 이런 우선순위를 검토하는 것이 자칭 레드레터 크리스천인 우리의 의무다.

모든 일이 정리된 후, 선출된 공직자들이 하는 일의 대부분은 우리가 낸 세금으로 무슨 일을 할지 결정하는 것이다. 이라크 전쟁이 끝날지 아니면 지속될지도 의회와 대통령이 그 전쟁에 자금을 계속 지원하기로 결정할지 아닐지에 의해 결정된다. 사회보장제도, 메디케어, 메디케이드, 그리고 다른 복지후생계획entitlement program에 무슨 일이 벌어지는지도 우리 이익을 대변하도록 우리가 워싱턴에 보내는 사람들의 정치적 성향에 달려 있다. 우리가 백악관이나 국회에 보낸 사람들이 중시하는 가치들이 우리가 낸 세금 중 얼마나 많은 부분을 해외 시장에서 판매되는 곡물을 재배하는 농부들에게 보조금으로 지급할지, 그리고 얼마나 많은 돈이 저임금 노동자들의 자녀들을 위한 놀이방에 지급될 지를 결정한다. 얼마나 많은 돈이 팔레스타인 국가기구와 이스라엘을 위해 사용될지, 얼마나 많은 돈이 개발도상국의 빈곤을 제거하는데 사용될지, 얼마나 많은 돈이 정유 및 자동차 산업을 인수하는데 사용될지, 이 모든 것은 연방예산안에 대한 투표의 결과로 결정된다.

나는 다른 무엇보다, 정부가 우리 돈을 어떻게 사용할지에 대해 우리 표가 영향을 끼친다고 생각한다.

정치가들은 할 수 있고, 또 해야만 하는 모든 좋은 일에 재정을 지원할 수 없다는 사실을 잘 안다. 그들 대부분은 당신에게, 그들이 환경을 보존하고, 아프리카의 에이즈 위기를 다루고, 사회적으로 소외된 아동들에게 교육을 제공하고, 테러리스트들에게서 우리 항구를 안전하게 지키고, 위험한 지역의 길거리에 더 많은 경찰관을 배치하는 것 같은 일을 지지한다고 말할 것이다. 하지만 그들이 이런 관심사 중 어떤 것을 위해 얼마나 많은 예산을 세울 지는 그들이 지역구로 돌아갔을 때 유권자들에게 가장 중요하다고 생각되는 것에 크게 영향을 받는다. 결국, 그들은 유권자들을 대표하도록 선출된 것이다! 그러나 대부분 정치가들이 예산을 세울 때 우선순위는 그들의 선거운동을 재정적으로 지원했던 특별한 이익집단의 관심사에 따라 결정된다.

예산의 (비)도덕성

연방예산과 그것에 대한 레드레터 크리스천의 견해를 개괄적으로 소개하려 애쓰면서, 사실과 수치figures들이 당신의 머리를 어지럽게 할지도 모르겠다. 정부가 제공한 전문용어와 세부사항들은 우리 대부분의 이해력을 넘어선다. 하지만 예산안이 도덕적 문서라면, 우리는 그것들이 대표하는 가치들을 인식할 필요가 있다.

지난 몇 년 동안 제안된 연방예산안을 양당 사람들이 비난하는 모습을 쉽게 볼 수 있었다. 그런 비난들은 보통 그 예산안 때문에 누가 도움을 받고 누가 상처를 입는지에 달려 있다. 예를 들어, 2007년 예산안은 다양한 이유로 그리스도인들에게 충격을 불러 왔다.

먼저, 2007년 예산안은 가난한 자들을 위해서는 별다른 도움을 주지 않으면서, 혜택이 별로 필요 없을 뿐아니라 요청하지도 않았던 부자들에게 엄청난 혜택을 안겨준다는 걱정이 있었다. 우선순위가 변하지 않는다면, 부시정권 동안 만들어진 세법들이 충분히 효력을 발휘하는 2012년까지, 연간 수입이 십억 원 이상인 사람들이 매년 2억 원의 세금공제혜택을 받을 것이다.[1] 브루킹스 연구소Brookings Institute의 연구에 따르면, 2012년까지 미국 전체 인구의 상위 1퍼센트의 수입매년 5억 원 이상을 가진 가정들이 매년 9천만 원의 세금감면혜택을 받을 것이다.[2] 다른 한편, 하층이나 중산층의 미국인들은 상대적으로 적은 혜택을 받을 것이며, 그들이 현재 누리는 혜택 중 많은 것을 잃을 것이다.[3]

둘째, 일부 "복지후생계획"즉, 법의 동의에 의해 혜택들을 보장하는 프로그램은 2007년 예산안에서 발생하는 세입의 상실을 보충하도록 제거하거나 대규모로 축소해야 했다. 국내 프로그램에서 340조 원까지 감축할 계획이었다. 여기에는 다음의 것들이 포함되었다.

—식품구입을 위해, 44만 명의 가난한 미국 노인들에게 매달 25,000원씩 지불하던 '필수보충식품 프로그램'Commodity Supplemental Food Program의 폐지.

－가난하고, 연로하고, 장애를 지닌 수백만 명의 미국인들에게 겨울철 난
방비를 지원하던 '저소득층에너지비용지원제도' Low-Income Home Energy
Assistance Program 예산을 5천억 원 감축.

－'빈곤미취학아동지원프로그램' Head Start Program 예산 1,200억 원 삭감.
다른 비용과 함께 교사들의 임금이 인플레이션으로 상승하기 때문에, 빈
곤미취학아동지원프로그램도 수혜 아동들의 수를 줄이거나, 그들을 돕
는 교사들의 수를 줄여야 한다.

－공공주택기금을 2006년 수준보다 5.9퍼센트 삭감하고, 노인과 장애인들
을 위한 주거지원 Supportive Housing 예산을 2006년 수준보다 28퍼센트
삭감.

－초등 및 중등교육을 위한 기금을 향후 5년 동안 8조3천억 원 삭감.

－대기오염방지 및 감소를 위한 기금 1조7천억 원 삭감.[4]

이 목록은 끝없이 이어진다.

연방이 지원하는 복지후생계획들에서 낭비와 재정적 실수 때문에 이
런 서비스들에 높은 비용이 들었다고 주장하면서, 이런 예산삭감을 환
영했던 사람들이 있었다. 그들은 더욱 책임 있는 지출을 요구하고, 정부
가 불쌍한 사람들을 더 효과적으로 돕도록 예산감축이 필요했다고 주장
했다.

보수주의자들은 증가된 지출이 반드시 증가된 예산을 의미하는 것은

아니라고 주장한다. 그런 주장의 적절한 예는 교육을 위한 지출에서 발견할 수 있다.

고등학교 중퇴율이 50퍼센트가 넘는 뉴저지 주 캠든Camden에서, 교육감 연봉이 2억7천만 원이었고, 매달 50만원의 "가스비용"이 재량껏 사용할 수 있는 예산으로 책정되어 있다.[5] 그 비용과 그 지역의 아동 한 명 당 책정된 교육비용 2천1백만 원을 비교하라.[6]

분명히, 캠든학교제도의 실패는 전적으로 재정부족 때문은 아니다. 과도하게 팽창된 행정직원들과 부패한 재정관리 때문에 불필요하게 낭비된 지출을 포함하여, 다른 주요 문제들도 이 학교제도의 실패에 책임이 있다. 여기에, 문제가정(이것은 캠든에서 일상이다) 출신의 아동들을 교육하는 어려움과 캠든에서 일반 아동들이 하루 평균 6시간 텔레비전을 시청하며,[7] 마약이 초등학생들 안에도 만연하고, 학생과 교사 모두에 대한 육체적 위험 때문에, 그들 중 가장 우수한 사람들이 공립학교를 떠나, 더 안전한 환경에서 배우고 가르친다는 사실들을 추가하라.

나는 이런 예를 통해, 우리가 교육가들에게 월급을 더 주지 말아야 한다고, 혹은 위험한 환경에 있는 아동들에게 혜택을 주는 프로그램들에 비용을 지출하지 말아야 한다고 제안하는 것이 아니다. 만약 우리가 가장 뛰어난 사람들을 '교육'이라는 너무나 중요하고 어려운 소명으로 이끌고 싶다면, 우리는 그들을 위한 재정적 인센티브를 인상해야 한다. 그리고 우리 모두는 빈곤미취학아동지원프로그램, 가난한 학생들을 위한 특별 방과후/급식프로그램이 긍정적 효과를 갖는다는 사실을 잘 안다. 하지만물론, 중요하지만, 돈이 일부 학군에서 직면한 주된 문제들 중 대부분을 해결하지 못할 것이다. 실패하는 학교들에게 더 많은 돈을 지원하는 것이 항상 해답은 아니다.

위험에 처한 복지후생계획들

캠든학군 같은 이야기들은 재정적 보수주의자들이 실패를 인정하고 모든 복지후생계획들 예산을 대규모로 삭감하도록 유도한다. 2007년 1월에 「월스트리트저널」*Wall Street Journal*에 실린 한 사설은 "복지후생계획"entitlements을 2050년까지 연방정부의 예상되는 재정적 붕괴의 일차 원인으로 지목했다.[8] 그 사설은 국가생존을 위해 이런 프로그램들의 예산을 삭감해야 한다고 선언했다.

미국의 건강관리제도 혜택을 받은 사람들의 연간 비용이 급증했기 때문에, 메디케어Madicare*와 메디케이드Madicaid*의 증가된 비용들이 경제성장률보다 더 빠르게 증가한다.[9] 신기술들이 극적인 방식으로 건강관리를 향상시키지만, 이런 신기술들은 비용이 많이 든다. 모든 미국인은 의료혜택에서 신기술의 혜택을 누리고 싶어 하며, 그것이 예산에 끼치는 결과는 자명하다.

이렇게 증가하는 건강관리비용을 고려할 때, 부시행정부가 미래 예산에서 메디케이드 예산삭감을 제안한 것은 놀랍다. 부시 대통령은 메디케이드를 위해 5년간 총 30조 원을, 그리고 다시 10년간 73조 원의 감축을 제안했다. 이렇게 엄청난 액수가 실제로 연방지출에서 감소된 것이다.[10] 부시 정부는 이런 감소를 메디케이드 비용 일부를 연방정부에서 주정부로 이행함으로써 보충할 수 있다고 주장했다. 예를 들어, 이런 제안 아래 연방정부와 주정부는 양로원의 질과 안전을 점검하는 비용을

＊[역주] 65세 이상의 미 시민권자와 영주권자라면 누구나 혜택을 받는 의료제도이며 3단계로 분류되며, 의료비의 일부를 메디케어가 지원하고 본인이 얼마를 부담한다.

＊＊[역주] 주로 경제적 능력이 없는 빈곤층 환자를 위해 각 주정부가 관할하는 의료제도이다. 본인 부담이 거의 없지만 수입과 재산 등의 조건이 맞아야 그 혜택을 받을 수 있다

분담할 것이다. 이것 중 일부는 이미 실행중이다. 하지만 미래에는, 주들이 감당해야 할 몫이 대단히 늘어날 것이다. 메디케이드의 일년 비용 중 거의 25조 원이 연방정부에서 주정부로 이전될 것이다.[11] 이렇게 추가적인 재정 부담에 직면하여, 주들은 건강관리 제공자들의 자격, 혜택, 지불을 축소시킴으로써 메디케이드 프로그램 예산을 감축할 것인지, 아니면 주에서 지원하는 다른 프로그램들의 예산을 감축할 것인지 사이에서 선택을 해야 할 것이다.

이렇게 제안된 연방예산안의 최종결과는 가난한 사람들이 건강관리 혜택을 상실하는 것이다. 성경은 "성부 하나님 앞에서 흠없고 순결한 종교는 곤경 가운데 있는 고아와 과부를 돌보는 것, 그리고 세상에 의해 오염되지 않도록 자신을 지키는 것"약1:27이라고 가르친다. 그런 가르침을 고려할 때, 그리스도인들은 재정적으로 곤경에 처했기에 의료적 돌봄이 필요한 고아와 과부들을 그냥 방치할 수 없다.

불행히도, 나는 정부가 지원하는 건강관리 프로그램에서 가난한 사람들이 잃어버릴 것에 대해, 교회들이 제대로 도움을 주지 못한다고 생각한다. 성경은 국가보다 교회에게 그렇게 하라고 말한다는 정치적으로 보수적인 복음주의자들의 선언에도 불구하고 말이다. 시청자 전화참여 형식의 기독교 라디오 토크쇼에서, 전화하는 시청자뿐 아니라 진행자들이 다음과 같이 불평하는 소리를 흔히 들을 수 있다. 즉, 정부가 돈을 가진 사람들에게서 세금의 방식으로 돈을 훔쳐서 가난한 사람들을 위해 사용한다고 말이다. 자선은 우리 마음의 선함에서 비롯된 자발적 행동이어야 한다고 그들은 말한다. 갈라디아서 6장 2-10절을 인용하면서, 그들은 가난한 사람들을 돕는 것이 하나님께서 그리스도인들에게 맡기신 과제 즉, 교회에 의해 수행되어야 하는 과제라고 주장한다.

당신이 이런 주장을 하는 사람들에게 동의하든 그렇지 않든, 당신은 미국교회들이 이런 과제를 수행할 준비가 되어 있는지, 자기 자신에게 정직히 물어야 한다. 그리고 교회들이 가난한 사람들의 필요를 채워줄 준비가 되어 있지 않다면, 우리는 그들을 돌보도록 세금을 관리하는 정부에게 도움을 청해야 하지 않을까?

레드레터 크리스천은 정부를 하나님의 도구로 간주하는데 아무런 어려움이 없다. 우리는 그리스도께서 교회 안뿐만 아니라 밖에서도 활동하신다고 믿으며, 세상에서 하나님의 뜻을 위해 사용되는 사람들에 우리도 합류하라는 부름을 받았다고 믿는다. 우리가 그렇게 할 때, 우리는 이 땅에 하나님나라를 가져오는 그리스도에 합류한다고 믿는다. 하나님나라는 "맹인이 보며 못 걷는 사람이 걸으며 나병환자가 깨끗함을 받으며 못 듣는 자가 들으며 죽은 자가 살아나며 가난한 자에게 복음이 전파된다"마11:5

그럼에도, 예수를 우리가 "공공선"common good이라고 부르는 것을 위해 수고하고 계신 주님으로 이해하지 않는 사람들이 많다. 우리는 이런 사람들에 대해 로마서 2장 13-15절에서 읽는다.

> 하나님 앞에서는 율법을 듣는 자가 의인이 아니요 오직 율법을 행하는 자라야 의롭다 하심을 얻으리니, 율법 없는 이방인이 본성으로 율법의 일을 행할 때에는 이 사람은 율법이 없어도 자기가 자기에게 율법이 되나니, 이런 이들은 그 양심이 증거가 되어 그 생각들이 서로 혹은 고발하며 혹은 변명하여 그 마음에 새긴 율법의 행위를 나타내느니라.

이 성경본문을 읽으면서, 우리 레드레터 크리스천은 기독교 공동체 안팎에 있는 사람들과 함께 "공공선"을 위해 일하는 것이 메디케어, 메디케이드, 사회복지수당social securuty 그리고 가난한 아이들을 위한 공적 부조와 관련된 문제들을 해결할 수 있다고 확신한다. 그리고 우리는 모든 미국인에게 받은 세금이 그런 하나님나라 목적들을 위해 사용되는 것에 대해 아무런 문제도 느끼지 않는다.

사회복지수당의 특별한 상황

사회복지수당 예산이 계획과 다르게 집행된다는 사실을 모두가 안다. 2007년 4월에 발표된 사회복지신탁기금의 재정 상태에 대한 연례 보고는 제2차 세계대전 직후에 태어난 "베이비부머들"이 은퇴수당의 대상자가 될 때, 우리는 심각한 위기에 직면할 것이라고 알려주었다. 그 보고서에 따르면, 그 기금의 적립금이 2041년까지 바닥날 것이라고 한다.[12] 이것은 그 때에 수당지급이 중단될 것이란 뜻이 아니라, 본래 약속했던 수당을 전액 지불하는 대신 75퍼센트만 지불할 것이란 뜻이다.

상세히 다루지 않아도, 2017년이 되면 사회보장제도가 근로소득세를 통해 거둬들인 액수를 연금지급액이 초과하기 시작할 것이다.[13] 그 시점에서 연금을 계속 지불하려면, 사회보장국이 준비금의 투자를 위해 마련해 둔 현재 보유한 증권을 현금으로 바꿀 필요가 있을 것이다. 하지만 2041년이 되면 현금으로 바꿀 증권이 더 이상 남아 있지 않을 것이다. 그 후로, 어떤 변화가 일어나지 않는다면, 연금은 근로소득세를 통해 마련된 기금으로 직접 지급해야 한다. 그러나 세금만으로는 약속된 연금 중 단지 75%만 충당할 수 있다.

사회복지수당 지급과 관련해서 지금 당장에는 문제가 없지만, 2017년부터 시작될 장기간의 지급액 부족에 대한 걱정 때문에, 부시 행정부가 입안한 2001년과 2003년의 감세정책을 확대하는 것에 대해 우리는 재고해야 한다. 예산및정책우선권연구센터the Center on Budget and Policy Priorities에 따르면, 그런 감세정책을 철폐하면 연방정부는 향후 75년 동안 사회복지수당 증가분에 대해 지불해야 할 것보다 3배나 많은 돈을 확보할 것이라고 한다.14) 역으로, 그런 감세정책을 영구화하면 연방정부는 다음 75년 동안 사회복지수당의 증가분에 대해 지불할 비용보다 3배나 많은 돈을 잃을 것이다.15)

부시의 감세정책을 중단하고, 세입증가로 얻은 돈을 사회복지수당에 투입하는 것에 대해 후보자들에게 질문을 던져야 한다. 내가 볼 때, 이것은 단기적으로 사회복지수당제도를 구제할 한 가지 방법이며, 심지어 장기적 해법이 될 수도 있다.

사회복지수당의 장기간 자금조달과 관련된 문제들을 연구하려고 1983년에 한 특별위원회가 소집되었고, 당시에 대통령이었던 로날드 레이건Ronald Reagan에게 몇 가지 제안을 했다.16) 이에 대한 반응으로, 그는 다양한 형태의 혜택축소와 세금징수조치를 시작했고, 그 제도는 강화되었다. 그의 조치는 많은 노인을 화나게 만들었기 때문에, 레이건이 그 위원회의 제안들을 실천하려면 용기가 필요했다. 오늘날에도 비슷한 용기가 필요 하지만, 그런 용기를 가진 사람들이 거의 없어 보인다. 어느 당이 집권하든, 수당지급을 줄인다는 생각은 틀림없이 의회에서 엄청난 반대에 직면할 것이다. 그러나 우리는 총 맞을 각오를 하고 필요한 조치를 실천할 후보를 찾아야 한다.

2005년에, 부시 대통령이 이 문제를 다룰 법안을 발의하려 했으나 의회는 그 법안을 통과시키지 않았다.17) 다른 제안들 중에서, 개인이 매년 사회복지수당에 납부하는 금액 중 일정 액수를 따로 모아 두었다가, 납세자들이 후에 그 돈을 다른 곳에 투자하도록 하는 것이 있었다. 그의 생각은, 그런 투자를 통해 개별 미국인들은 더 높은 수익을 창출할 수 있고, 2041년 이후 수당지급이 줄어들 수밖에 없을 때, 잃어버린 부분을 현명한 투자들이 보충할 수 있다는 것이었다. 하지만 부시의 법안은 다음과 같이 주장하는 사람들의 맹공격을 받았다. 즉, 그들은 그 법안이 월스트리트 주식중개인들에게는 대박을 터트려주겠지만, 투자에 대한 지식이 전혀 없는 사람들은 그런 제도를 시행하지 않으면 보장되었을 은퇴수입의 상당부분을 날려버릴 지도 모른다고 주장한 것이다.

당신이 혼란스럽다면, 클럽에 가입하라! 나는 오랫동안 이 문제에 대해 열심히 생각해 왔다. 사회복지수당제도가 무한한 미래 동안 계속 작동할 확실한 방법을 찾아내려고 노력했다. 물론, 나 자신도 혼란스럽다. 그래도 두 가지는 안다. 첫째, 거대해지는 연방적자의 모든 책임을 사회복지수당제도에 돌리는 것은 공정하지도, 정확하지도 않다. 나와 다른 사람들도 이라크전쟁비용과 부시의 세금정책들이 적자가 증가하는 주된 이유임을 안다. 둘째, 비록 후보들이 현재 사회복지수당제도에 의해 야기된 문제들의 해답을 갖지 못해도, 우리는 그들이 이 문제와 관련된 사실과 통계들을 알고, 어려운 해법들을 담대하게 추진하도록 해야 한다.

노인들을 돌보는 것은 성경적 의무다. 예언자들은 하나님이 축복하는 사회는 노인들이 건강과 행복 속에 장수하는 사회라고 선언했다.사 65:20 참조 우리는 십계명에서 부모님께 효도해야 한다는 말씀을 읽을 때, 그것이 그들을 노년에 돌봐야 한다는 뜻임을 깨달아야 한다.출20:12 참조

재정적 자립 능력이 없는 노인들을 돌보는 것은 단지 가족만의 의무가 아니다. 레드레터 크리스천은 자신들을 돌볼 자녀들이나 돈이 없는 사람들을 방치하지 않을 것이다. 우리 모두는 사람들이 옛날보다 오래 산다는 것을 안다. 그리고 노인들을 돌보는 비용이 엄청나게 상승한다는 사실도 안다. 이것은 많은 자녀들이 자신들의 부모님을 제대로 돌볼

수 없게 만든다.

문제를 악화시키는 것은, 우리의 소비적 생활양식 때문에 우리 대부분이 노후대책을 위해 돈을 저축하지 못한다는 것이다. 현재 미국이 소비주의적 광기에 붙들린 것에 대해 잔소리를 퍼부어 대는 것이 현재로서는 별로 득이 되지 않는 것 같다. 하지만 노인들을 돌보는 것과 관련된 다양한 문제를 바라볼 때, 우리는 사회복지수당제도를 구하는 것이 얼마나 긴박한 일인지를 깨닫게 된다. 그렇지 않다면, 우리의 미래는 참으로 끔찍할 것이다.

예산안의 미래

장차 연방예산이 어떻게 될지 아무도 모른다. 이 글을 쓰는 동안, 상원예산위원회는 2008년부터 2012년까지 부시 대통령이 요구한 인상된 국방비를 승인했다.[18] 이 회기년도 동안, 국방비 지출 중, 이라크 전쟁을 위한 "비상" 기금으로 총 340조가 2007, 2008, 2009년을 위해 승인되었다.[19] 심지어 그 전쟁을 위한 비상기금 없이도, 2008년을 위한 대통령의 국방비 예산은 2007년보다 8.5퍼센트나 인상되었다. 인플레이션을 고려해서 말이다.[20]

한편, 2008년에 방위비를 제외한 예산은 비교적 적게 인상되었다. 즉, 2007년보다 7조2천억 원만 증액되었다.[21] 그런 예산이 책정된 프로그램에는 교육, 교통, 환경보호가 포함되었다. 정부의 재정적자를 줄이려고 대통령은 국방비 외의 프로그램에서 12조 원의 감축을 요구했다.[22] 그래서 이런 국방비 증액이 그의 행정부 내에서도 특별히 환영받지 못했다.

군비경쟁에서 중국 및 러시아와 어깨를 나란히 하고 싶다면, 우리가 많은 국방비를 지출해야 한다는 주장에 속지 말아야 한다. 심지어, 블라디미르 푸틴Vladimir Putin 대통령이 러시아 군대를 증강시키겠다고 서약했지만 말이다. 2007년에 미국이 국방비로 635조 원을 지출한 반면, 중국과 러시아는 각각 60조 원과 42조 원을 지출했다는 사실을 고려할 때, 그런 주장은 완전히 헛소리다.23) 미국의 군사비 지출은 중국의 11배, 그리고 러시아의 거의 16배였다. 2008년에, 미국의 군사비는 670조 원이 넘게 책정되었다.24)

이사야 선지자는 고대 유대인들에게 그들의 안전을 위해 군사력을 의지하지 말라고 경고했다. 그는 다음과 같이 말했다.

> 도움을 구하러 애굽으로 내려가는 자들은 화 있을진저 그들은 말을 의지하며 병거의 많음과 마병의 심히 강함을 의지하고 이스라엘의 거룩하신 이를 앙모하지 아니하며 여호와를 구하지 아니하나니. 사31:1

만약 이사야가 오늘 우리와 함께 있다면, 당신 생각에 그는 미국연방예산에 대해 무엇이라고 말할까? 아마도 그는 한 국가의 힘은 군대가 아니라, "미가의 도전"이라고 불려온 것을 실천하는 것에 달렸다고 말하지 않을까?

> 사람아 주께서 선한 것이 무엇임을 네게 보이셨나니 여호와께서 네게 구하시는 것은 오직 정의를 행하며 인자를 사랑하며 겸손하게 네 하나님과 함께 행하는 것이 아니냐. 미6:8

어떤 이들은 가난하고 억눌린 사람들을 위해 사랑과 정의를 실천하는 것이 좋은 일이라고 생각하지만, 그것이 군사력을 대체한다고는 생각하지 않는다. 레드레터 크리스천인 우리는 다르다. 우리가 예산의 우선순위에 변화를 가져오고, 우리의 엄청난 국가적 자원을 도움이 필요한 가난한 사람들을 돌보는데 사용한다면, 우리나라가 더 안전해질 것이라고 주장한다. 우리는 세상에 악한 사람들이 있다는 것을 알지만, 선으로 악을 극복할 수 있다는 사실도 안다. 롬12:21 참조

바보처럼 들리는가? 예수께서 규정하신 삶의 방식을 실천하는 것이 그렇지 않다고 누가 감히 말하던가?

14장
최저임금

연방의 최저임금이 너무 적다. 평균적인 미국인들이 월세를 지불하고 음식과 다른 생필품들을 구입하려면, 최저임금을 최소한 시간당 9불로 인상해야 한다. 이것은 한 사람을 돌보려면 필요한 금액이다. 그렇게 적은 수입으로, 한 직원이 배우자를 부양할 길은 없다.

생활에 필요한 적절한 소득을 벌지 못하는 사람들에게 도움이 되는 일체의 것은 우리의 지지를 받을 수 있다. 그래서 나는 시간당 최저임금을 5.15불에서 5.85불로 올린 의회의 최근 결정을 마지못해 환영한다. 비록 2009년 여름까지 7.25불로 더 올릴 예정이지만, 이것은 그 문제를 매우 제한된 방식으로 다룰 뿐이다.

최저임금이 거의 10년 동안 인상되지 않았으며, 그 기간 동안 인플레이션율은 매년 거의 6%씩 상승했다는 사실을 고려하라. 최근의 최저임금인상이 인플레이션에 기인한 구매력 하락에 거의 도움이 되지 않았다는 사실을 파악하는데 수학적 천재성이 필요한 것은 아니다. 사실, 현재의 달러 가치를 고려할 때 미국인의 80%가 지난 8년 동안 구매력 측면에서 280만 원을 상실했다.[1]

미국의 여러 지역에서 부동산 가치가 극적으로 상승했고, 평균 노동

자들의 소득과 엄청난 격차를 야기했다는 사실을 고려하라. 이것은 상
당수의 미국 노동자들에게 '내집마련'은 더 이상 아메리칸 드림의 일부
가 아니라는 뜻이다.

임금인상에 대한 찬반양론

최근 몇 달 동안, 나는 여러 기독교 라디오방송에 출현하여 최저임금
을 받으며 일하는 사람들의 하락하는 경제력에 대해 나의 걱정을 피력
했다. 내가 최저임금을 인상해야 한다고 주장할 때마다, 사회자와 시청
자들의 반응은 매우 신속했고 대체로 화가 났다.

"우리가 임금을 인상하면, 많은 중소기업이 파산할 것임을 알지 못하
는가?"라는 것이 일반적인 반응 중 하나였다.

만약 이런 조치가 사업가들에게 위협이 된다면, 연방정부가 그런 긴
장을 완화시킬 방법은 얼마든지 있다. 내 친구이자 한때 정부의 중소기
업청Small Business Administration 수장이었던 필 레더Phil Lader는 중소기업
사장들이 처리해야 하는 서류의 양만 줄여도 그들의 사업비용을 상당히
줄일 수 있다고 말한다. 대부분의 중소기업들이 제너럴 모터스General
Motors나 IBM 같은 대기업들과 똑같은 수의 서류와 보고서를 작성해야
한다. 그런 서류작성에 소요되는 비용은 대기업과 중소기업 모두 똑같
다. 이런 비용들이 중소기업의 이익 중 엄청난 부분을 먹어치운다. 중소
기업이 이런 불평등을 극복하여 많은 이익을 남기고 적절한 임금을 쉽
게 지불하도록 정부가 할 수 있는 일은 얼마든지 있다.

어느 분노한 라디오 토크쇼 진행자가 질문했다. "최저임금을 인상하
면, 고용주들이 십대와 대학생들을 여름방학동안 고용하는 것이 더 어

렵게 된다는 것을 당신은 모릅니까? 그것이 바로 당신이 원하는 겁니까? 십대들이 할 일이 없어 길거리로 쫓겨났을 때, 무슨 짓을 할지 당신은 압니까? 여름방학 동안 가을학기 등록금을 벌어야하지만 직업을 찾을 수 없는 대학생들에게 당신은 무엇을 줄 수 있습니까?"

최저임금을 올리면 고용주들이 십대들을 여름방학 동안 고용할 수 없다고 말하는 사람들에게, 나는 16세 이하의 노동자들에게는 최저임금을 인상하지 말도록 제안하는 바이다.

내 제안에 대한 일반적 반응은 최저임금을 인상하면 그들이 회사와 공장을 미국 밖에 있는 나라, 즉 노동비용이 훨씬 저렴한 인도와 중국으로 이전시킨다는 것이다. 의무적 임금인상은 일감을 다른 나라로 수출하고, 수십만 명의 미국인들이 일자리를 잃을 것이라고 사람들은 말한다.

이런 두려움에 대한 반응으로, 2000년 대선에서 부통령 앨 고어All Gore가 내놓은 제안을 진지하게 고려해야 한다. 고어는 세계무역기구World Trade Organization와 유엔을 통해, 국제교역과 관련된 상품과 서비스를 생산하는 모든 노동자의 최저임금이 결정되어야 한다고 제안했다. 그것은 높을 필요가 없다. 시간당 2.50불 정도면 된다. 심지어 그런 수준의 최저임금으로는 제3세계의 노동착취형 공장에서 여성과 아동들에 대한 착취를 종식시킬 수 없다. 하지만 그것은 미국의 고용주들이 더욱 쉽게 미국에서 자신들의 사업을 계속하도록 도울 것이다.

사업과 공장을 해외로 보내는 것이 처음에 보이는 것처럼 그렇게 비용을 크게 절감시키는 것이 아니다. 언어와 문화적 차이를 위해 지불해야 할 비용이 엄청날 수 있고, 생산된 제품을 먼 곳으로 보내야 하는 비용도 있다. 이것들에 관세와 해외 세관들의 불법 뇌물까지 추가하라. 그러면 인건비에서 남긴 돈이 사라지기 시작한다.

어떤 사람들은 앨 고어 제안을 실행하는 것이 우리가 현재 월마트 같은 곳에서 할인가격으로 구매하는 비용을 증가시킬 것이라고 소리치며 반응할 수도 있다. 정확히! 그렇지만 개발도상국들에서 가장 가난한 사람들을 착취함으로써 할인을 받는다면, 그리스도인들은 그런 할인을 거절해야 하는 것이 아닐까? 레드레터 크리스천이 크고 분명하게, 우리는 억압 받는 노동자들을 위한 정의가 점점 더 실현되도록 기꺼이 더 적게 구입할 것이라고 말해야 할 때가 아닐까?

최저임금인상에 반대하는 이런 모든 주장에 대해, 내 머리 속에는 "버거킹 엄마"Burger King mom 이미지가 각인되어 있다. 「소저너스」 *Sojourners* 잡지의 창립자이자 편집자인 내 친구 짐 월리스Jim Wallis가 그것을 생생하게 묘사했다. 짐은 워싱턴 DC에 있는 한 버거킹에서 본 일을 내게 말한 적 있다. 그는 그곳에서 카운터에서 손님들을 돕던 여인이 이따금씩 주문대에서 나와, 구석에 있는 한 탁자에서 아이들이 하는 일을 점검했다. 그곳에는 두 아이들이 앉아 숙제를 하고 있었다.

짐은 즉각 상황을 파악했다. 이 여인은 일하는 엄마였다. 그녀는 청구된 고지서들의 비용을 지불하기에 충분한 돈을 벌면서, 동시에 아이들에게 문제가 생기지 않도록 계속 주목하고 있던 것이다. 그녀는 흔히 워킹푸어the working poor라고 불리는 미국인 중 한 명이다. 이렇게 부지런한 어머니는 자신과 자식들을 위해 의료보험 혜택을 받지 못하는 4,700만 미국인 중 한 명일 가능성이 매우 높다.[2] 분명히, 유아원은 선택할 수 있는 사항이 아니었다. 그렇지 않았다면, 그 아이들은 유아원에 가 있었을 것이다.

잠시 동안, 최저임금으로 살아보려고 애쓰는 그녀와 그녀의 작은 가족에게 삶이 어떠해야 하는지 상상해 보라.

이런 여인을 위해 더 나은 임금이 있으면 안 되는가? 최저임금을 인상하도록 의회에 호소하는 사람들에 레드레터 크리스천이 합류해야 하지 않을까?

하나님이 주도하는 임금인가 시장이 주도하는 임금인가?

이런 이슈를 고려할 때, 우리는 성경이 무슨 말을 하는지 살펴야 한다. 비록 이것에 대해 가장 직접적으로 말하는 성경말씀이 붉은 글자로 쓰여 있지는 않지만, 우리는 성경에 기록된 것에 진지한 관심을 기울여야 한다. 야고보서에 다음과 같이 기록되어 있다.

> 들으라 부한 자들아 너희에게 임할 고생으로 말미암아 울고 통곡하라. 너희 재물은 썩었고 너희 옷은 좀먹었으며, 너희 금과 은은 녹이 슬었으니 이 녹이 너희에게 증거가 되며 불 같이 너희 살을 먹으리라 너희가 말세에 재물을 쌓았도다. 보라 너희 밭에서 추수한 품꾼에게 주지 아니한 삯이 소리 지르며 그 추수한 자의 우는 소리가 만군의 주의 귀에 들렸느니라. 약5:1-4

이 구절들은 아무런 문제의식 없이 시장자본주의를 수용하고, 노동자들에게는 노동의 시장가치에 따라 임금을 지불해야 한다고 주장하는 사람들에 대한 경고다. 노동자의 노동으로 발생한 이익 중에서 부당한 몫만을 그들에게 남겨준 채, 오직 수요와 공급의 법칙으로 결정된 임금을 지불하는 사람들은 언젠가 하나님의 심판에 직면하여, 그들의 불의에 대해 답변해야 할 것이다. 하나님의 형상으로 창조된 노동자들이 착취를 당해선 안 된다. 나는 아이티에서 티셔츠를 생산하고, 티셔츠를 생산하는 여성들에게 일당으로 약 5불을 지불했던 한 미국회사를 안다. 아이티에서 일당 6천 원은 괜찮은 임금으로 간주된다. 하지만 각 여인이 하루에 대략 30벌의 티셔츠를 만들고, 티셔츠 한 벌이 미국에서 약 30불에 팔린다는 사실을 고려하면, 당신은 이 여인들이 공정한 대우를 받은 것이 아니라는 결론을 내려야 한다. 내 말을 오해하지 말라. 즉, 실업률이 60%가 넘는 나라에서,[3] 그 여인들은 그런 일자리를 얻어 기뻤다. 그러나 우리 레드레터 크리스천이 던져야 할 질문은 고용주들이 노동자들에게 성경적 공정성이 요구하는 것보다 덜 주려고 아이티와 다른 가난한 나라들의 상황을 이용해도 되는가 하는 것이다.

우리나라에서, 우리는 후보들에게 현재 최저임금의 공정성에 대해 그들의 견해를 물어야 한다. 그들의 대답이 부정적이라면, 우리는 그들이 그 문제를 어떻게 생각하는지 들어봐야 한다. 펜실베이니아, 캘리포니아, 뉴욕처럼 일부 "자유주의적" 주들이 연방정부가 결정한 것보다 훨씬 높은 수준의 최저임금을 결정했다. 연방정부는 재정적으로 보수적인 주들에도 공정한 조치를 취하도록 요구해야 할까?

정의는 성경에서 중요한 문제다. 가난한 자들을 보호하지 않는 정부 인사들에 대한 말씀이 성경에 많이 있다. 이사야 10장 1~4절은 다음과 같이 말한다.

불의한 법령을 만들며
불의한 말을 기록하며,
가난한 자를 불공평하게 판결하여
가난한 내 백성의 권리를 박탈하며
과부에게 토색하고

고아의 것을 약탈하는 자는 화 있을진저,

벌하시는 날과 멀리서 오는 환난 때에

너희가 어떻게 하려느냐

누구에게로 도망하여 도움을 구하겠으며

너희의 영화를 어느 곳에 두려느냐.

포로 된 자 아래에 구푸리며

죽임을 당한 자 아래에 엎드러질 따름이니라.

그럴지라도 여호와의 진노가 돌아서지 아니하며

그의 손이 여전히 펴져 있으리라.

이것은 법을 만드는 사람들이 고려해야 할 많은 구절 중 하나다.

15장
채무국

이라크 전쟁 때문에, 조지 W. 부시 대통령 임기 동안 발생한 경제적으로 좋은 일들이 제대로 주목 받지 못했다. 전쟁비용만 없었다면, 미국 정부는 클린턴 집권기 동안 축적된 것에 근접한 흑자운영을 할 수 있었을 것이다. 일부 경제학자들에 따르면, "우리는 완전고용 상태에 있다. 어쩌면 그 이상의 상태에 있다."[1] 하버드 경영대학원에 있는 일부 교수들은 우리들이 두려워하는 것처럼, 우리 미래 경제의 주된 위협이 연방적자가 아니라고 주장한다.[2] 하지만 바로 그 경제학자들 안에 우리 정부가 흑자운영을 하지 못하는 것에 대한 깊은 우려가 존재한다. 심지어 이렇게 번영하는 때에도, 미래를 위해, 사회복지수당을 위해 충분한 기금을 비축하지 못하는 우리정부의 무능력에 대한 우려의 목소리가 무성하다. 또한 노령화인구에 대해 우려를 표하는 사람들도 있다. 메디케어가 감당해야 할 건강관리비용을 탕진시키기 때문이다.

사회복지수당과 메디케어 비용이 눈덩이처럼 늘어나는 것을 목격하면서, 우리는 모든 베이비부머 세대가 은퇴를 준비한다는 사실에 대해 생각해 보아야 한다. 성경은 고아와 과부를 돌보는 일에 대해 많은 말을 한다. 따라서 레드레터 크리스천은 성경이 제안하는 것처럼 교회가 그들을 돌볼 수 있는지, 혹은 정치적으로 대단히 보수적인 그리스도인들도 이런 근심을 해결하도록 정부 재정이 준비되어야 한다는 현실을 대면할 것인지 질문해야 한다. 만약 후자가 대답이라면, 우리는 그 돈이 어디에서 올지, 즉, 이 문제를 해결하도록 더 많은 돈을 중국에서 빌려올 것인지 물어야 한다.

국가적 부채

우리는 미국의 채무상태가 지닌 정치적 함의에 대해 생각해 보아야 한다. 국가들은 자신들의 축적된 외환보유고를 쉽게 정치적 힘으로 전환시킬 수 있다. 1956년의 상황을 생각해 보라. 당시에 드와이트 D. 아이젠하워Dwight D. Eisenhower 대통령은 영국인들의 수에즈 침입을 끝내고 싶었다.3) 그는 단지 연방준비은행이 영국의 파운드에 대해 지급청구를 요구하도록, 그리고 국제통화기금International Monetary Fund이 영국통화를 안정화시키지 못하도록 했다. 영국이 미국에 많은 빚을 지고 있었기 때문에, 그는 그렇게 할 수 있었다. 재정적 붕괴상황에 직면하여, 영국은 아이젠하워가 원하던 대로 수에즈에서 철수했다.

나는 장차 중국이 미국의 해외정책에 대해 얼마나 많이 간섭할 지 당혹스럽다. 그 나라는 현재 3600조 원의 미국 돈을 보유하고 있다.4) 빚 때문에, 미국이 중국의 해외정책을 수행하게 되지 않을까? 최소한, 중국이 엄청난 양의 미국달러를 보유한 사실 때문에, 중국인들은 계속 자신들의 통화를 미국의 것보다 평가절하 할 수 있고, 그 결과, 월마트 같은 곳에서 중국 상품의 가격을 미국제 상품들보다 낮게 유지할 수 있다. 우리는 중국제 물건을 구매하는 것이 많은 미국인의 생산직 직업을 뺏는 것은 아닌지 물어야 한다.

아르헨티나는 현재 눈덩이처럼 불어나는 부채 때문에 미국에 무슨 일이 벌어질 수 있는지에 대한 끔찍한 예다. 2001년에, 투자자들은 그 나라 부채가 너무 거대하여, 어찌할 도리가 없다는 사실을 깨달았다. 그 래서 그들은 투자금을 회수했고, 하룻밤 사이에 아르헨티나 페소feso 가치가 폭락했다. 주택담보대출로 주택을 마련했던 사람들이 집을 잃었 고, 은행에서는 지급청구가 들어왔으며, 사람들에게는 음식 살 돈마저 없었다.5) 이런 일이 그전에 심각한 인플레이션도 없었고, 매년 6퍼센트 의 경제성장률을 기록하던 나라에서 벌어졌다는 사실을 기억하라.6)

이런 시나리오는 우리의 등줄기에 소름이 돋게 한다. 우리는 정부의 경제학자들이, "미국이 훌륭한 투자처로 남아 있는 한, 외국인들은 우리 가 필요한 모든 자금을 계속 지원해 줄 것"이므로, 그런 일은 결코 일어 나지 않을 것이라고 말할 때, 속지 말아야 한다.7)

채무자들의 나라

채무자의 나라로서 해결해야 할 가장 중요한 문제는 우리가 채울 수 없는 소비주의 때문에, 해외에서 돈을 빌리는 것이다. 이것은 정치인들 이 거의 다루지 않는 문제다. 아이팟, 평면 TV, 그리고 다른 사치품들에 대한 미국인들의 사랑 때문에, 우리는 그런 사실을 깨닫지 못하고, 계속 외국에서 돈을 빌려왔다. 우리 소비자들은 우리가 은행이나 신용카드회 사에 빚을 진다고 생각하지만, 외국 투자자들이 해마다 평균 1020조 원 을 우리의 빚과 주택담보금으로 수거해 간다는 사실을 모른다.8) 하버드 경영대학원의 로라 알파로Laura Alfaro에 따르면, 이것은 세계의 10대 경제대국인 브라질의 일년 생산고(output, 이것은 한 국가에 의해 생산된 상품과 서비스의 총시장가치를 뜻한다)에 해당한다.[9] 간단히 말해, 정부가 진 국가적 부채는 생각하지 말라. 개인이 해외 국가들에 얼마나 많은 빚을 졌는지에 대해 오랫동안 진지하게 생각해 보자.

주택담보부채가 너무 급격하게 증가해서, 해외 투자자들에 대한 우리 빚이 거의 1020조 원이나 추가되었다는 사실은 정말 충격적이다.[10] 사람들은 집을 담보로 차, 수영장, 그리고 새로운 가구를 사고, 휴가를 떠나며 집을 개량한다. 몇 년 동안, 부동산 가치가 급등하여, 주택담보대출을 받은 것은 합리적으로 보였다. 당시에는 부동산 경기가 좋아서, 그런 사치품을 구입할 수 있었다. 그래서 미국인들은 그런 행위가 유발할 결과들을 깨닫지 못한 채 그렇게 했다.

여러분도 알듯이, 이런 주택담보대출은 대부분 "변동금리"로 이루어졌다. 그런 금리가 인상되면서, 매달 지불해야 할 액수도 엄청나게 증가했다. 많은 미국인들은 현재 자신들이 그런 청구액을 제대로 지불할 수 없다는 사실을 깨닫고 있다. 경제학자들은 대출금을 상환할 능력이 없는 수십만의 주택구입자들에게 은행들이 대출해주었다고 지적한다. 주택압류가 사상최고에 달했고, 수십만 명의 성실한 시민들이 재정파탄을 겪었다. 그리고 이런 시민들의 불행이 우리 경제에 막대한 영향을 끼치기 시작했다. 주택시장이 위축되었고, 주택 신축공사가 하강국면에 접어들었다. 역으로 이것은 건축자재, 가구, 그리고 다른 가정용품의 생산과 판매에도 영향을 미친다.

하지만 개인적 재정상태와 관련해서, 우리가 지도자들에게 흔히 듣는 소리는 책임 있는 절제의 권면대신 더 많이 소비하는 것이 우리의 책임이며, 미국 경제는 소비자들의 쇼핑에 달려 있다는 것이다! 우리가 빚으로 살아선 안 된다는 사실을 언제나 깨달을까?

나는 우리의 소비주의적 삶의 양식이 초래한 위협들을 손쉽게 해결할 비책을 갖고 있지 않다. 그러나 국가로서 우리나라가 직면한 현실을 제대로 이해하는 후보들을 찾아야 한다고 생각한다. 국회나 심지어 대통령에 출마한 사람들이 이렇게 어렵고 위급한 모든 문제를 해결할 경제적 전문지식을 갖추기는 쉽지 않지만, 최소한 그 문제들을 인식하고 있어야 한다. 공직에 출마하는 사람들은 어떻게 우리나라가 균형 잡힌 예산을 유지할 수 있는지에 대한 아이디어가 있어야 한다. 우리는 계속 국가부채를 계속 늘려선 안 되며, 매월 수천억 원의 무역적자를 기록해서도 안 된다. 이런 상황을 막아야 한다.

우리는 미국인들이 자신들의 개인적 재정상태에 대해 책임을 지도록, 그리고 "더 많이 소비할수록 더 많은 돈을 모을 수 있다"는 거짓말에 속지 않도록 권면하는 후보를 찾아야 한다. 그 후보들은 과소비와 경솔함 대신, 저축과 책임을 강조하는 문화를 만들기 위해 어떤 방안을 갖고 있을까?

우리는 "사랑 외에 어떤 빚도 지지 말자"라는 성경적 원칙에서 멀리 벗어났다.롬13:8 참조 나는 아직 빚을 죄라고 부를 준비는 되어 있지 않지만, 그것이 우리 자신이나 나라를 위해 좋지 않다고는 말해야 한다.

16장

돈을 낭비하는 정부

미국 정부가 국민을 위해 필요한 일을 하고 싶다면, 자신이 돈을 거둬들이고 사용하는 방식을 철저하게 재구성할 필요가 있다. 미국 정부가 국민의, 국민을 위한 정부가 되고 싶다면, 우리는 몇 가지 새로운 아이디어를 실행해야 한다.

특히 레드레터 크리스천이 주목할 만한, 정부지출과 관련된 몇 가지 제안이 있다. 그것 중 일부는 소박하고, 다른 것은 웅장하다. 그러나 한 가지만은 분명하다. 즉, 정부는 지금처럼 계속 행동할 수 없다는 것이다. 새로운 아이디어를 검토해야 한다. 그것 중 몇 가지만 살펴보자.

원천과세법

2007년 3월, 상원예산위원회는 1990년대에 실행되었던 원천과세예산법의 복원 결의안을 통과시켰다. 간단히 말해, 이 법은 의회가 연방예산의 적자를 가중시키는 어떤 새로운 복지후생계획 지출금entitlement appropriation이나 조세법을 제정하지 못하도록 막는다. 의회가 메디케어,

데디케이드, 그리고 사회보장제도 같은 복지후생계획에 더 많은 돈을 지출하고 싶다면, 먼저 그 비용을 확보할 방안을 마련해야 한다. 이것은 은행 같은 사적 기관이나 외국에서 돈을 빌리지 않고 이루어져야 한다. 원천과세원칙은 특별히 과세정책들에 적용된다. 따라서 의회가 감세조치로 초래되는 수입손실의 보충방안을 마련하지 않는다면, 결코 감세를 승인할 수 없다.

이것은 매우 합리적이고 책임 있는 조치로 보인다. 하지만 진지하게 고려해야 할 걱정들도 있다. 부시 행정부의 재정전문가들이 제기한 걱정 중 하나는, 이런 법이 갚아야 할 빚이 있음에도, 2001년과 2003년 감세를 확대하지 못하도록 막기 때문에, 경제에 해를 끼칠 것이라는 것이다. 이 전문가들은 감세가 국가경제를 활성화시킬 수 있다고 지적한다. 그들은 케네디 행정부 동안 감세가 미국경제에 어떤 도움을 주었는지 고려해야 한다고 주장한다. 그들에 따르면, 감세로 많은 자금이 사업과 산업에 투자되었고, 그 결과 투자자들의 이익이 증가했으며 더 많은 일자리를 창출했다고 한다. 더욱이, 케네디 시절의 감세 덕택에 미국인들이 더 많은 돈을 소비할 수 있었고, 그런 소비 덕분에 경제가 호황을 맞았다는 것이다. 사람들이 더 많은 돈을 썼고, 우리 산업은 더 많이 생산했다. 그 결과, 더 많은 사람들이 일을 할 수 있었다. 뿐만 아니라, 투자자들의 수익금이 재투자됨으로써, 더 많은 일자리가 생겼다. 이런 사이클의 작동방식을 쉽게 이해할 수 있다. 그리고 이런 방식이 계속 잘 작동한다는 증거가 있다.

부시 행정부의 경제자문관들이 두려워하는 것은 민주당 의회와 민주당 대통령이 부시의 감세정책을 뒤집을 수 있으며, 그래서 그들이 축적한 좋은 것들을 취소할지도 모른다는 것이다. 그들은 2007년 여름에 주식시장이 호황을 누렸고, 실업률이 4.5%경제학자들에 따르면, 바람직할 정도로 낮은 수준이다에 그쳤으며, 평균적 미국인들이 잘 사는 것처럼 보였다고 주장한다.1) 골드만삭스Goldman Sachs:뉴욕에 본부를 둔 거대한 투자은행의 경제전문가들은 이에 동의하고, 민주당원들이 제안하는 것처럼, 부시의 감세를 철회하는 것의 단기적 효과가 심각한 장기적 결과를 낳을 것이라고 주장한다.2) 이런 비당파적 경제학자들은 감세로 초래된 연방적자가 많은 사람들이 상상하는 것만큼 심각한 문제를 야기하지 않으며, 우리에게 꼭 해를 끼치지는 않는다고 주장한다. 그 이유는 외국 투자자들이 미국에 투자할 때 세금을 적게 내기 때문에, 기꺼이 미국에 계속 투자한다는 것이다. 이런 투자들이 미국사업과 경제를 활성화하고, 이 나라의 노동자들에게 온갖 종류의 낙수효과trickle-down effects를 가져올 것이라고 골드만삭스는 주장한다.

다른 한편, 연방준비제도이사회 의장 벤 버냉키Ben Bernanke는 부분적으로 감세에 의해 발생한 정부 부채와 적자의 장기적 영향은 국가에 해로울 수 있다고 한다.3) 버냉키에 따르면, 이런 연방적자 때문에 정부는 은행과 보험회사 같은 사적인 영역에서 돈을 빌리게 되고, 때문에 사적인 영역에서 미국경제발전을 위해 쓸 돈이 줄어든다. 결국, 미국 기업들은 자신들의 사업 확장을 위해 필요한 돈을 외국에서 빌리게 되고, 그들이 벌어들인 수익은 외국으로 유출된다. 이것은 미국이 종국에 점점 더 가난해질 수 있다는 뜻이다.

많은 그리스도인 그룹들이 미국을 지불능력이 있고, 재정적으로 건강하게 만드는데 많은 관심을 갖고 있다. 첫째, 복음주의 선교학자들은 미국 달러가 세계에서 교회사역을 재정적으로 지원하는데 대단히 중요했다고 정당하게 지적한다. 하나님은 대사명마28:19-20 참조에 내재한 복음전도 및 사회봉사를 수행하려고 미국달러에 의존하지 않지만, 지난 세기 동안 미국달러가 선교사역의 많은 부분을 감당했다는 사실은 의심의 여지가 없다. 재앙을 예언하는 사람들의 예측처럼 미국경제가 '하락하면' 전 세계로 복음을 확산시키는데 심각한 결과를 초래할 수 있다.

둘째, 종교적 우파는 특히 미국경제에 무슨 일이 생길 지에 관심이 많다. 문화전쟁에서 승리하려고 그들이 성취한 것 중 많은 부분이 미국달러의 영향을 받았기 때문이다. 1500개 이상의 방송국을 거느린 기독교 라디오방송은[4] 저축할 돈이 있는 미국중산층의 재정적 기부가 필요하다. 종교적 우파에서 지배적 영향력을 행사하는 제임스 돕슨의 프로그램, 포커스온더패밀리Focus on the Family는 계속 방송을 내보내려면 해마다 120억 원이 필요하다.[5] 대단히 보수적인 정치적 의제를 유포하는 기독교 텔레비전과 수백 개의 기독교신문들을 유지하는데 얼마나 많은 돈이 필요한지 생각해 보라. 미국인들의 마음과 생각을 사로잡으려는그리고 그들이 주장하듯이, "세속주의를 물리치려는" [6] 전투에서 그렇게 꼭 필요한 무기들은 우리 경제가 정치적으로 보수적인 미국 복음주의자들의 주머니에 넣어줄 돈에 의존한다.

셋째, 레드레터 크리스천은 미국경제에 깊은 관심을 갖고 있다. 우리는 개발도상국을 황폐하게 만드는 에이즈 전염병을 막고, 세계의 가난한 자들을 위한 사역에 사용하도록 하나님께서 우리나라의 재정 자원들을 맡기신 것으로 이해한다. 우리나라의 재정상태가 좋지 않다면, 미국인들이 이런 필요에 제대로 반응할 수 없을 것이다.

원천과세법이 정부의 방만한 재정을 막을 수 있는 훌륭한 조치인가, 아니면 장, 단기적으로 우리 경제에 해를 끼칠 것인가? 레드레터 크리스천은 그 주장의 양면을 바라보고, 이 규칙의 찬반을 평가해야 할 책임이 있다.

항목별 거부권

　　대통령에게 지출청구서가 올라오면, 그 청구서에 납세자들의 돈을 낭비하고, 특정한 이익집단들에게 혜택이 돌아가는 항목들이 포함되어 있을지라도, 서명할 수밖에 없다. 이따금, 청구서에 포함된 항목들에는 일부 의원들이 자신들의 지역구 사람들에게 혜택을 주려고 추가한 비용까지 들어간 때가 있다. 이런 사례의 주목할 만한 예로, 알래스카 본토에서 떨어져 있는 섬에 다리를 건설하려고 수조 원을 요청했던 일을 들 수 있다.[7] 그 지역구 의원은 그 다리가 지역주민들에게 고소득 일자리를 제공하고 경제적 호황을 안겨주겠지만, 단지 소수의 사람들을 위한 교통 편의시설이 될 것이란 주장에 직면했을 때, 아무런 사과도 하지 않았다. 그는 자신의 추가 지출안이 불필요한 비용임을 잘 알았지만, 예산안을 위해 그의 표가 필요했던 동료 의원들을 동원해서 예산안을 통과시켰다.

　　항목별 거부권과 관련해서, 꼭 필요한 기금에 대해서는 대통령이 서명해야겠지만, 의문의 여지가 있는 "정부보조금"에 대해선 거부권을 행사할 수 있다. 그것은 정부예산낭비를 상당히 줄일 수 있었고, 레드레터크리스천에게 가장 중요한 일, 즉 가난한 사람들의 필요를 충족시키는 일을 위해 더 많은 자금을 사용하게 했다. 항목별 거부권이 없다면, 가난한 과부와 고아들을 도울 자금을 빼돌리고 낭비하는 의원들이 계속 출현할 것이다. 클린턴 대통령과 부시 대통령 모두 항목별 거부권을 열정적으로 지지했는데, 그 이유는 이 거부권이 없다면 낭비하는 프로그램들이 양당에 의해 계속 집행될 것임을 알기 때문이다.

　　연방차원뿐 아니라 주차원에서, 한 후보의 잠재력을 바라볼 때, 항목별 거부권을 가능하게 만드는 법안을 공적으로 후원하고 지원할 준비가 되어 있는지 살펴보아야 한다.

종교기관이 운영하는 사업들

자신의 전임자인 빌 클린턴이 추진했던 계획에 대해, 부시 대통령은 사회복지프로그램들에 대한 정부지원과 운영을 위해 한 가지 해법을 고안했다. 그것은 교회 같은 종교기관 운영하는 단체들이 그 프로그램의 재정과 운영을 담당하도록 하는 것이었다. 종교기관이 운영하는 프로그램들이 정부가 지원하는 프로그램보다 훨씬 더 경제적이고 효과적이란 사실을 인식하고, 부시 대통령은 종교기관이 운영하는 프로그램에 정부가 자금을 지원하는 계획을 발전시켰다. 물론, 그 지원금은 종교적 목적을 위해선 사용할 수 없었다. 만약 교회가 개인지도 프로그램을 만들면, 정부는 어떤 종교적 행사가 아니라 개인지도를 위해 비용을 지원하는 것이다. 종교적 활동과 개인지도활동은 분리되어야 하며, 정부의 어떤 돈도 종교활동을 위해 사용할 수 없다.

대개, 종교기관이 운영하는 프로그램은 양당의 지지를 받았고, 사람들의 필요를 채우는데 효과적인 해결책이라고 진보주의자들과 보수주의자들 모두의 환영을 받았다. 하지만, 그것에 대해 질문을 던진 사람들이 있다. 첫째, 이런 프로그램들의 "세속적" 부분이 강력한 종교적 영향에서 분리되도록 만드는 것이 정말 가능한지 묻는 사람들이 있다. "결국, 그 프로그램이 교회 안에서 실행되면, 그런 사실 자체가 어떤 종교적 메시지를 전달하는 것이 아닌가? 그 프로그램을 진행하는 사람들이 그 교회의 헌신된 신자들이라면, 그 자체가 전도의 효과를 발휘하지 않겠는가? 대통령의 계획 자체 안에, 교회와 국가의 분리를 넘어서는 요소가 내재되어 있는 것은 아닌가?"라고 그들은 질문한다.

둘째, 이 프로그램이 너무 정치적인 것은 아닌지에 대해 진지한 질문을 던지는 사람들도 있다. 부시 대통령의 핵심적 정치전략가였던 칼 로브Karl Rove가 종교기관이 운영하는 프로그램을 통해 공화당의 지지표를 "매수"했다는 비난이 있다. 예를 들어, 목회자들이 선거 때에 공화당 후보를 지원한다는 조건 아래 흑인교회들에 사회프로그램의 재정을 지원한 것이다.[8] 뉴저지 주 캠든에서, 가장 큰 규모의 개인지도 프로그램을 위해 재정지원을 신청했던 사람들이 기각된 반면, 흑인교회들은 엄청난 재정지원을 받았다.[9] 그 프로그램 지도자들이 백악관 정치와 대립관계에 있었기 때문에, 그렇게 된 것일까? 그런 특정한 개인지도 프로그램이 기각되는 과정에서, 정치가 어떤 역할을 했는지는 쉽게 말할 수 없다. 하지만 그런 상황이 질문을 야기하는 것만큼은 의심의 여지가 없다.

셋째, 그리고 아마도 종교기관이 운영하는 프로그램에 대한 우리의 고민과 가장 관계가 깊은 것은, 대통령이 그 프로그램을 위해 몇 수억 원을 약속했지만, 약속한 돈의 지극히 일부만 집행되었다는 사실이다.[10] 그 프로그램을 담당했던 백악관 보좌관 중 한 사람인 데이비드 쿠오David Kuo는 자신의 직무를 사임했는데, 자신이 그만두는 일차적 이유 중 하나로 이 문제를 언급했다.[11] 쿠오의 책, 『임시고용직 신앙』*Temping Faith*은 백악관이 추진한 종교기관이 운영하는 프로그램에 대한 그의 실망을 묘사했는데, 대중매체들이 이 문제를 대서특필 함으로써, 그 프로그램에 대한 엄청난 비난을 초래했다.

레드레터 크리스천은 이 문제의 최전선에 서서, 정부가 계속 이 프로그램을 추진할 의사가 있는지 담대히 물어야 한다. 우리가 이 프로그램의 가치를 믿는다면, 후보들에게 그들이 이 프로그램을 계속 지원할 것인지 물어야 한다. 만약 그렇다고 대답하면, 그 프로그램을 위해 어느 정도의 예산을 세워야 한다고 생각하는지도 질문해야 한다.

콜투리뉴얼Call to Renewal 운동의 지도자이자, 「소저너스」의 편집자인 내 친구 짐 월리스도 내가 여기서 인용한 것 같은 많은 질문을 똑같이 제기하지만, 부시 정부가 제안한 이 프로그램을 매우 지지한다.

일률과세

내가 누진세를 폐지하고 일률과세로 대체하자고 제안하면, 나는 틀림없이 대부분의 레드레터 크리스천 친구들과 심각한 갈등을 겪을 것이다.

간단하게 말하면, 현재 실행되는 누진세는 당신이 돈을 더 많이 벌수록, 당신 수입의 증가된 부분에 대해 정부에 세금을 납부해야 한다는 뜻이다. 당신들 대부분은 수입이 증가하면, 더 많은 세금을 내야한다는 것을 잘 안다. 즉, 당신 수입의 더 많은 퍼센트를 국세청에 납입해야 한다. 누진세제도 아래서는 수입이 적은 사람들이 세금을 적게 내고, 정부가 설정한 한계 이하의 수입을 거둔 사람들은 전혀 세금을 내지 않는다.

한편, 일률과세제 아래서는, 가난하든 부자든 모든 사람이 자신의 수입에서 동일한 비율로 세금을 납부한다. 예를 들어, 일률과세가 10%라면, 일 년에 4,300만 원을 번 사람은 세금으로 430만원을 내야 한다. 반면, 일 년에 36조 원을 번 사람은 정부에 3억6천만원을 지불해야 한다.

좀 더 자세히 살펴보자. 처음에는, 수입이 적은 사람들이 그들의 적은 수입 중 일정 부분을 국세청에 넘겨주어야 하기 때문에, 일률과세제로 손해를 보는 것처럼 보일지도 모른다. 그러나 연구들에 따르면, 결국 일률과세로 연방정부는 훨씬 더 많은 수입을 올리고, 가난한 사람들을 위해 훨씬 더 많은 돈을 쓸 수 있다.[12]

다른 추가비용을 어떻게 확보할 것인지에 대해 당신이 고민 중이라면, 현행 제도의 문제점을 살펴보라. 현행 과세제도에는 온갖 종류의 구멍과 의심의 여지가 많은 공제항목들이 있다. 따라서 부자들이 고액의 세무사들과 변호사들의 도움으로, 자신들이 내야할 소득세를 엄청나게 줄일 수 있다는 것을 많은 사람이 알고 있다. 부자와 대기업이 현형 제도를 자신들에게 유리하도록 만드는 법적 도움을 통해, 세금으로 아주 적은 액수를 내거나 심지어 전혀 내지 않는다. 일률과세제를 실시하면, 더 이상 구멍이나 의심스러운 공제가 없을 것이다.

또한, 일률과세는 정부지출도 크게 줄일 수 있다. 예를 들어, 해마다 운영을 위해 수조 원이 들어가는 국세청의 거대한 관료조직을 눈에 띄게 축소함으로써 그런 효과를 얻을 수 있다.[13] 과세 및 납세 절차를 관리하도록 필요했던 회계업무가 대단히 단순해지므로, 국세청은 현재 규모의 한 부분으로 축소될 것이다.

일괄과세제도 덕택에 징수되고 저축된 추가자금은 보편적인 건강관리 프로그램을 위해 사용할 수 있다. 그 결과, 현재 의료보험 없이 사는 4,400만 명의 미국인에게 혜택이 돌아갈 것이다. 또한 정부는 메디케어와 메디케이드를 유지하는데 필요한 자금을 확보할 수 있다. 이런 추가자금으로, 사회보장제도의 재정상태가 튼튼해지고, 현재 꾸준히 축소되는 일군의 복지후생계획들을 계속 운영할 수 있을 것이다.

「포브스」의 편집인이자 한때 공화당 대통령 예비후보 중 한 사람이었던 스티븐 포브스Stephen Forbes는 최근에 일률과세를 진지하게 제안한 최초의 정치가였다.[14] 그가 그것을 최초로 말했을 때, 나도 반대자들의 편에서 그것은 가난한 자들에게 불공평하다고 주장했다. 하지만 내가 포브스의 말에 귀를 기울이고 그가 제시했던 수치와 사실들을 고려할수록, 그의 주장에 동조하게 되었다. 일률과세로 정부가 얼마나 많은 돈을 아끼고 얼마나 많은 세금을 징수할 수 있는지를 검토한 후, 나는 완전히 그의 주장에 설득되었다. 물론, 일률과세로 몇 가지 부정적인 결과가 초래될 것임을 나도 인정한다. 그러나 포브스의 생각이 나쁘다고 나를 설득시킨 사람을 나는 아직까지 만나보지 못했다.

나의 친구 중 일부는 일률과세가 정치적으로 보수적인 도그마라고 비난하는 좌파적 성향을 지녔다. 하지만 나는 미국이 좌파와 우파, 민주당 이념과 공화당 이념이 대립하는 이념정치에 신물이 났다고 생각한다. 지금 당장, 미국인들은 우리나라 문제들에 대한 실용주의적 해법을 찾고 있다. 현재의 납세정책은 자신들의 이익을 위해 법을 악용하는 부자들에게 유리하다. 만약, 일률과세제가 그런 제도를 수정할 수 있다면, 그래서 정부가 더 많은 돈을 사회의 기초적 필요특히, 가난한 사람들의 필요를 위해 사용할 수 있다면, 나는 그것에 찬성한다! 레드레터 크리스천 형제자매들도 그것에 찬성해야 한다.

가난한 자들을 위한 특수이익집단

후보에게 무엇을 찾느냐는 질문을 받았을 때, 저명한 언론인이자 정치평론가인 아리아나 허핑턴Arianna Huffington이 이렇게 대답했다. "나는 정책을 개발할 때, 이 세상에서 가장 가난한 사람들을 염두에 두는 사람을 찾습니다."15) 그녀는 계속 이렇게 말했다. "나는 예수께서 '소자' the least of these라고 불렀던 사람들을 위해 후보들이 무슨 일을 할 것인지 알고 싶어요. 부자들은 혼자 힘으로 잘 살 수 있잖아요!" 레드레터 크리스천은 그런 식으로 사고하는 사람들이 공직에 출마하기를 원한다.

레드레터 크리스천에게는 가난한 사람들을 위한 특수이익집단이 되고, 불필요한 곳에 수억 원의 세금을 사악하게 낭비하는 후보들을 지지하지 말아야 하는 소명이 있다. 우리는 돈이 아니라 대부분의 사회가 공유하고 레드레터 크리스천이 열정적으로 지지하는 공공선의 가치들에 호소하면서, 국회의원들에게 압력을 가해야 한다. 그런 일도 하지 않는다면, 그리스도의 주권 아래 공중의 권세 잡은 자들을 굴복시켜야 한다는 우리 소명을 이루지 못할 것이다.

정부이슈

17장
정치로비스트들

언젠가 윌 로저스Will Rogers가 이렇게 말했다. "누구도 미의회에 대해 불평하지 말아야 한다. 그것은 돈으로 살 수 있는 최고 의회다!"

물론, 우리의 정부청사에서 일하려고 워싱턴에 가는 모든 사람이 특수이익집단에 팔렸다고 주장하는 것은 잘못이다. 의회에 있는 사람 중 내가 아는 사람들 대부분은 자신들의 의무를 훌륭하게 수행하려고 노력하고, 훌륭한 인격체가 되고자 진지하게 애쓰는 사람들이다. 언론은 부패한 사람들만 강조하지만, 그들은 예외일 뿐 대부분은 그렇지 않다. 정치는 고귀한 직업이다. 누군가를 정치가라고 부르는 것이 경멸적인 의미를 지닐 때, 뭔가 잘못된 것이다.

우리의 정치제도에 문제가 하나 있다. 공직에 출마하려면특히, 전국적 규모에서, 엄청난 비용이 든다는 것이다. 그런 현실은 후보들이 자신들의 선거 후원자들의 영향을 받을 수밖에 없도록 만들었다.

당신이 특정 후보의 선거운동을 재정적으로 지원하는 사람들이 누구인지, 특수이익집단들을 대표하는 사람들이 그에게 얼마나 많은 돈을 주었는지 주의 깊게 살펴보면, 장차 의회에서 논의되는 많은 법안 중 그가 어디에다 투표할 것인지를 대단히 정확하게 파악할 수 있다. 노동조합, 기업, 전문기관들을 아우르는 특수이익집단들은 공직에 출마하는 사람들의 선거용 금고에 돈을 넣어 주는 것 그 이상의 일을 한다. 일반적으로물론, 항상 그런 것은 아니지만, 노동조합은 민주당에 기부하고, 기업과 전문기관은 공화당에 돈을 보낸다. 선거후원금은 돈을 받은 후보들이 당선된 후에 돈을 준 사람들의 관심과 이익에 특별한 관심을 기울일 것이란 기대 속에 주어진다.

이런 제도가 어떤 식으로 작동하는지의 한 예로, 미네소타 주 제7선거구를 대표했던 민주당 하원의원 콜린 피터슨Collin Peterson의 선거운동을 검토해 보자. 2005~2006년 선거에서, 그는 농업이익단체에서 4억7천만 원을, 정치행동위원회에서 1억3천만원을 받았다.[1] 곡물가격이 매우 높은 때임에도,[2] 그가 농부들에게 342조 원 규모의 보조금을 지급하려는 농업법의 주도적 지지자가 되었다는 것이 놀라운가?[3] 비당파적인 대의제정치센터Center for Representative Politics에 다르면, 2005년과 2006년 사이에 농업분야 사업체들은 54억 원을 정치후원금으로 썼고, 2,300억 원을 로비비용으로 사용했다.[4] 하원의원 피터슨의 투표는 그런 돈의 영향을 받았던 사례 중 하나다.

행동하는 특수이익집단들

정부에 영향을 끼칠 때, 재정이 담당하는 역할을 고려하면서 냉소적이 되기 쉽다. 하지만, 한가지 사실은 언급할 가치가 있다. 즉, 한 특수이익집단이 특정 후보의 지지를 얻으려고 선거자금을 주는 것이 아니라, 그들이 인정하는 견해를 그 혹은 그녀가 이미 포용하고 있기 때문에, 개인적으로 확신하기 때문에 주는 것이다. 다른 한편, 주와 전국적 수준에서, 장래의 입법자들의 동맹을 돈으로 매수하려는 특수이익 집단들의 수치스런 예들이 많다.

내 친구는 그의 지역구를 대표했던 한 의원 때문에 대단히 화가 났다. 내 친구의 판단에 따르면, 그는 대기업의 세금은 크게 감면해주면서 가난한 사람들에게는 해를 끼치는 법안에 찬성표를 던진 것이다. 그런 현실을 깊이 우려 하면서, 그 자신이 현역 의원에 대항해서 다음 선거에 출마했다. 그는 정말 잘 했고, 어느 시점에서는 그가 현역 의원을 이길 것이란 여론조사도 나왔다. 실제로 그가 이길 가능성이 있었다.

이 특정한 지역구에서 교사연합회가 정기적으로 현역 의원의 선거 금고에 기부해 왔다. 내 친구가 출마하기 전까지, 그는 하원에서 안정된 자리를 차지하고 있었다. 그들의 후원금은 그들이 원하는 사람을 즉각적으로 의회로 보낼 수 있었다. 교사연합회가 그 의원의 표를 살 수 없을지도 모르지만, 그에게 접근하여 자신들의 주장에 공감하도록 만들 수는 있다.

선거일이 다가오면서 어떤 후보가 승리할 지 예측할 수 없게 되었다. 그때, 교사연합회의 한 지도자가 내 친구에게 전화를 걸어, 그들이 이미 그의 경쟁자에게 돈을 주었지만, 내 친구에게도 상당한 액수의 기부금을 주고 싶다고 말했다.

간단히 말해서, 그들은 선거에서 누가 당선되든 상관없이, 국회에 계속 영향을 끼치도록 양쪽 모두에 판돈을 건 것이다. 연합회 지도자들은 두 사람의 정치에 별다른 관심이 없다. 단지 그들은 자신들의 목소리가 의회 내에서 계속 들려지도록 만들고 싶었을 뿐이다.

내 친구가 그에게 어떤 이유로 자신에게 돈을 주려하는지, 그리고 그것의 대가로 무엇을 바라는지에 대해 질문했을 때, 전화했던 그 지

도자는 깜짝 놀랐다. 그런 기부를 통해 예상되는 혜택은 말하지 않아
도 암암리에 아는 것이므로, 보통 그런 말은 하지 않기 때문이다.

개인적으로, 돈이 선거의 당락을 결정하는 정부는 문제가 있다고
생각한다. 훨씬 더 심각한 것은, 돈으로 특수이익집단의 목소리를 대
변하는 것 그 이상의 것을 살 수 있을 때다. 십년 전에 힐러리 클린턴
이 전국민의료보험에 대한 포괄적 계획을 제안했을 때, 무슨 일이 벌
어졌는지 생각해 보라. 나는 그녀의 계획에 대한 찬반을 논하지는 않
을 것이다. 결국, 그 계획을 수포로 만든 것은 그것의 장점이나 단점
이 아니었기 때문이다.

오늘날 클린턴 상원의원은 당시에 그녀가 워싱턴에서 새내기였기
때문에, 그곳의 에티켓과 정치게임을 잘 이해하지 못했던 것이 문제라
고 쉽게 인정한다. 또한 당시에 그 법안이 실패한 이유를 파악할 때,
인간으로서 힐러리 클린턴에 대한 부정적 반응도 무시하지 말아야 한
다. 그녀가 자신의 건강관리법안을 밀어붙였던 강압적 방법이 그녀를
여성의 리더십을 인정하지 않는 전통의 적으로 간주했던 일부 반페니
미스트 복음주의자들의 분노를 촉발했다. 여성지도력에 의문을 제기
하며, 자기분수를 모르는 여자의 모델로 힐러리 클린턴을 언급하는
설교들이 많이 행해졌다.

클린턴 부인의 개인적 약점과 별도로, 국민의료보험에 대한 그녀의
제안과 그녀 자신을 반대하고자 엄청난 액수의 돈이 사용되었다. 이
모든 것이 결합하여, 결국 그 법안은 철폐될 수밖에 없었다. 첫째, 보
험회사와 제약회사, 전문의료집단, 병원, 그리고 일군의 의사들이 선
거자금을 제공함으로써, 그런 영향력을 행사했다. 자신들의 기존 사업
방식에 심각한 변화를 야기할 수 있는 법안을 클린턴 부부가 통과시
키기로 결심했다는 사실을 알고, 이 그룹과 개인들은 자신들의 재정적

힘을 사용하여 하원과 상원에서 자신들의 이익에 따라 투표할 수 있는 사람들을 가능한 한 많이 매수하기로 결심했다.

하지만 당시에 민주당이 상원과 하원 모두를 장악하고 있었기 때문에, 클린턴 법안이 부결된 책임을 공화당에만 돌리는 것은 옳지 않다. 그녀의 당 의원들도 반대에 동참했다. 돈은 당파적 충성마저 초월했던 것이다.

둘째, 클린턴의 법안을 반대했던 특수이익집단들은 대단히 기만적인 방식으로 여론을 형성하려고 자신들의 돈을 사용했다. 보험회사들이 신문, 라디오, 특히 텔레비전에 클린턴 법안이 미국에 "사회주의적 의학"을 확립하려 한다는 광고를 실었다. 사회주의와 공산주의에 대한 공포를 조장하면서 말이다. 나는 얼마나 많은 목회자들이 그 법안을 제대로 읽어보지도 않은 채, 이렇게 잘못된 믿음을 회중에게 확산시키는데 자신들의 지위를 사용했는지를 알고 무척 놀랐다.

물론, 클린턴 법안은 결코 사회주의적 의학이 아니었다. 대신, 그 법안이 통과되었으면, 직장을 통해 의료보험에 가입하거나, 너무 가난해서 개인적으로 보험에 가입할 수 없는 사람들을 정부가 보조해줌으로써, 모든 미국인이 개인적으로 보험을 살 수 있었을 것이다. 하지만 당신이 그런 광고를 보았다면 결코 그런 생각을 할 수 없었을 것이다!

당시에 미국인들에게 가장 많이 방송된 한 광고는, 만약 클린턴 법안이 통과되면 정부가 각 개인의 의사를 결정할 것이며, 그렇게 되면 사람들이 더 이상 자신들이 개인적으로 좋아하는 의사를 선택할 수 없다고 말했던 것을 나는 똑똑히 기억한다. 그것은 정말 사실이 아니었다! 그러나 언젠가 사회학자 W. I. 토마스W. I. Thomas가 말했듯이 "상상 속에 실재하는 것은, 결과적으로도 실재한다."5) 그리고 클린턴 의료보험법안을 조롱했던 광고들은 사람들이 그런 것들을 상상하게 만들었다.

그 시절에는 워싱턴 안팎에서 돈이 이겼다. 특수이익집단들이 워싱턴 의회에서 클린턴 법안을 지지하지 못하도록 영향을 끼치려고 선거자금을 댔다. 워싱턴 밖에서는 오도하는 광고들이 그 결의안에 반대하는 여론형성에 강력하게 영향을 끼치기 때문에, 심지어 특수이익집단의 선거자금을 받지 않은 의원들도 항복하고, 그것에 반대표를 던져야 할 것 같은 압력을 느낀다. 여론을 거스르는 것은 다음 선거에서 패배할 각오를 해야 한다.

돈이 워싱턴에서 의제를 통제하려는 상황에 직면하여, 우리는 민주주의의 핵심인 "한 사람에게 한표씩"이라는 원칙에 무슨 일이 벌어졌는지를 생각해 보아야 한다. 확실히, 재정자원이 부족한 사람들은 돈이 많은 사람들처럼 정부의 의사결정과정에 동참할 수 없다.

문제는 미국인들의 의학적 복지가 1990년대 후반에 손상되었을 뿐 아니라, 지금도 손상되고 있다는 것이다. 처방약 프로그램이 최근에 메디케어에 추가되었다. 이것은 제약회사에 엄청난 이익을 보장하지만, 많은 늙고 가난한 사람들을 혼란 속에 방치하고, 그들의 건강 유지를 위해 필요한 처방전을 구입할 수 없게 만들었다.[6] 선출된 공직자들은 제약회사들이 일부 의약품 가격을 너무 높게 책정하도록 허용함으로써, 어떤 사람들은 약과 음식중 하나를 선택하도록 만든 것에 대해 나에게 설명해 주길 바란다. 어떻게 정부에 있는 사람들이 미국에서 자신들에게 필요한 약을 구입할 수 없는 사람들이 똑같은 처방약을 싼 가격에 구입하려고 국경을 넘어 캐나다와 멕시코로 비참한 여행을 떠나도록 만들었는가?[7] 특수이익집단들이 선거자금을 통해 처방약 가격에 영향을 끼쳤을 때 무슨 일이 벌어졌는지, 우리는 이제 이해할 수 있는가?

오늘날 거의 4,700만의 미국인이 의료보험 없이 산다.[8] 그리고 그들 중 어린이들이 약 830만 명이다. 이렇게 보험에 들지 않은 사람들은 열심히 일하는 미국인들로서, 만약 그들 자신이나 가족 중 누군가가 심각한 의학적 응급상황에 처하면 재정적 파탄에 직면한다. 우리 그리스도인들이 그 클린턴 법안을 지지하지 않거나, 우리나라에서 모든 남성, 여성, 어린이를 위해 건강보험을 제공해 줄 다른 법안을 추진하지 않는다는 사실은 교회의 황당한 실패 그 이상의 것으로 간주되어야한다.

낙태를 반대하는 사람들pro-life이 가난한 노동자들을 위해 보편적 의료서비스를 제공하는 것이 정말 생명을 존중하는 것pro-life임을 인식하지 못한다면, 그들은 위선자가 된다. 아미쉬 사람들처럼, 나머지 기독교 공동체가 건강보험이 없는 사람들의 병원비를 대신 내줄 수도 있을 것이다. 그러나 우리는 그렇게 하지 않는다! 대신, 옆길로 비켜서 머리를 흔들며 이렇게 말한다. "그런 짓이 부끄럽지 않나?"

건강관리제도 문제에 봉착하여, 우리는 사도행전에 기록된 초대교회 삶의 양식을 어느 정도나 실천해야 한다고 느끼는가? 당시에는 그리스도인들이 그리스도 안에서 형제자매의 필요를 충족시켜 주었다.행 2:44-45 참조 오늘날에는 1세기 그리스도인들처럼 서로를 위해 헌신하는 사람이 거의 없다. 그리스도 안의 형제자매들이 경제적 위기에 직면하여 병원비나 약값을 지불할 수 없을 때, 그들을 위해 희생할 준비가 된 사람들이 우리 중에 거의 없다.

우리가 갈라디아서 6장 10절에서 읽는 것처럼, 우리는 어려움에 처한 우리 동료 그리스도인들을 도와야 할 뿐 아니라, 우리 신앙공동체의 일원이 아닌 사람들도 돕도록 최선을 다해야 한다. 우리가 이런 일을 할 수 있는 방법을 개인적으로나 교회적 차원에서 갖고 있지 못하다면, 우리는 의료비를 지불할 수 없는 사람들을 위해 다른 방도를 찾아야 한다. 보편적 의료보험제도에 대한 클린턴 법안을 제대로 공부하지 않은 기독교 지도자들이 특수이익집단의 선전에 속아 그 법안에 반대하는 설교를 할 때, 내가 크게 상심하는 이유를 당신은 이해하는가? 적절한 의료비를 지불할 수 없는 사람들에게 다른 대안을 제공하지 않은 채, 클린턴 법안을 거절하는 것은 심각한 문제가 있다는 사실을 당신은 알겠는가?

마태복음 25장 43절에서, 예수는 병자들을 적절히 돌보지 않는 것이 자신을 배반하는 것이라고 분명히 말했다. 요한1서 3장 17-18절에서 확인할 수 있듯이, 우리가 어려운 시간을 보내는 형제자매들을 도울 준비가 안 되어 있다면, 우리가 진심으로 하나님을 사랑하는 것에 대해 말하는 것은 부질 없는 짓이다. 오늘날 세상의 의료비를 감안할 때, 우리는 병자들의 의료비 지급을 위해 사회적으로 책임 있는 방안을 마련해야 한다. 선거비용을 후원하고 로비와 미디어를 통해 우리의 가치를 형성하는 특수이익집단들이, 어려운 처지에 있는 사람들에게 영향을 끼칠 법안을 결정하도록 방치하는 것은 세상에 속는 것이다.

다른 로비들의 관심사

군수산업체들이 로비에 막대한 비용을 쏟아 붓는 것도 잘 알려진 사실이다.9) 우리 대부분은 이런 회사들이 자신들의 무기를 군부가 계속 구입하도록, 전직 육군 장성들과 해군제독을 고용하여 펜타곤 관리들과 밀접한 관계를 유지하게 한다는 사실을 잘 안다.

백악관에 따르면, 2008년 국방비 예산은 578조 원으로, 2001년 이후 62%가 증가했다. 2001년부터 2009년까지 테러와의 전쟁에 지출된 예산 외의 비용이 800조 원에 달한다. 이것은 전체 연방예산의 21%에 해당한다.[10] 연방회계국의 수많은 조사 결과, 미국방위예산 중 엄청난 금액이 미국의 군사력을 강화하거나 효과적으로 만드는데 아무런 도움도 주지 못하고 허비되었다는 증거가 드러났다.[11]

펜타곤과 거래하는 기업들이 77만 원짜리 화장실 변기 같은 것을 위해[12] 원래 정부와 계약했던 것보다 훨씬 많은 비용을 지출하거나 비용인상을 요구할 때, 얼마나 많은 돈이 '강탈 당하'는지 생각해 보라.[13] 더 심각한 것은 수조 원을 잘못 사용하는 동안, 전쟁터에서 싸우는 남녀 군인들의 필요를 채우고 안전을 확보하는 것에는 충분한 예산을 지출하지 않은 것이다. 우리 모두는 바그다드 거리를 순찰하는 미군들에게 방탄복이 제대로 지급되지 않았다는 보도를 들었다. 신문과 텔레비전에서, 우리 군인들이 길가에서 날아오는 폭탄으로부터 자신들을 보호할 장비를 제대로 갖추지 못한 차들을 타고 다닌다는 보도가 있었다. 우리는 워싱턴에 있는 월터리드병원Walter Reed Hospital에서 돌아온 병사들이 얼마나 끔찍한 상황에서 부적절한 치료를 받는지에 대해 듣고 분노에 떨었다. 우리나라를 지키려고 희생한 이런 남녀들은 훨씬 더 좋은 대접을 받아야 한다!

우리나라를 방어하려고 수고하는 사람들을 위해 옳은 일을 할 재정이 부족한 것은 아니다. 오히려 문제는 그 돈이 제대로 사용되지 않는 것이다.

이렇게 비도덕적이고 헛되이 예산을 지출하는 것에 대한 비난을 단지 국방부를 운영하는 사람들에게만 돌릴 수 없다. 대부분의 비난은 의회가 받아야 한다. 하원과 상원은 군사적 목적의 지출을 감독할 책임이 있다. 하지만 여기서 다시 한 번 우리는 선거자금의 효과를 목격한다. 정부와 사업을 하는 기업들은 선거에 출마한 후보들에게 투자하여 이익을 거두는 방법을 잘 알고 있다. 우리는 특정한 기업이 선거자금을 제공하여 의원들에게 어떤 영향을 끼쳤는지를 살펴보아야 하지 않을까? 우리는 일부 방위산업 도급업자들이 정부를 속이고 돈을 뜯어갔는지에 대해 질문해야 하지 않을까?

지금 이라크에서 벌어지는 일, 특히 납세자들의 돈이 지출되는 방식과 관련해서, 우리는 분노해야 한다. 부통령 딕 체니Dick Cheney가 한때 최고 경영자의 한 사람으로 있었던 회사 할리버튼Halliburton이 전쟁으로 황폐해진 나라의 재건을 돕는 수조 원짜리 계약을 체결할 수 있었다. 이런 계약이 어떤 경쟁 입찰도 없이 이루어졌고(이것 자체가 법적으로 의심스럽다), 그 돈이 어떻게 쓰여야 하는지에 대해 아무런 통제나 조건도 없었다.14) 지금까지 수조 원이 사라졌고, 할리버튼은 그 돈이 어디로 갔는지에 대해 아무런 설명도 하지 못한다.15)

왜 지금까지 이 회사 책임자들에게 설명을 요구하는 의회의 조사가 없었는가? 이 회사의 재정남용을 의회가 중지시키지 못한 배후에 선거자금지원이 어떤 역할을 했던 것은 아닐까? 그리고 가솔린 가격의 상승은 어떤가? 제발, 그 책임을 아랍인들과 석유수출국기구OPEC에게 떠넘기지 말라. 사실, 월스트리트 전문가들이 지적하듯이 사용할 수 있는 원유양은 충분하다.16) 일부 기업들이 유가상승의 책임으로 지목하는 가솔린 부족은 다양한 요인의 결과다. 이런 이익집단들은 쉽게 중국인들을 지목하여, 그들의 경제적 호황 때문에 엄청난 비율로 가솔린을 소비한다고 말한다.17) 그것이 사실일 수 있다. 그러나 주된 문제는 미국에 정유공장이 부족한 것이다. 1976년 이후 미국에는 단 한 개의 정유공장도 새로 건설되지 않았다.18) 정유회사들이 새로운 정유공장을 지을 돈이 부족한 것도 아니다. 증권시장의 지표들은 이 회사들이 계속해서 천문학적 수익을 거두었다는 사실을 보여준다. 우리는 우리 이익을 위해 노력해야 할 선출직 공무원들이 이런 문제를 위해 아무 일도 하지 않는 것에 대해 깊이 생각해 보아야 하지 않을까? 우리는 분명히 걱정한다. 그런데 왜 그들은 그렇지 않는 것일까?

분명히, 우리가 성경적 정의원칙을 준수하는 정부를 갖고 싶다면, 다음 장에서 다룰 선거비용제도가 바뀌어야 한다. 현행 제도는 미국의 가난한 사람과 망각된 사람들, 혹은 세계의 억압 받는 사람들에게 별로 도움이 되지 않는다.

18장

선거비용

이상한 선거

1976년, 나는 미하원에 출마했다. 나는 반전anti-war 후보였다. 그것은 나의 정치적 성향을 완전히 드러낸 것이다. 나는 베트남전쟁의 끝 무렵인 1974년 봄에 선거운동을 시작했다. 그리고 예비선거가 끝났을 때, 전쟁도 끝났다. 그 결과, 반전을 중심으로 전개되었던 내 선거운동에 김이 빠지고 말았다. 그래도 나는 자원봉사자들과 함께 선거일까지 최선을 다했다.

그 선거운동은 내게 학습의 과정이었고, 내가 정치의 작동방식에 대해 발견한 것은 흥미롭고 매혹적인 것으로 판명되었다. 나는 당시에 펜실베이니아대학교와 이스턴대학교의 교수였는데, 운이 좋게도 이 두 학교는 반전 정서가 매우 강했고, 나는 수십 명의 학생들을 내 선거운동에 동원할 수 있었다. 이렇게 열정적인 젊은이들은 대단한 가치가 있었다. 그들이 집집마다 선거전단지와 홍보지를 배포해준 덕분에, 우편요금으로 지출했을 엄청난 비용을 절감할 수 있었다. 그들은 우리집 사랑방에 설치한 선거본부에서 엄청난 양의 서류작업도 도와주었다. 그들은 예비 선거일에 투표소 앞에서 투표용지도 나누어 주었다. 그들은 무료로 사진을 찍어주고 전화로 선거운동을 했으며, "캠폴로를 국회로"라는 표어와 포스터를 선거구 전역에 붙였다. 또한 그 날의 핵심이슈에 대한 의견서를 작성하고, 백 차례 이상의 다과회와 집회를 개최했다. 또한 선거전략을 개발하는데 도움을 주었다.

인종차별, 성차별, 환경파괴를 종식시키는 것 같은 이슈들에 헌신한 이 활동가들은 내가 그들의 정치적 가치를 공유했기 때문에, 나의 캠프에 합류했던 것이다. 하지만 이따금 나는 몇몇 과도하게 열정적인 선거운동원들을 통제해야 했다. 그들의 전술들이 비윤리적이었기 때문이다. 예를 들어, 어느 날 저녁 나는 폭우 속에 운전하면서 라디오를 듣고 있었다. 그런데 방송진행자가 "오늘밤에 예정되었던 캠폴로의 집회가 혹독한 날씨 때문에 취소되었습니다."고 말하는 소리를 듣고 깜짝 놀랐다.

내 일정표에 그런 집회가 잡혀 있지 않았기 때문에, 나는 선거사무실에 전화를 걸어 내가 왜 그렇게 중요한 행사에 대해 몰랐는지 물어보았다. 한 젊은 자원봉사자가 내게 그런 집회가 계획된 적이 없었기 때문이라고 말했다. 그는 폭우가 쏟아지기 시작하는 것을 보고 필라델피아 지역의 모든 라디오 방송국에 전화를 걸어, 애초에 계획에도 없었던 집회의 취소를 알리는 광고방송을 내보내 달라고 부탁했다. "오늘밤에 15개의 다른 방송국들이 4~5차례나 캠폴로의 선거운동에 대해 언급했습니다."라고 그가 말했다. "토니, 우리는 결코 돈을 주고 그런 광고를 할 수 없었을 겁니다."

물론, 나는 그에게 왜 그가 한 일이 옳지 않고, 다시는 그런 짓을 하지 말아야 하는지에 대해 설명해 주었다. 하지만, 나는 이 이야기가 여러분에게 나의 선거운동이 가졌던 창의력과 열정에 대해 약간의 정보를 제공해 줄 것이라고 생각한다.

지난 세월 동안, 나는 설교자와 강사로서 내 지역구에서 다양한 교회 활동에 관여해 왔다. 나는 교회 볼링대회부터 교단수련회에 이르기까지 온갖 종류의 행사에서 연설했다. 그래서 사람들이 나를 알고 있었다. 내가 후보로 발표되었을 때, 많은 사람들이 내 선거사무실에 전화를 걸어 자원봉사자로 지원했다. 나는 많은 후보가 돈을 지불하고 얻었던 도움을 그런 식으로 얻었다.

내 선거책임자였던 빌 사비티노Bill Sabitino는 로마가톨릭 신부였다. 그는 무급으로 나와 함께 일하려고 프레몽트레회Norbertine order에서 휴가를 얻었다. 그의 조수인 폴 다피니Paul Daffinee는 나의 옛 학생이었으며, 선거원칙들에 대한 개인적 헌신 때문에 돈도 받지 않고 나를 도왔다.

언론을 상대한 사람은 내 아내 패기Peggy였다. 그녀는 그런 분야에 경험이 없었다. 하지만 그녀 자신이 뛰어난 작가였기 때문에, 그리고 사진작가로 봉사한 알란 팩Alan Peck의 도움을 받아서, 그 일을 탁월하게 해냈다. 그 선거구에는 30개가 넘는 주간신문이 있었다. 나는 매주 그들 대부분이 나의 출마를 알려주는 이야기를 사진과 함께 실었던 것을 확인할 수 있었다. 매주 일요일, 내가 그 선거구에서 설교할 때마다 패기도 참석했다. 집으로 오는 길에 그녀는 몇 가지 핵심적 이슈들에 대해 나와 인터뷰를 했고, 신문사들을 위해 기사를 작성했다. 그 기사들은 내가 언제 어디서 설교했는지 소개하면서 시작되었고, 계속해서 다음과 같이 사실을 명확히 밝혔다. "그의 습관처럼, 캠폴로 박사는 설교 도중에 정치나 그의 선거운동과 관련해서는 아무런 언급도 하지 않았다. 하지만 설교가 끝난 후 인터뷰에서, 그는 … 라고 말했다." 그 후에, 패기는 그 지역구 유권자들과 관련된 문제들에 대한 나의 생각을 첨가했다.

나의 경쟁자였던 현직 의원그는 참전론자였고, 매우 정직하고 열심히 일하는 사람이었다은 내 선거운동이 신문에 그토록 광범위하게 보도되는 것 때문에, 제정신이 아니었다.

현역 의원을 상대로 승리하려면 최소한 선거비용으로 6억 원 이상이 필요하다. 그렇게 엄청난 액수의 돈을 모아야 하기 때문에, 후보들은 쉽게 특수이익집단의 돈을 받는다. 이미 앞에서 논의했던 모든 위험에도 불구하고 말이다.

그러나 나의 선거운동에는 2,500만 원도 들지 않았다. 나는 개인후원금을 6만 원으로 한정했다. 선거비용과 관련해서, 나는 어떤 특수이익집단도 내게 손길을 뻗치지 못하게 하고 싶었다. 다 알다시피, 어떤 후보를 매수하는데 6만 원은 충분하지 않다.

내 선거운동은 대단히 효과적이었다. 비교적 적은 액수의 자금을 모았음에도 말이다. 우리의 자금은 정치에서 일반적으로 요구되고 기대되는 것에 비교하면, 정말 터무니없이 적었다. 그런 선거운동이 가능했던 것은 내가 자원봉사자들을 모집할 수 있는 매우 특이한 상황이었기 때문이다. 전형적으로, 우리처럼 그렇게 적은 비용으로 선거를 치르는 것은 가능하지 않다.

나는 선거에 졌다! 하지만 "투표일 밤 파티에서 실망의 기운은 거의 없었다. 그 선거구에서 유권자 등록수는 7대1로 공화당이 많았다. "독립적" 공화당원이었던 나는 어떤 정치전문가들이 상상하거나 예상했던 것보다 훨씬 잘 싸웠다. 나는 상대진영에 공포를 일으켰고, 더 중요하게, 선거운동을 통해 일반대중에 의해 논의될 필요가 있던 일군의 이슈들을 제기할 수 있었다.

그런 이슈들 중에는 선거비용문제도 있었다.

제도개혁

선거비용 문제는 그리스도인들이 정치에 대해 토론할 때나, 자신들의 정치적 관심사에 대한 책을 쓸 때 거의 제기되지 않는다. 하지만 내가 앞장에서 서술했듯이, 선거자금이 어떻게 충당되는가의 문제는 정부 안에서 정의가 이루어지도록 반드시 다루어야 할 이슈다. 만약 국회의원들이 당선되도록 자금을 제공한 특수이익집단들이 그들에게 어떤 압력을 행사하는지를 우리가 제대로 이해하지 못한다면, 우리가 성경에 근거한 관심사를 국회의원들에게 제시할 때, 왜 그들이 쉽게 우리를 지지하지 않는지도 이해할 수 없다.

닉슨 행정부를 붕괴시킨 스캔들 직후, 일군의 선거법개혁안이 법으로 통과되었다. 당시에 의회에 있던 사람들은 개혁을 지향한 어떤 법안에도 반대하길 두려워했다. 워터게이트 사건에 대한 대중적 분노가 너무 거셌기 때문이다. 개혁에 대한 어떤 반대도 임박한 선거에서 후보들에게 치명적 대가를 치르게 될 것이었다. 결과적으로, 개혁이 그 시대의 질서가 되었다. 후보들이 개인후원자들에게 받을 수 있는 기부금의 상한선이 정해졌다. 대통령에 출마하는 후보들의 재정을 정부가 지원하도록 방안이 마련되었다. 이런 것들은 후보들이 특수이익집단에게 신세질 필요를 줄이도록 고안된 것이다. 로비에 대한 제재도 마련되었다.

처음에는, 그 새로운 제도가 제대로 작동하는 것처럼 보였다. 그러나, 그들이 말하듯이 악마는 교활하다. 몇 년이 지나지 않아 새 법들 안에서 결함이 발견되었고, 특수이익집단들이 자신들이 옛날에 하던 짓, 즉 후보들의 당선을 위해 다시 돈을 뿌리는 방법을 찾았다. 실행되었던 개혁과 그 법을 피하고 싶었던 사람들이 그 개혁을 피하려고 찾아낸 교활한 방법들을 설명하려면, 또 한권의 책을 써야 할 것이다. 하지만 가장 일반적인 기술은 자신들은 특정 정당과 상관이 없고, 특정 후보를 지원하지도 않는다고 주장하는 새로 만들어진 조직에 돈을 투입하는 것이다. 그 후에, 상대편이 패배하도록 돈으로 텔레비전과 다른 매체 광고를 통해 불신을 조장하는 이슈나 이야기를 확산시킨다.

개혁법의 의도를 피해가는 또 다른 방법은 부자인 후보가 다른 사람들의 기부금을 받는 대신, 자신의 돈을 선거에 사용하는 것이다. 비록 이런 방법은 후보를 어떤 특수이익집단의 부당한 영향에서 자유롭게 만들어주지만, 그것은 보통 수준의 후보들에 비해 부자 후보들에게 유리하다. 선거개혁안의 의도는 모든 후보에게 평등한 선거환경을 마련하는 것이었다. 자신의 선거에 자신의 돈을 쓰는 것이 그런 개혁의 정신을 회피하는 또 하나의 길이 되었다. 후보들이 선거운동을 위해 사용할 수 있는 돈의 양에 한계를 정해야 한다.

나는 선거에 사용할 수 있는 돈의 양에 한계를 정하는 조치를 눈으로 보고 싶다. 내 사고방식으로, 이것은 공적 비용지원을 뜻한다. 나는 선거운동 기간을 제한하는 법률도 있어야 한다고 생각한다. 현행 제도를 보면, 끝도 없는 선거운동기간이 공직에 출마한 사람들에게 상상할 수 없이 많은 돈을 쓰게 만든다. 유권자들을 기진하게 만드는 것은 말할 것도 없다.

지금도 새로운 법안들이 제안되고 있다. 만약 법률로 제정되면, 공직에 출마하는 과정이 특수이익집단의 조작에 덜 흔들리고, 부자가 아닌 사람들도 더욱 쉽게 도전할 수 있을 것이다. 물론, 그것이 정착되려면 오랜 시간이 걸리겠지만 말이다.

개혁을 위한 국민투표

선거운동과 선거제도를 연구해 온 정치학자들은 변화의 가능성을 별로 믿지 않는 것 같다.[1] 이것은 그 제도를 개혁할 힘을 가진 사람들이 예전에 자신들의 당선을 가능하게 만들었던 제도를 별로 바꾸고 싶어 하지 않기 때문이다. 하지만 내 아들 바트Bart는 이런 역학을 뒤집을 다소 독특한 방안을 가졌다. 그는 우리가 선거제도와 관련된 법률들에 특별한 개혁을 요구하는 국민투표를 청원해야 한다고 제안한다. 이것은 현행 제도들을 있는 그대로 유지하고 싶어 하는 사람들의 손에서 개혁을 빼앗아, 일반대중의 손에 그 제도를 변화시킬 힘을 부여할 것이다. 나는 몇 명의 탁월한 정치학 교수들을 아는데, 그들 모두가 내 아들의 제안이 실제로 실천될 수 있는 소수의 선거법개혁안 중 하나라고 말한다.

우리 레드레터 크리스천이 그런 청원운동을 시작하면 어떨까? 그런 목표를 위해 함께 일하는 것은 한 가지 운동을 활성화하고, 우리 주장에 지원을 끌어 모으는 활동이 될 수 있다. 선거법개혁을 위한 우리의 노력은 비당파적이어야 한다. 참된 선거법개혁은 특정 정당을 선호하는 문제와는 상관이 없기 때문이다. 오히려 개혁은 모든 미국인에게 혜택을 주는 더욱 공정하고 개방된 선거과정을 창출해야 한다. 그런 노력에 참여하는 것은 우리 레드레터 크리스천이 공동선을 추구하는 한 가지 방안이 될 것이다.

미국선거과정에서 선거자금문제가 파생시킨 문제들을 극복할 또 한 가지 방법이 있다. 그것은 팻 로버트슨Pat Robertson의 대통령 선거를 위한 공화당경선 과정에서 실행가능하다고 입증된 한 가지 해법이다. 그는 특수이익집단의 볼모가 되는 길을 피하면서 자신의 선거운동을 치렀고, 우리는 그의 접근방법을 진지하게 관찰해야 한다.

의심의 여지없이, 그의 텔레비전 방송인 '700클럽' 700 Club을 통해 인 지도가 매우 높았던 것이 그에게 후보로서 매우 큰 이점이 되었다. 하지 만 그의 선거운동에는 그 이상의 것이 있었다. 그것 때문에 사람들은 그 의 대통령출마를 진지하게 받아들였고, 그것은 돈과 아무런 상관도 없 었다. 로버트슨 선거운동의 탁월함은 복음주의 공동체가 기대하는 정 치, 즉 성경적 가치를 추구하는 정치, 그리고 국가의 장래를 결정할 때 종교가 중요한 역할을 감당하게 만들고 싶은 열망에 호소함으로써 복음 주의 공동체의 상당 부분을 끌어들였던 그의 탁월한 능력과 직접적인 관계가 있었다. 전국에서그리고 아이오와 주 초기 전당대회에서 많은 그리스도인 들이 하나님을 미국의 정치적 토론 속에 모셔와, 미국을 성경적 원리 위 에 건설된 국가로 세우자는 그의 호소에 반응했다.

미국이 정치적으로 어떤 나라가 되어야 하는지에 대한 로버트슨의 견해에 대해 말하지는 않겠지만, 그가 어떤 특수이익집단의 볼모가 되 지 않은 채 선거운동을 효과적으로 진행할 가능성을 보여주었다는 점은 쉽게 이해할 수 있다. 그는 자신을 팔지 않고도 얼마든지 대통령에 출마 할 수 있다는 사실을 입증했다.

나는 로버트슨이 했던 일을 또 한 명의 레드레터 크리스천이 할 수 있 다고 확신한다. 돈에 좌우되는 기존의 선거제도를 피해 또 다른 대중운 동을 발전시키면서 말이다. 물론, 정치적 의제는 로버트슨이 주장했던 것과 많이 다를 것이다. 또한 미국의 장래를 결정할 때, 기독교 신앙이 담당할 역할에 대한 비전도 많이 다를 것이다. 그러나 그런 지도자는 정 치적 결정과정에 영향을 끼치는 돈에 대한 중요한 대안을 미국인들에게 보여줄 것이라고 나는 정말 확신한다. 그런 지도자는 당파정치를 초월 하고, 종교적 우파와 좌파 사이의 분열을 극복하려고 모든 노력을 다 할 것이다. 이것은 기존의 정치가들에게 신물 났고, 다른 드러머의 장단에 맞추어 행진하고 싶어 하는 젊은 세대에게 특별한 주목을 받을 것이다. 이런 지도자는 가난한 자들에 대한 관심을 지배적인 정치적 관심사로 만들 것이다. 그것은 삶의 모든 국면에서 그리스도인들의 마음과 정신에 큰 반향을 불러올 것이다.

선거법개혁과 선거운동자금을 위한 새로운 방법에 대한 절박한 필요 속에서, 나는 레드레터 크리스천이 하나님나라의 가치로 미국을 변화시키고 영향을 끼칠 기회를 발견한다.

19장
올바른 후보

성경은 꿈꾸는 자와 예언자가 없으면, 백성이 망한다29:18 참조고 말한다. 이 시대의 정치적 도전들에 직면하여, 우리에게 예언자 같은 후보들이 필요하다. 우리는 미국인들이 지상에서 하나님나라의 모델이 됨으로써 언덕 위의 빛이 되도록, 자기중심적·소비주의적 가치에서 미국인들의 시선을 돌릴 수 있는 사람들을 찾는다. 우리는 어떤 후보가 링컨기념관 계단에 서서 한 마틴 루터 킹 2세의 유명한 연설, "나에게는 꿈이 있습니다."I Have a Dream에서 제시했던 비전을 가장 잘 제시하는지 물어야 한다. 그것은 성경에서 제시하는 인간적 일치를 향해 분투하도록 미국인들을 자극했고, 우리가 독립선언서에 쓰인 가치들인 "'모든 사람은 평등하게 태어났고', '창조주는 몇 개의 양도할 수 없는 권리를 부여했으며'"를 실천하도록 초대했던 비전이었다.

히브리 예언자들은 동일한 정신을 공유한 환상가들이었다. 그들은 하나님이 원하는 평화와 복지의 세상을 꿈꾸었던 자들이었다. 변화된 사회에 대한 스가랴의 환상을 생각해 보라.

예루살렘 길거리에 늙은 남자들과 늙은 여자들이 다시 앉을 것이라 다 나

이가 많으므로 저마다 손에 지팡이를 잡을 것이요, 그 성읍 거리에 소년
과 소녀들이 가득하여 거기에서 뛰놀리라.슥8:4-5

비극적으로, 우리는 도시 노인들이 밤길에 다니길 두려워하고, 아이
들이 거리에서 뛰놀 때 안전하지 않은 시대에 산다. 스가랴 선지자처럼,
우리도 노인들이 미국도시에서 자신들의 집 앞 계단에 앉아, 자신들의
지팡이를 의지하여 아이들이 길가와 거리에서 노는 모습을 지켜볼 날을
고대한다.

같은 장에서 스가랴는 샬롬의 뛰어난 모델이 될 만한 환상을 우리에
게 제공한다. 그것은 "많은 성읍의 주민들"이 와서, 하나님이 모든 도시
와 국가를 위해 의도하신 모델을 보는 것이다.20-21절 그 선지자와 함께,
우리는 이 땅의 사람들이 우리 옷자락을 잡고, "하나님이 너희와 함께
하심을 들었나니 우리가 너희와 함께 가려 하노라"23절고 말하는 날을
꿈꾼다.

미국은 인류의 미래에 대한 최고의 희망이 되고자 하면서, 길을 잃은
것처럼 보인다. 정부가 거짓된 정책완곡하게 표현하면, "허위정보"을 만들지 않
았던 때, 군대심문관이 죄수들을 고문하지 않았던 때, 군인들이 헛되이
죽지 않았던 때, 적절한 법적 절차 없이 민간인사찰을 허용하지 않았던
때가 있었다. 우리는 그런 미국에 굶주려 있고, 우리가 그런 미국을 다
시 한 번 만들 수 있다고 믿는 후보들을 찾아내야 한다.

우리는 우리 자신에게 물어야 한다. 고려중인 후보가 상대를 공격함
으로써 자신의 표를 확보하는 분열정치를 추구하는가? 그 사람이 인종
간의 갈등을 부추김으로써, 혹은 동성애 혐오증에 호소함으로써, 아니
면 단지 몇 가지 이슈에 집중하고 다른 것들은 배제하면서 종교적 편견
에 호소함으로써 당선되려는 후보인가? 그런 후보는 멀리하고, 그들의

낙선을 위해 노력하라.

자기중심적 정치를 거부하라

미국인들은 9·11이후 계속 공포의 밥상을 받아 왔다. 우리는 우리에게 안전을 보장할 사람들을 당선시키는데 일차적 관심을 두도록 유도되어 왔다. 우리는 "우리의 적들을 제거하겠다"고 함으로써 우리에게 안전감을 약속하는 후보들을 찾는다. 그렇다고 해서, 국가안전이 중요하지 않다는 것은 아니다. 다만, 공포에 의한 정치는 우리를 우리 시민들과 세계의 다른 사람들을 위해 할 수 있는 엄청난 일에서 눈을 가리는 편집증 환자로 만든다. 공포에 휩싸여 투표하는 대신, 우리는 더 평화로운 세상을 만들 수 있다고 담대히 믿으며, 인류를 위해 위대한 사업을 시작할 의지를 지닌 후보들을 선택해야 한다.

60년대는 격동의 시절이었다. 그러나, 수많은 혼란에도 불구하고, 그 시절에는 많은 미국인들이 공포에 지배되기보다 꿈과 비전 속에 살아 있었다. 그 시절, 미국인들은 자신들이 빈곤, 전쟁, 불의가 없는 세상을 향해 전진할 수 있다고 믿었다. 리처드 닉슨Richard M. Nixon과 존 케네디John F. Kennedy가 대통령직을 놓고 경쟁했을 때, 각 사람은 미국이 위대한 업적을 이룰 수 있다고 도전했다.

그리고 일부 사회비평가들이 "자기중심주의 시대"라고 명명했던 70년대가 도래했다. 그 때는 미국인들이 대체로 이타적인 충동에서 돌아서서, 자기중심적 욕구에 집착하기 시작했다. 더욱더, 우리는 정부에게 오직 우리의 개인적 이익에 도움이 되는 것만 요구하는 사람들이 되었다. 물질적 만족이 우리의 동기를 점점 더 지배하게 되었고, 우리 대부분에게 그런 만족이 유일하게 중요했다.

이런 이기주의는 90년대까지 지속되었고, 빌 클린턴Bill Clinton이 당시 대통령이었던 조지 H. W. 부시George H. W. Bush에 대항해 출마했을 때에도 우리는 그것을 목격했다. 뉴잉글랜드의 한 주민회의에서, 청중석에 앉아 있던 사람들이 두 후보에게 질문할 기회가 주어졌다. 한 젊은이의 질문이 나를 매우 당혹스럽게 했다. "저는 스물한 살의 청년입니다. 올해는 제가 처음으로 대통령 선거를 위해 투표하는 해입니다. 제가 알고 싶은 것은 두 후보 중에 당선된 사람이 저를 위해 무엇을 해줄 수 있나요?"

나는 부시와 클린턴 모두가 전국의 유권자들뿐 아니라 그 청년에게, 각자가 젊은 유권자들에게 줄 수 있는 혜택을 경쟁적으로 약속하는 모습을 지켜보면서 크게 실망했다. 귀 기울여 들으면서, 나는 우리 미국인들이 존 케네디의 강력한 대통령취임연설에서 얼마나 멀리 벗어났는가를 생각했다. 그 연설에서, 그는 우리에게 "여러분의 나라가 여러분을 위해 무엇을 해줄 수 있는 지를 묻지 말고…여러분이 여러분의 나라를 위해 무엇을 할 수 있는지를 물으십시오!"라고 도전했던 것이다. 미국인들에게 자신들의 이타적 충동을 실천하도록 도전하는 정치에서 자기이익의 정치로 이동한 것이 그 순간 너무나 명백하게 드러났다.

우리는 이런 퇴행적·자기중심적 행보에 반해, 미국인들에게 더 높은 이상을 추구하도록 요청하는 후보를 찾아야 한다. 우리가 선택한 사람들은 우리를 이기적이기보다 관대하도록 자극해야 하고, 그들은 모든 사람이 공동선을 위해 자유롭게 일하는 세상을 만들겠다고 결단해야 한다.

레드레터 크리스천은 자유freedom를 단지 우리가 타인의 권리를 침해하지 않는 한, 우리가 원하는 것을 할 수 있는 권리로 이해해선 안 된다.

대신, 우리는 자유를 하나님이 하나님나라의 일부로서 우리 각자에게 의도하신 사람이 되지 못하도록 방해하는 일체의 세력들에서의 해방으로 이해해야 한다. 레드레터 크리스천이 된다는 것은 하나님이 허락하신 삶의 잠재력과 목적을 실현할 자유를 모든 인간에게 보장하는 정치를 추구하는 것이다. 이것은 단지 후보들이 우리를 위해 무엇을 할 수 있는가란 측면이 아니라, 그들이 모든 미국인에게 자신들이 열망하는 꿈을 준비하는데 필요한 교육과 기회를 제공하도록 무엇을 할 수 있는가란 측면에서, 우리가 후보들을 평가해야 한다는 뜻이다. 우리는 어떤 하도록 아이들이 하나님의 뜻에 따라 세운 자신들의 목적을 향한 성장의 핵심인 안전한 환경을 조성하기 위해 실천 가능한 계획을 만들고 실천해 왔는지를 스스로 질문해야 한다.

거듭났다는 것만으로 충분하지 않다.

미국정치는 유럽인들의 눈에 정상적으로 보이지 않는다. 대서양의 다른 편에서, 후보들은 좀처럼 종교를 언급하지 않는다. 이것은 미국과 완전히 대립되는 모습이다. 미국에서는 양당 후보들이 자신의 종교적 성향과 일치한다고 확신하는 유권자들에게 상당한 양의 표를 모을 수 있다는 사실을 잘 안다. 그런 목적으로, 선거 전에 상당한 양의 종교적 선전이 진행된다.

복음주의자들은, 자신들이 거듭난 체험을 했고 우리의 영적 공동체의 일원이라고 선언하는 후보들에게 표를 몰아주는 경향이 있다. 복음주의자들 내에서 특정 후보의 입지를 구축하려고, 그 후보의 영적 체험과 실천을 탐구한 책이 출판되어 기독교서점에 진열되는 것은 이제 일반적인 현상이다.

전설에 따르면, 일군의 성직자들이 에이브러햄 링컨에게 남북전쟁에서 승리하는 것이 하나님의 뜻이라는 확신을 주고자 백악관을 방문했다. 그때 링컨이 이렇게 대답했다고 한다. "내 관심은 하나님이 우리 편인가 하는 것이 아닙니다. 나의 가장 큰 관심은 하나님의 편이 되는 것입니다. 왜냐하면 하나님은 항상 옳으시기 때문입니다."

이런 종류의 겸손이 공직을 담당하는 사람들에게 필요하다. 너무 오만해서 정치문제에 대한 자신의 결정을 하나님의 뜻과 동일한 것으로 주장하는 것은 우상숭배에 가깝다. 나는 "가깝다"라고 말한다. 왜냐하면 어떤 결정은 매우 명백하게 성경적이라서, 어느 정도 확신 있게 만들어질 수 있기 때문이다. 하지만 심지어 그런 때에조차 우리는 신중하게 말해야 한다. 성경읽기는 일종의 해석의 훈련이기 때문이다. 그리스도인들이 성경을 잘못 해석했던 때가 있다. 많은 그리스도인들이 성경이 노예제도를 명백히 지지한다고 생각했던 때가 있지 않았던가? 한 후보가 하나님의 인도를 구하며 기도했다고 해서, 그 후에 내려진 결정이 반드시 하나님의 뜻이라고 할 수는 없다.

특정한 후보가 개인적으로 돈독한 신앙과 깨끗한 도덕성을 가질 수 있지만, 그 후보가 사회적 수준에서 그 나라와 세계의 가난하고 억압 받는 사람들에게 해를 끼치는 결정을 내릴 수도 있다. 그때 그들은 엄청난 악을 행하는 것이다. 비그리스도인 후보가 중요한 사회문제에 대해, 종교적으로 헌신되고 거듭난 후보보다 성경의 가르침에 더 일치하는 정치적 태도를 견지할 수 있다. 우리가 정직하다면, 우리는 그리스도를 믿고 정기적으로 경건생활을 실천하지만, 정부정책과 관련해 성경적 가치보다 정당에 끌려가는 후보들이 많다는 사실을 인정할 것이다. 이따금 개인적 도덕성은 나무랄 데가 없지만, 성경의 붉은 글자들과 일치하는 정치적 태도를 취하지 못하는 사람들이 있다.

실례로, 나치독일에서 히틀러를 지지했던 많은 사람들이 헌신된 그리스도인들이었고, 그들의 동족에 의해 "좋은 사람"으로 인정받았다는 충격적 사실을 기억하라. 신실하고 거듭난 그리스도인들 중에는, 20세기까지 지속된 인종분리정책을 지지했던 사람들이 있었다는 사실도 주목하라. 더욱 최근에는, 남아프리카에서 가장 헌신된 그리스도인들 중 일부가 인종차별을 지지했고, 넬슨 만델라Nelson Mandela를 적그리스도의 아바타로 간주했다. 종교적으로 신실한 사람들이 엄청난 잘못을 저지를 수 있다.

나는 수많은 후보가 유권자들에게 자신의 신앙을 공적으로 선언하는 것에 대해 문제 삼을 생각은 없다. 신앙적 헌신은 대단히 중요하다. 정기적으로 기도하고, 논쟁적인 이슈들이 성경적 관점에서 어떻게 결정되어야 하는지를 고민하는 후보는 동료 신자들에게 안도감을 준다. 물론, 그런 후보들의 종교적 선언이 얼마나 진정성 있는가에 대해 의문을 제기하는 냉소적인 사람들도 항상 존재하지만, 그런 후보가 정치적 결정을 내릴 때 하나님을 진지하게 생각하고 하나님의 인도하심을 구할 것이란 점을 우리는 인정해야 한다.

다만, 걱정되는 것은 신앙의 공적 선언만으로 우리 표를 가져갈 자격이 충분하다고 우리를 확신시키려는 그들의 경향이다. 어떤 사람이 하나님의 뜻을 구했다고 해서 그가 그 뜻을 찾을 것이라는 보장은 없다. 결정을 내릴 때, 많은 영향들이 작동한다. 우리 각자의 일에도 그렇지 않은가? 심지어 기도한 후에도, 우리는 얼마나 자주 혼돈 속에 남아 있는가? 우리가 해야 한다고 느끼는 것이 정말 하나님의 뜻인지, 아니면 우리 자신의 잘못된, 혹은 위장된 뜻인지를 확신하지 못한 채 말이다.

도덕성의 필요

여기서 말한 것을 정치권력을 장악한 사람의 삶에서 개인적 도덕성의 중요성을 폄하한 것으로 간주해선 안 된다. 우리는 개인적 도덕성이 한 국가의 운명에 어떤 영향을 끼치는지, 성경에서 이스라엘의 왕들을 살펴보면 충분히 알 수 있다. 이런 현실은 다윗 왕의 통치에서 발견할 수 있다. 즉, 개인적 차원에서 그의 도덕적 실패는 이스라엘에 치명적 결과를 가져왔고, 자기 백성을 섬기는 능력에도 크게 해를 입혔다. 한 후보의 개인적 삶의 통전성은 그가 공적 영역에서 기능하는 방식과 대단히 밀접하게 관련된다.

정부의 부패가 제거되길 원한다면, 좋은 성품의 후보들이 공직에 진출해야 한다. 정부의 부패는 너무나 많은 미국인들이 정치에 환멸을 느끼도록 만들었다. 정실인사, 매수, 그리고 사회적으로 파괴적인 파벌주의가 정치적 신임을 받은 사람들 안에 만연한 것처럼 보인다. 한편으로, 나는 대부분의 정치인들이 정직하고 나라를 잘 섬기려고 최선을 다한다고 정말 믿는다. 일부의 부패가, 특히 그들이 정부의 최고 자리에 있을 때, 선출된 공직자들 모두에 대한 대중적 신뢰를 무너뜨린다. 우리를 이끌도록 선출된 사람들이 시민들의 신뢰를 잃을 때, 미국은 불안정해지고, 선을 행할 정부의 능력도 크게 위축된다. 그러므로 한 후보의 정직과 도덕성은 철저히 검토할 필요가 있다.

"결정하지 않는 것은 결정하는 것이다"

당신이 투표소에 들어설 때, 투표용지에 올라 있는 어떤 후보도 당신의 기대치에 부합하지 않을 개연성은 높다. 당신이 믿기에, 선거에서 고려되는 중요한 도덕적 이슈들을 모두 구현하는 사람 말이다. 하지만, 언젠가 프랑스 철학자 장 폴 사르트르Jean-Paul Sartre가 말했듯이, "결정하지 않는 것은 결정하는 것이다." 포커처럼, 정치에서도, 당신은 당신에게 주어진 카드로 게임을 해야 한다. 많은 그리스도인들이 그랬던 것처럼, 간단하게 정치에서 멀어지는 것이 하나의 선택사항은 아니다.

우리가 소중하게 생각하는 가치들에 헌신한 충분한 수의 후보들을 찾을 수 없다면, 우리가 믿을 수 있는 사람들을 찾아내는 것은 나와 당신 같은 사람들에게 달린 일이다. 우리는 선출된 공직자들이 갖추어야 할 가치와 성품을 지닌 사람들을 찾아, 그들이 후보자로 출마하도록 압력을 가해야 한다.

우리의 많은 지도자들은 마키아벨리적 실용주의자들이었다. 그런 종류의 지도력 때문에, 미국이 1953년에 이란에서 민주적으로 선출된 정부를 전복시키고, 미국의 해외정책에 우호적인 정권을 세웠던 것이다.[1] 미국 대통령이 내린 그런 결정은 이란인들이 미국을 "위대한 사탄"the Great Satan이라고 명명하고 그들의 태도를 적대적으로 만든 것의 일차적 원인이었다. 우리의 대통령 중 또 다른 사람이 내린 결정은 1973년에 칠레에서 민주적으로 선출된 정부를 전복시켰다. 그것은 오늘날까지 라틴 아메리카 전역에서 지속되는 우리나라를 향한 공포와 적대감을 만들어냈다.[2] 정의justice는 광범위한 함의를 지닌 개념이다. 따라서 우리는 도덕성을 갖고 정의를 추구하는 넓은 안목을 갖춘 사람들을 선택해야 한다.

선거일에 결정과정에 참여하길 거부하는 것은 우리나라뿐 아니라 세계에 영향을 끼치는 도덕적 결정을 다른 사람들이 내리도록 방치하는 것이다. 레드레터 크리스천은 반드시 투표해야 한다. 만약에 우리가 깨끗한 양심으로 지지할만한 후보가 정말 없다면, 투표용지에 없는 후보 이름을 "기입"하는 것이 우리 신념을 표현하는 한 가지 방법이 될 수 있다.

　제1장에서 살펴보았듯이, 영국의 정치적 대부 에드먼드 버크Edmund Burke는 이렇게 말한 적이 있다. "악이 승리하도록 필요한 것은 선한 사람들이 아무 일도 하지 않는 것이다." 정치에 참여하지 않는 것은 무책임한 것이다. 이곳이야말로 우리가 성경적 원칙에 대한 우리 이해를 실천하는 일차적 현장이다. 우리 신앙을 점검하고, 실제 세상의 모호함과 우리 정신이 씨름하도록 만들면서 말이다.

　이슈들을 철저히 검토하라! 유권자들이 직면한 관심사에 대해 성경이 당신에게 무슨 말을 해주는지 곰곰이 생각해 보라! 투표하지 않는다면, 당신은 오직 다른 사람들이 내린 결정의 희생양이 될 것이다. 만약 이 책이 임박한 선거의 결정과정에 당신이 참여하도록 용기를 준다면, 이 책을 쓴 보람이 있을 것이다.

결론적 관점들

20장

하늘에서 이루어진 것처럼
땅에서도 이루어지길

나는 자주 이런 질문을 받는다. "당신은 어떻게 현재의 견해를 갖게 되었나요? 당신은 진정한 복음주의자처럼 설교합니다. 하지만 당신이 정치적 견해를 표현하면 당신은 사회적 자유주의자가 됩니다."

언제나 그런 질문은 지난 50년간 나의 세계관을 형성시킨 사람들과 상황들을 돌아보게 만든다. 내가 오늘날 "종교적 우파 옹호자"라고 불리는 사람에서, 여전히 신학적으로 보수적이지만, 사회적으로 진보사상을 수용한 사람으로 바뀌는데 오랜 시간이 걸렸다.

내 여정은 작지만, 훌륭한 몇몇 교회들에서 목회했던 시절에 시작되었다. 나는 막 20세가 되었을 때 목회를 시작했고, 목회 초창기에는 러시 림보Rush Limbaugh가 좋아했을 만한 정치적 보수주의자였다. 그 시절에, 나는 미국을 기독교국가로 만드는데 몰두했고, 세계교회협의회와 미국교회협의회, 그리고 내가 속한 미국침례교회의 진보적 경향에 의심을 품고 있었다. 이것은 내가 「리더스 다이제스트」Readers' Digest에서 읽은 기사들을 믿었고, 내가 좋아하는 설교자들에게 이 세 기구가 사회주의 사상에 친근감을 느끼며 자유주의 신학에 물들었다고 들었기 때문이

다.1)

내 생각의 중요한 변화들이 60년대 후반과 70년대 초반에 발생했다. 그 시절에 나는 교회에서 학교로 자리를 옮겼다. 운이 좋게도, 이스턴침례대학교Eastern Baptist College와 저명한 아이비리그 학교, 펜실베이니아대학교University of Pennsylvania에서 자리를 얻었다. 두 학교 학생들은 당시의 사회운동에 열정적으로 참여했다. 마틴 루터 킹 2세가 미국인들에게 한 독립선언서와 헌법에 명시된 고귀한 가치들에 반대되는 삶을 멈추라는 호소는 그들의 마음과 생각을 사로잡았다. 그리고 윌리엄 슬로언 코핀William Sloan Coffin은 이렇게 점점 더 반문화적이 되던 세대에게 베트남 전쟁에 반대하라고 도전했다.

사회학 교수로서, 나는 이 문제들을 수업시간에 다루지 않을 도리가 없었다. 그리고 질문의 여지없이, 이런 토론들이 내 생각을 변화시켰다. 학생들이 제기한 질문들 때문에 나는 그때까지 내가 "기독교적 세계관"이라고 생각하며 체계화하고 정리했던 모든 것을 다시 생각하고 재평가했다. 나는 처음으로 나의 민족주의를 기독교윤리의 토대를 제대로 이해하지 못하도록 막았던 유사종교로 인식했다.

나에게 최초로 발생한 사고방식의 주된 변화는 시민권운동과 함께 찾아왔다. 정치적으로 보수적인 나의 교회친구들이 마틴 루터 킹 2세에게 폭언을 퍼붓고 분노를 폭발시켰을 때, 그리고 지배적인 사회질서를 정당화하려고 노력했을 때, 내 학생들은 나에게 도전해서 내가 사회적 평등에 대한 모든 장애물을 제거하라는 성경적 가르침에 직면하게 만들었다. 나는 갈라디아서 3장 28절에 따라, 다른 인종, 성, 사회계급 사람들이 하나가 되는 신인류를 인정하라고 부름 받았다는 사실을 더 이상 부인할 수 없었다. 나는 그리스도 안에서 우리를 향한 하나님의 뜻이 모든 사람을 위한 하나님의 뜻이라는 사실을 더 이상 의심할 수 없었다.

내가 정말 존경했고, 잘 알았던 일부 그리스도인들이 내게는 명백하게 성경적 교훈으로 보였던 것에 의문을 제기하고, 킹과 그가 이끌었던 인종적 평등을 위한 운동을 비난했을 때, 나는 정말 충격을 받았다. 그들의 정치이념 때문에, 내가 믿기에 성경적으로 규정된 정의를 그들은 수용할 수 없었다.

내가 시민권운동 때문에 미국사회의 견고한 인종주의적 관행들에 도전할 때, 베트남전쟁이 격화되었다. 다시 한 번, 학생들의 질문들이 나의 전제에 도전했다. 그 질문들은 나에게 그 전쟁을 지지하도록 미국인들에게 요청했던 정치적 수사학 이면에 무엇이 놓였는지 검토하고, 그 후에 그런 사실들이 옛 프랑스 식민지에서 우리 군사작전을 정당화하는지도 결정하게 만들었다. 나는 우리나라 지도자들이 1948년에 베트남에서 자유선거를 보장하겠다는 약속을 지키지 않았다는 사실을 알고 혼란스러웠다. 그 선거에서 공산주의자인 호치민이 쉽게 승리할 것을 그들이 잘 알고 있었기 때문에 말이다.[2] 또한 우리나라가 베트남 사람들에게 자신들의 운명을 결정할 권리를 보장한 1954년 제네바협정을 지키려 하지 않았다는 사실을 알고 난 후, 더욱 환상이 깨졌다.[3] 전쟁의 공포가 점점 더 알려지면서, 베트남에서 미국 활동의 도덕성에 대한 질문들이 나를 극도로 화나게 만들었다. 내 학생들은 그만두지 않았다. 내가 반전활동가가 되는 것은 시간문제였다.

펜실베이니아대학교에서, 나는 지금까지 가장 이상한 반전집회 중 하나로 간주될 수 있는 것을 조직했다. 학생들이 연좌시위를 감행하고 다른 캠퍼스에서 건물들을 훼손하는 동안, 펜실베이니아대학교 학생들은 학교 잔디밭에서 종교간 "기도회"를 개최했다.

내가 가르쳤던 이스턴대학교에서, 학생들은 나와 함께 필라델피아의 심장부를 향한 15마일의 항의행진에 참여했다. 거기에서 우리는 커다란

퀘이커회당 앞에 모여 평화를 위해 기도하고, 필라델피아 지역에서 온 여러 종교지도자들이 그리스도인으로서 우리가 전쟁에 반대해야 할 의무에 대해 연설하는 것을 들었다.

사회학과 교육 분야에서, 이 시절을 통해 내가 체험한 것은 프락시스praxis라고 불린다. 프락시스는 우리의 사고가 우리 행동에 영향을 끼치는 만큼, 우리 행동이 우리 사고를 조건 짓는다고 제안하는 학습이론이다. 그것은 행동doing의 맥락에서, 지적 반성이 우리 의식을 형성한다는 믿음이다. 시민권운동과 반전운동을 통해 행동의 맥락에서 나의 반성은 정치와의 관계에서 나의 믿음에 대해 달리 생각하도록 만들었다.

나의 지속된 학습: SPEAK

나는 교육자로서 경력 초기부터 학생들의, 특히 자신의 신앙을 행동으로 전환할 준비가 된 사람들의 영향을 계속 받아왔다. 거의 십여 년 동안, 나는 SPEAK라고 불리는 영국 복음주의 학생그룹의 강력한 지원자였다. 이 단체는 내가 무시했을 수도 있었던 이슈들에 대해 질문을 제기해 왔다. 그들이 현재 던지는 질문들은 모든 곳의 그리스도인들 마음에서 제기되어야 하는 몇 가지 국제적 이슈들에 대해 내가 민감해지도록 만들었다.

지금, SPEAK 회원들은 영국정부가 공정무역정책을 실행하도록 압력을 가함으로써, 개발도상국의 가난한 자들을 열심히 돕는다. 그들은 국제무역을 지배하는 규칙과 법률들이 부당하게 선진국들에게 혜택을 줌으로써, 세계의 빈곤 국가들에게 해를 끼친다고 지적한다.

내가 이 학생들을 통해 무역구조의 불평등에 대해 배우면서, 나는 공정무역이야말로 레드레터 크리스천이 관심을 가져야할 미국의 정치적 이슈라고 믿게 되었다. 공정무역을 지지하는 것은 논쟁을 야기한다. 우리 정부가 지지하는 무역정책들이 어떻게 개발도상국의 국민을 가난하게 만드는지 제대로 이해하지 못한다면, 상업세계에서 하나님의 정의를 위해 일할 수 없다.

전직 대통령 클린턴과 부시 모두 자유무역정책의 옹호자들이다. 간단히 말한다면, 이런 정책들은 가능한 한 수입상품의 가격을 상승시키는 보호관세를 설정하지 말아야 한다고 제안한다. 예를 들어, 만약 한 중국 회사가 동일한 상품을 생산하는 미국 회사들이 설정한 가격보다 낮은 가격으로 자신의 상품을 우리나라에서 팔더라도 미국은 중국 수입품에 세금을 징수할 수 없다. 그러면 중국제품의 가격이 너무 비싸져서, 우리 제품과 경쟁할 수 없기 때문이다. 역으로, 미국이 미국제 컴퓨터 소프트웨어를 독일에서 팔고 싶다면, 베를린에 있는 독일 정부도 독일 시장에서 우리 소프트웨어가 경쟁력이 없도록 만드는 세금을 징수할 수 없다.

이 모든 것이 시장에서 개방적 경쟁을 허용하는 자유기업체제를 믿는 우리에게는 공평하고 정당해 보인다. 결국, 자유기업의 경쟁은 우리가 최저가격으로 최고 제품을 구입하도록 보장하지 않는가? 한 외국기업이 우리나라에서 만들어지는 것보다 더 좋은 제품을 더 낮은 가격으로 생산한다면, 정부가 보호관세를 제정하지 못하도록 막는 것이 구매자들에게 이익이지 않을까?

처음에는 공정해 보이는 것이 우리가 세상에서 실제로 벌어지는 일을 더욱 충분히 이해할 때, 훨씬 더 부당해 보인다. 예를 들어, 농산품에 대해 생각해 보자. 우리는 이미 농산물 사업에 관련된 특수이익집단들이 특정한 국회의원들의 선거운동에 어떤 식으로 자금을 대는지, 그리고 어떻게 미국 농부들이 매년 수조 원의 정부보조금을 받는지 살펴보았다. 하지만 대부분의 개발도상국 정부들은 우리나라 정부처럼 자기나라 농부들에게 보조금을 지불할 재정 능력이 없다. 이것이 많은 가난한 나라들에서 의미하는 것은 보조금을 받은 미국 농산품들이 수입되어, 자국 농부들이 설정한 것보다 낮은 가격으로 판매될 수 있다는 것이다. 어떤 곳에서는 미국의 밀, 쌀, 목화가 너무 낮은 가격으로 판매되어, 가난한 나라의 농부들이 농사를 포기하고 있다. 그리고 대부분의 개발도상국들이 아직 산업화를 이루지 못했다는 사실을 고려할 때, 그런 나라에서 농부들에게 피해를 주는 것은 정말 부당하다. 수입을 위한 다른 대안이 거의 없는 수천 명의 가난한 농부들이 매년 농사를 그만둔다.[4]

그런 현실을 고려할 때, 많은 젊은이들이 세계무역기구the World Trade Organization 회의에 나타나서, 국제상업에서 자유무역의 폐해를 줄이려고 공정무역을 요구한다. 이 학생들의 말에 따르면, 공정무역은 가난한 나라가 수입품의 가격을 올리고, 자국인이 생산한 상품과 제품에게 경쟁할 기회를 제공하는 보호관세를 실시하도록 허용할 것이다. 동시에, 공정무역은 미국 같은 선진국들에 의한 수입세 제정을 금지시킬 것이다. 수입세 때문에, 개발도상국들은 자국 제품을 잘사는 나라에서 팔기 어렵다.

공정무역 옹호자들은 거대한 구매력을 통해 코스타리카 같은 지역에서 가난한 농부들이 생산하는 커피콩 가격을 통제하는 대기업들을 다루고 싶어 한다. 10년 전에, 커피농부들은 하루에 9천 원을 벌 수 있었다. 오늘날 그들의 수입은 절반으로 떨어졌다.[5] 오늘날 미국 전역에서 많은 사람들이 공정무역 커피를 팔지 않는 커피숍을 애용하려 하지 않는다. 공정무역커피란, 공정하게 콩 값을 받은 농부들이 생산한 커피를 말한다.

내가 처음으로 공정무역 이슈에 관심을 갖도록 만들었던 영국의 SPEAK학생운동은 현재 미국으로 확장되고 있다. 그들은 내가 은퇴교수로 있는 이스턴대학교에도 중요한 지부를 설치했다. SPEAK의 이 지부는 북아일랜드와 이스라엘에서 평화운동을 통해 엄청난 일을 해냈다. 최근에는, 그들이 이곳 미국에서 기독교와 이슬람 간의 관계를 향상시키려고 힘쓰고 있다. 이런 노력들의 결과, 그들은 어떻게 미국정부가 모든 미국인의 안전을 도모하면서도, 미국 안의 이슬람공동체와 관계를 맺는지에 대해 관심을 갖게 되었다. 그들의 관심은 나의 관심이 되었다. 다시 한 번, 내 학생들이 나의 선생님이 되었다.[6]

미국애국자법에 대한 단상들

이것은 내가 미국애국자법에 대해 몇 가지 질문을 던지게 만든다. 이 법은 쉬운 답을 허용하지 않는다. 대법원장의 요구로 발의되어, 2001년 10월에 부시 대통령이 서명하여 법률로 제정된 이 법은 많은 자유주의자들에 의해 권리장전을 위반한 것으로 간주되었다. 다른 한편, 대부분의 보수주의자들은 애국자법이 테러와의 전쟁 중 미국을 보호하려면 절대적으로 필요하다고 생각한다.

애국자법에 대한 반대 중, 그것이 위헌적인 사생활침해를 허용한다는 주장이 있다. 그 법아래서, 정부는 법원의 명령 없이 미국시민들의 전화통화를 도청함으로써 그들을 감시하는 권한을 갖게 되었다.[7] 현재 상황에서 이런 감시는 "큰 형님"께서 개인적 대화까지 듣고 계신다는 의식을 갖게 한다. 연방법은 우체국 직원들이 수상한 우편을 받는 사람들에 대해 보고하도록 지침을 하달한다.[8] 오직 이것은 전체주의 국가에서

나 있을 법한 일이다. 아마도 가장 당혹스러운 것은 애국자법 아래서 우리 정부는 심문도 없고, 적절한 법률적 자문도 받지 않은 채, 그리고 그들이 어디 있는지 가족에게 알리지도 않은 채, 사람들을 무한정 비밀감옥에 가둘 수 있다는 것이다.[9]

　나는 정부요원들이 이슬람 모스크에서도 스파이 활동을 해왔다는 사실을 알고 특히 당혹스러웠다.[10] 이것은 소련이 전체주의적 공산정권 아래 있던 시절의 스파이 정책과 소름끼치도록 유사하다. 현재 북한정권과도 별반 다르지 않다. 당신은 그런 나라들을 방문한 그리스도인들이 예배드릴 때마다 정부가 감시했다는 보고를 들었을 때, 그리고 그리스도인들이 정치적으로 전복적이라고 해석할 수 있는 말이나 행동때문에 체포되었다는 보고를 들었을 때, 무척 놀랐을 것이다.

　나는 수정헌법 제1조에 보장된 미국의 종교자유가 애국자법에 의해 위협 받는 것은 아닌지 의아하다. 다음에는 교회에서 이라크 전쟁 같은 미국 정책에 대한 비판적 설교가 체제전복적일 수 있는지를 정부가 조사하면서, 설교자들을 감시하지 않을까? 무신론자이자 실존주의자인 프레드릭 니체Frederick Nietzsche는 언젠가 레드레터 크리스천이 생각해보면 좋을만한 말을 한 적이 있다. "용과 싸울 때, 당신이 용이 되지 않도록 조심하라!" 전체주의인 적들, 즉 급진적 테러리스트들과 싸우다 우리 자신이 전체주의자가 되는 것은 아닐까?

　애국자법에 도전하는 사람들이 제기하는 질문에 대한 반박들은 "테러와의 전쟁"이 우리가 이전에 싸웠던 어떤 전쟁과도 다르다는 기본적 주제를 둘러싸고 결집한다. 현재 우리가 당면한 현실을 전혀 예측할 수 없었다는 헌법제정자들의 소리를 우리는 자주 듣는다. 워싱턴의 고위 공직자들 중 현 상황에서는 권리장전을 수정할 필요가 있다고 말하는 사람들도 있다.[11] 테러리스트들이 끔찍한 범죄를 저지른 후에는, 우리가 제대로 대처할 수 없다고 그들은 말한다. 때문에, 우리는 누가 테러리스트인지 밝혀내고, 그들이 테러를 저지르기 전에 처리해야 한다. 수천 명의 목숨이 위태로울 수 있다는 이런 현실 때문에, 미국정부가 기존의 법과 관행에 반대되는 정책을 옹호한다. 한 가지 적절한 예로, 과거의 미국정책에서 고문은 역겨운 것으로 간주되었다. 하지만 테러리스트를 고문하는 것이 미국정부에게 사람들의 목숨을 구할 정보를 제공한다면 어떻게 될까?

나에게 가장 낯선 것은 그리스도인들이 대체로 상황윤리를 비난하는 것이다. 우리는 자주 옳고 그름의 절대성은 결코 훼손될 수 없다고 말한다. 그러나 현재 우리나라에 만연한 공포 분위기 속에서, 우리 중 어떤 이들은 상황윤리를 유감스럽지만, 필요한 작업방식modus operandi으로 받아들일 준비가 되어 있다. 이것은 대단히 일관성이 없는 것이다. 우리는 개인적으로 인격적 하나님을 거부했던 미국의 시인이자 철학자, 랄프 왈도 에머슨Ralph Waldo Emerson에 암묵적으로 동의하고 있음을 시인해야 한다. 그는 일관성이란 소심한 자들의 망령the hobgoblin of little minds이라고 말한 적이 있었다.

애국자법에 대한 찬반양론이 레드레터 크리스천을 혼란스럽게 만들 수 있다. 우리는 소명에 충실하면서, 그 함의들을 깊이 생각해야 한다. 다시, 빌립보서 2장 12절을 기억할 필요가 있다. 이 본문은 우리에게 날마다 두려움과 떨림으로 우리의 구원을 이루라고 일깨워준다. 이 문제에 대한 우리 생각이 어떻든지, 공직에 출마하는 사람들에게 애국자법이 지속되어야 하는지, 폐지되어야 하는지, 아니면 변경되어야 하는지 물어봐야 한다. 만약 그들의 대답이 그 법을 수정하는 것이라면, 그 사람은 자신이 원하는 변화에 대해 구체적으로 밝혀야 한다.

하나님나라와 정치적 풍경

관심을 받아야 하지만, 여기서는 충분히 다룰 수 없는 다른 정치적 이슈들도 있다. 예를 들어, 정부가 줄기세포 연구를 후원해야 하는지에 관한 문제도 정치적 토론에서 점점 더 두드러진다. 어떤 그리스도인들은 인간배아가 영적 존엄성을 지닌, 하나님의 거룩한 피조물이라고 강력히 주장한다. 다른 이들은 어떻게든 파괴될 배아를, 파킨슨병이나 알츠하이머 같은 질병들을 치료하는데, 혹은 하반신마비와 사지마비 환자들이 전신을 충분히 사용하도록 회복시키는데 사용된다면, 그냥 낭비하는 것은 잘못이라고 주장한다. 정치적 풍경이 급속히 바뀌기 때문에, 기독교 윤리학자들이 찬성과 반대로 싸우는 동안, 다음 선거에서 이것이 중요한 쟁점이 될 수도 있다.

다른 한편, 당신이 이 책을 읽을 무렵, 여기서 다룬 몇 가지 쟁점은 과거 이야기가 될 수도 있다. 하지만, 성경에 대한 개인적 이해를 바탕으로 정치에 대해 숙고하는 나의 방법이 오늘날 절박한 정치적 이슈들에 대한 여러분의 기독교적 관점을 발전시키는데 도움이 되길 바란다.

레드레터 크리스천은 다른 돈독한 그리스도인들과, 심지어 서로 간에도 의견이 다를 수 있다. 정치적 견해가 다른 그리스도인들 사이에서 우리가 하나님 백성으로 살고 싶다면, 심지어 그것을 확장하고 싶다면, 몇 가지 공통된 규칙이 있어야 한다. 내가 학생들에게 사회적 이슈들에 대한 내 견해를 재고하도록 도전 받았을 때, 역으로 나는 그들의 견해가 다른 사람들과 어떻게 관계를 맺는지에 대해 깊이 생각하도록 도전했다.

첫째, 나는 그들에게 말한다. 우리는 우리와 생각이 다른 사람들을 매도하거나 악마로 규정하는 짓을 피해야 한다. 자유주의적 정치사상을 가진 그리스도인들이 종교적 우파에 속한 사람들을 "파시스트"라고 부르는 것은 큰 잘못이며, 정치적 보수주의자들이 좌파적 성향의 사람들을 "공산주의자"라고 부르는 것도 똑같이 잘못이다. 예수 자신이 그런 비방을 비판한다.마5:22

둘째, 어떤 정치적 쟁점에 대해 태도를 취할 때, 우리는 우리가 틀릴 수도 있다는 가능성을 염두에 두어야 한다. 지난 시절을 돌이켜 볼 때, 나는 특정한 이슈에 대해 대단히 확신했지만, 결국, 내가 완전히 틀렸던 때도 많았음을 기억한다. 양측 사람들이 반대 관점에도 진리가 있을 수 있다는 가능성을 염두에 두지 않는다면, 정치적 이슈에 대한 진정한 대화는 이루어질 수 없다. 우리가 이런 겸손함으로 대화에 접근하지 않는다면, 결국 기운, 열정, 시간이 다 소진될 때까지 서로에게 소리를 지르게 된다.

나는 낙태 문제에 대해 정반대의 견해를 가졌던 두 여인을 안다. 한 사람은 낙태를 찬성하는 단체 '플랜드 페어런트후드' Planned Parenthood 를 위해 일했고, 다른 사람은 로마가톨릭의 '위기임신상담센터' 에서 일했다. 하지만 그들은 서로에게 욕하는 대신 서로에게 말하고 배울 만큼 충분히 겸손했다. 낙태를 찬성하는 여인은 생명의 신성함에 대해 더욱 깊이 인식하게 되었고, 낙태를 반대하는 여인은 여자들이 낙태를 선택할 때 경제적 요인들이 얼마나 큰 영향을 끼치는지, 그리고 강간이나 근친상간으로 말미암은 임신들이 낙태를 찬성하는 자신의 친구에게 어떻게 보이는지에 대해서도 이해하게 되었다.

셋째, 우리는 공통분모를, 혹은 내 친구 짐 월리스가 말하듯이, "더 높은 근거"를 찾도록 노력해야 한다. 차이들에도 불구하고, 그리스도인들의 공통된 관심사도 많다. 많은 레드레터 크리스천이 월리스의 '콜투리뉴얼' Call to Renewal 운동에 합류했다. 이 운동은 다양한 정치적 스팩트

럼을 지닌 그리스도인들을 모아, "빈곤을 과거의 일로 만들도록" 함께 노력한다. 콜투리뉴얼은 그리스도인들이 더 높은 토대 위에서 함께 전진할 때 성취될 수 있는 좋은 예다.

대부분의 그리스도인들은 정치가 너무 심각해서 정치인들의 손에 맡겨야 한다고 주장할 것이다. 그러나 우리는 하나님이 우리 모두가 우리 나라와 세계의 운명을 결정하는 과정에 대해 책임지게 하신다는 사실에 동의해야 한다. 결국, 우리는 다음 두 가지 질문에 대한 대답에 따라 심판 받을 것이다. 즉, 너는 나에 대해, 그리고 내가 제공한 구원의 방법에 대해 어떤 결정을 내렸느냐? 그리고 너는 내 나라가 하늘에서처럼 땅에서 이루어지도록 무슨 일을 했느냐?

오직 하나님나라가 이 땅에 이루어지는 곳에 가난하고 억압받는 자들, 즉 우리 중 어떤 이들을 위한 정의가 존재할 수 있다.

제1장 누가 레드레터 크리스천인가?

1) "Quality of Life: Hunger", Global Energy Network Institute, 7/12/07 (http://www.geni.org). 또한 "Hunger Facts", Compassion International (http://www.compassion.com).

2) Anup Shah, "U.S. and Foreign Aid Assistance", Global Issues (http://www.globalissues.org).

3) "U.S. and World Population Clocks", U.S. Census Bureau, 9/11/07 (http://www.census.gov).

4) Ben Somberg, "The World's Most Generous Misers", FAIR, 10/05 (http://www.fair.org).

5) "Camden City 2003", CAMConnect, 3/03 (http://www.camconnect.org).

6) CAMConnect, Camden Facts, Demographics 2006 (http://www.camconnect.org).

7) Medline Plus, 뉴저지 주 캠든에서 25 마일 내에 응급실 서비스를 갖춘 병원들 (http://apps.nlm.nih.gov).

8) "2003 Unifor Crime Report", New Jersey State Police, 2003 (http://www.state.nj.us).

9) Ibid.

10) Ibid.

11) Iver Peterson "A Mayor's Fateful Journey from Camden's Streets to Jail; Caught Up in the City's Tangle of Corruption", *The New York Times*, 2001년 1월 3일 (http://www.query.nytimes.com).

12) Tom Knoche, *Common Sense for Camden: Taking Back Our City* (Camden, N.J., 2005), pp. 25-27.

13) Ibid., p. 6.

14) Ibid., p. 7.

15) "The Number of Uninsured Americans Is at an All-Time High", Center on Budget and Policy Priorities, 8/29/06 (http://www.cbpp.org/8-29-06health.htm).

16) Jeanne Sahadi, "CEO Pay: 364 Time More Than Workers", CNN Money, 8/29/07. 또한 "CEO Paycheck: $42,000 a day", CNN Money, 6/21/2006 (http://money.cnn.com).

17) 뉴욕 주 카파쿠아에서 빌 클린턴 대통령과의 개별 인터뷰.

18) "Number in Poverty and Poverty Rate: 1959 to 2005", U.S. Census Bureau (http://www.census.gov).

19) Stephanie Armour, "Homelessness Grows as More Live Check-to-Check", *USA Today*, 8/12/03 (http://www.usatoday.com).

20) "Background and Statistics", National Coalition for Homeless Veterans (http://www.nchv.org).

21) NCH Fact Sheet #2, "How Many People Experience homelessness?" National Coalition for the Homeless, August 2007 (http://www.nationalhomeless.org).

22) "Deforestation Exacerbates Haiti Floods", *USA Today*, 9/23/2004 (http://www.usatoday.com).

23) "The Relationship Between Drought and Famine", Food and Agriculture Organization of the United Nations (http://www.unu.edu).

제2장 정치에 대한 성경적 접근

1) Hendrik Berkof, *Christ and the Powers* (Scottdale, PA: Herald Press, 1977), pp. 18-26.

2) Max Weber, *The Theory of Social and Economic Organization*, translated by A. M. Henderson and Talcott Parsons (New York: The Free Press, 1965), p. 152.

3) Issac Watts, "When I Survey the Wondrous Cross"(1707). 곡은 Lowell Mason (1824)이 작곡.

제3장 환경

1) "The Ecological Cost of Meat", Animal Connection of Texas (http://www.animalconnectiontx.org).

2) Roger A. Pielke, St. and Christopher A. Davey, "Microclimate Exposures of Surface-based Weather Stations-Implications for the Assessment of Long-term Temperature Trends", *Bulletin of th American Meteorological Society*, 2005, 86(4), pp. 497-504.

3) Carl Wunsch, "Swindled: Carl Wunsch Responds", RealClimate, 2007년 3월 12일 (http://www.realclimate.org).

4) 미국상원에서 멘델슨의 증언. Christopher C. Horner, "Global Warming: A Guide to the Hype", Insider Online, Spring 2007에 인용 (http://www.insideronline.org).

5) Bill Blakemore, "The Psychology of Global Warming: Alarm-ist Versus Alarm-ing", ABC News, 2005년 12월 8일 (http://abcnews.go.com).

6) Mark Knox, "Global Warming Debate Generates Resolution Heat", *The Baptist Standard,* 6/14/07.(http://www.baptiststandard.com) 또한 Bob ALLEN, "Southern Baptists Reject Scientific Consensus About Global Warming," EthicsDaily.com, 6/14/07 (http://www.ethicsdaily.com).

7) "UN Climate Change Impact Report: Poor Will Suffer Most", Environment News Service, 2006년 4월 7일 (http://www.ens-newswire.com).

8) "Wind Energy in Germany", Germany WindEnergy Association(BWE) (http://www.wind-energie.de).

9) "What Is Kyoto Treaty?" BBC News, 2003년 9월 23일 (http://news.bbc.co.uk).

10) "Impacts of the Kyoto Protocol on U.S. Energy Markets and Economic Activity", Engery Information Administration (http://www.eia.doe.gov).

11) "China's Challenge to the Kyoto Protocol", China Environmental News Digest, 2006년 12월 12일 (http://china-environmental-news.blogspot.com).

12) "G8 Leaders Strike Deal to Cut Emissions in Half by 2050", CBC News, 2007년 6월 7일 (http://www.cbc.ca).

13) "Blair and Bush Say Differences Remain Over Global Warming", International Herald Tribune, 2005년 7월 7일(http://www.iht.com).

14) A. J. Surrey and A. J. Browley, "Energy Resources" in H. S. D. Cole, Christopher Freeman, Marei Jahoda, K. L. R. Pavitt(editors), *Models of Doom*(New York: Universe Books, 1978), pp. 90-101

15) Tony Campolo and Gordon Aeschliman, *50 Ways You Can Help Save the Planet* (Downers Grove, IL: InterVarsity Press, 1992), pp. 63-64.

16) E. O. Wilson, *The Creation* (London: W. W. Norton and Company, Inc., 2006), p. 31.

17) Donella H. Meadows, Dennis Meadows, Jorgeu Renders and William W. Behrens III, *The Limits to Growth* (New York: Universe Books, 1972), pp. 78-80.

18) ibid., 또한 Walter Schneir, "The Atom's Poisonous Garbage", *The Reporter*, 1960 참조.

19) Lawrence Hajna, "U.S. Judge to Rule If Cement Plant Can Operate", Courier-Post, 3/24/01.

20) "Chernobyl: Assessment of Radiological and Health Impact", Nuclear Enegery Agency, 2002 (http://www.nea.fr).

21) "Disposal of Nuclear Waste", *The African Potato* (http://theafricanpotato.110mb.com). 또한 Walter Schneir, "The Atom's Poisonous Garbage", *The Reporter*, 1960도 참조.

제4장 전쟁

1) "Just War Theory: The *Jus Ad Bellum* Convention", The Internet Encyclopedia of Philosophy (www.iep.edu).

2) Bill Moyers and Kathleen Hughes, *Buying the War*, PBS, 2007년 4월 25일 본방송 (http://www.pbs.org).

3) Erin O'Brien, "Democracy and Homeland Security: Stretegies, Controversies and Impact", The Kent State University Press (http://upress.kent.edu). 또한 Jeffrey M. Jones, "Nearly Nine in Ten Americans Believe bin Laden Associates in United States", 9/17/02 (http://www.galluppoll.com). Steven

Kull, Clay Ramsay, Stefan Subias and Evan Lewis, "US Public Beliefs on Iraq and the Presidential Election", The PIPA/Knowledge Networks Poll, 4/22/04 도 참조 (http://www.pipa.org).

4) "Straw Withraws 45 Minutes Claim", BBC News, 10/12/04 (http://news.bbc.co.uk).

5) "Public Struggles with Poossible War in Iraq", The Pew Research Center, 01/30/03 (http://people-press.org).

6) Mark Leibovich, "George Tenet's 'Slam-Dunk' Into the History Books", *The Washington Post*, 6/4/04 (http://www.washingtonpost.com).

7) "Taking Measure of Iraq's Progress Towards Democracy", U.S. Senate Republican Policy Committee, 6/22/04 (http://rpc.senate.gov).

8) "Press Briefing Scott McClellan", The White House, 6/27/05 (http://www.whitehouse.gov).

9) Dana Priest, "Iraq New Terror Breeding Ground", *The Washington Post*, 1/14/05 (http://www.washintonpost.com).

10) "Beyond Red vs. Blue: Republicans Divided About Role of Government, Democrats by Social and Personal Values-Part 6: Issues and Shifting Coalitions", Pew Research Center for the People and the Press, 5/10/05 (http://people-press.org).

11) 2004년 11월 28일에, 내가 조지 스테파노풀루수(George Stephanopoulus) 텔레비전쇼에 출연했을 때, 함께 출연했던 손님들이 그런 견해를 표현했다. 손님들 중에는 게리 바우어(Gary Bauer), 조지 위글(George Wiegel), 플로이드 플레이크(Floyd Flake)가 있었다. 또한 Gilbert Burnham, Riyadh Lafta, Shannon Doocy and Les Roberts, "Mortality After the 2003 Invasion of Iraq: A Cross-Sectional Cluster Sample Survey", The Lancet.com 10/11/06 참조 (http://66.102.1.104).

12) Dan Murphy, "Iraqis Thirst for Water and Power", *The Christian Science Monitor*, 08/11/05 (http://www.csmonitor.com).

13) Doug Struck, "Professionals Fleeing Iraq as Violence, Threats Persist", *The Washington Post*, 01/23/06 (http://www.washingtonpost.com).

14) Walter Wykes, "A Prayer for the People of Iraq," Ezine Articles (http://ezinearticle.com).

15) "More Iraq Vets Seek Mental Health Care", CBS News, 3/1/06.(http://www.cbsnew.com) 또한 "Akaka Introduces Bill to Extend Health Care for Returning Troops," U.S. Senator of Hawaii: Press Release, 01/24/07 (http://akaka.senate.gov).

16) Travis Sharp, "The Bucks Never Stop: Iraq and Afghanistan War Costs Continue to Soar", Center for Arms Control and Non-Proliferation (http://armscontrolcenter.org).

17) "Majority Foreign Holders of Treasury Securities", U.S. Department of Treasury (http://www.ustrea.gov/tic/mfh.txt). 또한 James Surowiecki, "In Yuan We Trust", *The New Yorker*, 4/18/05 (http://www.newyorker.com);

"Experts Warn that Heavy Debt Threatens American Economy", *USA Today* (http://www.usatoday.com); William Schneider, "Re-evaluating U.S. Debt", The Atlantic.com, 10/25/05 (http://www.theatlantic.com); Paul B. Farrell, "China Loves Blackstone's American Dream,'" Market Watch, 5/28/2007 (http://www.marketwatch.com); "Who Wants to be a Trillionaire?" *The Economist*, 10/26/06 (http://www.economist.com)도 참조.

18) 몇몇 무슬림 국가에서 선교사들을 파송한 선교단체, Operation Mobilization의 설립자요 전 회장인 조지 뷰어(George Viewer)의 편지.

19) "Christians in Iraq Face Persecution, Need Protection, U.S. Bishops State", Catholic Online, 10/31/06 (http://www.catholic.org).

20) "June 2007 10/40 Window Prayer Focus: The Year of Prayer for North Korea and Far East Nations", Window International Network (http://www.win1040.com).

21) *Christianity Today*, January 2007, p. 22.

22) Habitat for Humanity의 설립자 밀라드 풀러(Milard Fuller)가 저자에게 들려준 이야기. 그는 이 행사에 참석했던 코이노니아 팜스(Koinonia Farms)의 클러렌스 조던(Clarence Jordon)에게 이 이야기를 들었다.

23) James Martone, "Iraq Condemns Embargo on 9th Anniversary of Sanctions", CNN, 8/6/99 (http://www.cnn.com).

24) "New Poll: 71 Percent of Iraqis Want U.S. Forces to Withdraw Within a Year", Think Progress, 9/27/06 (http://thinkprogress.org).

25) "British Ex-Army Chief Criticizes U.S. Over Iraq", Yahoo News, 9/1/07 (http://news.yahoo.com).

26) Raed Jarrar and Joshua Holland, "Majority of Iraqi Lawmakers Now Reject Occupation", AlterNet, 5/7/07 (http://www.alternet.org).

27) 그 제안의 전체 목록을 보려면, http://www.tikkun.org/iraqpeace를 방문하라.

제5장 팔레스타인

1) General Assembly, "A/RES/181(II)(A+B) of 29 November 1947", United Nations, 11/29/47 (http://domino.un.org).

2) Jimmy Carter, *Palestine: Peace Not Apartheid* (New York: Simon and Schuster, 2006), p. 58.

3) Elias Chacour, *Blood Brothers* (Grand Rapids, MI: Chosen Books, 2003), chapter 3. 이 장은 팔레스타인의 추방이 초래한 결과들을 개괄적으로 다룬다. 또한 Michael Lerner, *Healing Israel/Palestine: A Path to Peace and Reconciliation* (Berkley, CA: North Atlantic Books, 2003), pp. 61-71도 참조.

4) Carter, Palestine: *Peace Not Apartheid*, p. 58.

5) Ibid., p. 132.

6) Security Council, "S/RES/242(1967 of 22 November 1967)", United Nations, 11/22/67 (http://domino.un.org).

7) Security Council, "S/RES/338(1973) of 22 October 1973", United Nations, 10/22/73 (http://domino.un.org).

8) Carter, *Palestine: Peace Not Apartheid*, pp. 174, 189.

9) "Israel and the Occupied Territories: The Place of the Fence/Wall in International Law", Amnesty International, 2/19/04 (http://web.amnesty.org).

10) Ibid.

11) Ibid.

12) Carter, *Palestine: Peace Not Apartheid*, pp. 211.

13) "Statement Attrbutable to the Spokesman for the Secretary-General on the 'Geneva Accord,'" Secretary-General Office of the Spokesperson, 11/05/03 (http://www.un.org).

14) Carter, *Palestine: Peace Not Apartheid*, pp. 157-162.

15) "Pat Robertson Apologizes to Israel", CBS News, 1/12/06 (http://www.cbsnews.com).

16) Carter, *Palestine: Peace Not Apartheid*, p. 209. International Herald Tribune 이 실시한 여론조사(2003년 10월)에서 인용.

17) 2002년 8월 30일, 콜로라도 주 비버크릭(Beaver Creek)에서 열린 르네상스 컨퍼런스에서 일리노이 주 상원의원인 Paul Simon과의 개별 인터뷰에서.

18) Betty Jane Bailey and J. Martin Bailey, *Who Are the Christians in the Middle East?* (Grand Rapids, MI.: Wm. B. Eerdmans, 2003), pp. 152-158.

19) Donald E. Wagner, *Dying in the Land of Promise* (London: Melisende, 2001), pp. 208-209.

제6장 에이즈

1) "Number with HIV 'At Highest Yet'", BBC News, 10/21/05 (http://news.bbc.co.uk).

2) "Children, HIV and AIDS", Avert, 8/17/07 (http://www.avert.org).

3) The DATA Report 2007, p. 65.

4) "Right Wing Watch: Justice Sunday III Speaker Backgrounder", People for the American Way (http://www.pfaw.org).

5) Bono. Andy Argyrakis, "Backstage with Bono", *Christianity Today*, 12/09/02 에서 인용 (http://www.christianitytoday.com).

6) John Donnelly, "With AIDS Funding Proposal, Bush Looks to His Legacy", The Boston Globe, 5/31/07 (http://www.boston.com).

7) Barbara Hagenbaugh, "Greenspan Takes Center Stage in 'Age of Turbulence'", *USA Today*, 9/17/07, p. 2B.

8) "The Context: HIV", Catholic Agency for Overseas Development (http://www.cafod.org.uk).

9) Laurie B. Sylla, "Microbicides: Worthy of More Attention", Yale University

Center for Interdisciplinary Research on Aids, 3/31/01 (http://cira.med.yale.edu).

10) "Mbeki Accuses CIA over AIDS", BBC News, 10/6/00 (http://news.bbc.co.uk). 또한 Richard Knox, "Origin of AIDS Linked to Colonial Practices in Africa," NPR (http://www.npr.org).

11) Michael Kranish, "Religious Right Wields Clout", *The Boston Globe*, 10/9/06 (http://www.boston.com).

12) "Ugandan Condom Crisis", Health Global Access Project, 08/05 (http://www.healthgap.org).

13) 내게 이 이야기를 들려 준 대표는 자신의 이름을 밝히지 않길 원했다.

14) 이 정보는 2003년 7월 10일, 남아프리카공화국의 프리토리아에서 열린 SACLA 대회에서 African Enterprise Evangelistic Association의 마이클 케시디(Michael Cassidy)에게 얻었다.

제7장 동성애자 권리

1) John F. Harris, "Victory Bears Out Emphasis on Values", *The Washington Post*, 10/4/04 (http://www.washingtonpost.com). Ben Adler, "Gay Marriage Policy No Linchpin for GOP", CBS News, 10/14/06 (http://www.cbsnews.com). Rachel Clarke, "Drawingn Up Blueprints for Bush Victory", BBC News, 10/6/04 (http://news.bbc.co.uk).

2) Ibid.

3) David G. Mayers, "Accepting What Cannot Be Changed", in Walter Wink, *Homosexuality and Christian Faith* (Minneapolis, MN: Augsburg Fortress Press, 1999), pp. 68-69.

4) William Stacy Johnson, *A Time to Embrace* (Grand Rapids, MI: Wm. B. Eerdmans, 2006), pp. 25-28.

5) 펜실베이니아 대학교의 내 동료들인 윌리엄 케파트(William Kephart)와 제임스 보사드(James H. S. Bossard)와 토론할 때, 여성 동성애가 남성보다 더 사회심리학적이라는데 의견이 일치했다. 하지만 그것을 지지할 만한 "명백한" 경험적 증거는 없다.

6) Johnson, *A Time to Embrace*, pp. 25-28.

7) Meyers, "Accepting What Cannot Be Changed", in Walter Wink, *Homosexuality and Christian Faith*, pp. 68-69.

8) *The eCable*, Fall 2007, Evangelicals Concerned, Inc., p. 11.

9) 미국성공회(ECUSA)는 한 게이 감독의 안수를 지지했고, 동성결혼에 찬성표를 던졌다. 연합그리스도교회(UCC)도 동성결혼을 지지했다. 미국복음주의루터교회(ELCA)는 동성 파트너와 "결혼" 관계에 있는 게이 성직자를 처벌하지 않기로 결정했다.

10) The Pew Research Center for the People and the Press, "Republicans Unified, Democrats Split on Gay Marriage: Religious Beliefs Underpin Opposition to Homosexuality", 2003년 11월 18일 (http://pewforum.org).

11) The Pew Research Center for the People and the Press, "Only 34% Favor

South Dakota Abortion Ban, Less Opposition to Gay Marriage, Adoption and Military Service", 2006년 3월 22일 (http://people-press.org).

12) Dennis Cauchon, "Civil Unions Gain Support", *USA Today*, 2004년 3월 9일 (http://www.usatoday.com).

13) U.S. General Accounting Office, *Defense of Marriage* Act, GAO/OGC-97-16(Washington, DC: 1997년 1월 31일) (http://www.gao.gov). 1996년에 결혼보호법(the Defense of Marriage Act)이 통과된 후, 의회는 미국회계감사원이 결혼여부에 따라 혜택, 권리, 특권을 부여하는 연방 법률을 확인해야 한다고 요구했다. 미국회계감사원은 결혼여부와 관련된 13개의 범주들과 1049개의 연방 법률들을 확인했다. 2004년에는 미국회계감사원이 그 목록을 갱신했다. "결과적으로, 2003년 12월 31일에, 우리 조사는 미국헌법에 규정된 총 1138개의 연방 법률조항들을 확인했다. 그 법률들에서 결혼여부가 혜택, 권리, 특권을 결정하거나 수여받는데 한 가지 요인이다." (http://www.gao.gov).

14) 미국회계감사원(GAO)에 따르면, 2005년 2월 24일에 발표된 보고서에서, 1994년부터 2003년까지 약 9,500명의 군인이 동성애문제로 군대에서 쫓겨났다. U.S. Government Accountability Office, "Military Personnel: Financial Costs and Loss of Critical Skills Due to DOD's Homosexual Conduct Policy Cannot Be Completely Estimated", 2005년 2월 24일 (http://www.gao.gov).

15) Gen. John M. Shalikashvili, "Second Thoughts on Gays in the Military", *The New York Times*, 2007년 1월 2일 (http://www.nytimes.com).

16) "Births, Marriages, Divorces, and Deaths: Provisional Data for 2005", National Vital Statistics Reports, Volume 54, Number 20, 2006년 7월 21일 (http://www.cdc.gov).

17) Martin O'Connell and Gretchen Gooding, "Editing Unmarried Couples in Census Bureau Data", U.S. Bureau of the Census, 2007년 7월 (http://www.census.gov).

18) Transcript of President's Remarks, The White House, Office of Press Secretary, President Defends Sanctity of Marriage, 2003년 11월 18일 (http://www.whitehouse.gov). 또한 Transcript of President's Radio Address, 2004년 7월 10일 (http://www.whitehouse.gov).

19) Simon Barrow and Jonathan Bartley, "What Future for Marriage?" *Ekklesia*, revised 2006년 7월 (http://www.ekklesia.co.uk).

20) 전국 여러 대학에서 강연할 때, 동료들과 나눈 비공식적 토론들을 통해.

21) Howard Witt, "Anti-hate law shifts to debate on gay", *Chicago Tribune* web edition, 2007년 8월 13일 (http://www.chicagotribune.com).

22) The House of Representatives, Committee of the Judiciary, 2007년 4월 25일, transcripts, p. 206, lines4854-4871 (http://judiciary.house.gov).

23) Tommy Thompson, California Republican Debate Transcript, MSNBC, May 4, 2007 (http://www.msnbc.com).

24) "Questions and Answers: The Local Law Enforcement Hate Crimes Prevention Act", Human Rights Campagin, 2007년 1월 17일, p. 2 (http://www.

mattewshepard.org).

25) Chris Bull, *Perfect Enemies: The Battle Between the Religious Right and the Gay Movement* (Lanham, MD: Madison Books, updated edition, 2001).

제8장 총기규제

1) Erich Pratt, "2001: The Year in Review: GOA Members Help Put Guns Back Onto Planes", Gun Owners of America, 12/21/01 (http://www.gunowners.org).

2) Peter Brown, "Vtech Shows Gun Control Has Lost Its Political Luster", Real Clear Politics, 4/23/07 (http://www.realclearpolitics.com).

3) "Second Amendment Survey", Second Amendment Foundation (http://www.saf.org).

4) Ibid.

5) Marshall Loeb, "Americans Can", *TIME*, 7/10/72 (http://www.time.com).

6) "Guns, Gun Ownership, & RTC at All-Time Highs, Less 'Gun Control,' and Violent Crime at 30-Year Low", NRA Institute for Legislative Action (http://www.nraila.org).

7) "Questions and Answers: Gun Show Loophole Closing and Gun Law Enforcement Bill", Senator Joe Lieberman: News Release, 5/15/01 (http://lieberman.senate.gov).

8) John Rosenthal, "Too Little, Too Late Policy-Making for Gun Control", The Huffington Post, 5/1/07 (http://www.huffingtonpost.com).

9) Jake Tapper and Avery Miller, "Mentality Ill' but Still Able to Buy a Gun", ABC News, 2007년 4월 19일 (http://abcnews.go.com).

10) Marian Wright Edelman, "Protect Children, Not Guns", Children's Defense Fund, 2007 (http://www.childrensdefense.org).

11) Courtney Humphries, "Child Firearm Deaths Tied to Gun Availability", Focus, Harvard School of Public Health, 2002년 3월 8일 (http://focus.hms.harvard.edu).

12) Bob Herbert, "An American Addiction", *International Herald Tribune*, 2007년 4월 26일.

13) Jenna Oskowitz, "State Homocide Rate in '06 Fell, but Not Here", Philly News, 2007년 9월 22일 (http://www.philly.com).

제9장 교육

1) "Comparative School Distirct Data", Good Schools Pennsylvania, 2006 (http://www.good.schoolspa.org).

2) 1998년 11월 11일, 미국교회협의회 총회 전, 필라델피아 교육감 데이비드 혼벡(David W. Hornbeck)이 한 말.

3) Abby Goodnough, "Camden Asks New Jersey to Take Over School System",

The New York Times, 1998년 3월 26일 (http://query.nytimes.,com).

4) Wayne Flynt, "Rural Poverty in America", National Forum, 1996년 여름 (http://findarticles.com).

5) Paul E. Peterson, Jay P. Greene and Chad Noyes, "School Choice in Milwaukee", *The Public Interest*, 1996년 가을.

6) Barbara A. Grant, 펜실베이니아 학군에서 제출한 보도자료, "Philadelphia Students Out-Perform Voucher/Edison Students", 1999년 5월 28일.

7) 가장 유명한 것은, Eagle v. Vitale(1962), Abingdon school district v. Schemp 1963), 그리고 Lemon v. Kurtzman(1971).

8) 호레스 만의 견해에 대한 요약은, Lawrence A. Cremin(editor), *The Republic and the School: Horace Mann on the Education of Free Man* (New York: Teachers College Press, 1957)을 참조.

9) Melanie Burney and Frank Kummer, "Roots of Cheating in Camden Run Deep", *Philadelphia Inquirer*, 2006년 12월 17일 (http://www.mywire.com). 또한 Ford Fessenden, "Schools under Scrutiny Over Cheating", *The New York Times*, 9/9/07 (http://www.nytimes.com).

10) Greg Toppo, "Study: No Child Left Behind Seems to Be Working", *USA Today* (http://www.usatoday.com).

제10장 낙태

1) Joseph Cardinal Bernardin, "A Consistent Ethic of Life: Continuing the Dialogue", 1984년 3월 11일에 세인트루이스대학교(St. Louis University)의 '윌리엄 웨이드 강좌 시리즈'(William Wade Lectuere Series)의 한 강연 (http://www.priestsforlife.org).

2) Joerg Dreweke and Rebecca Wind, "Expanding Access to Contraception Through Medicaid Could Prevent Nearly 500,000 Unwanted Pregnancies, Save \$1.5 Billion", Guttmacher Institute, 8/16/06 (http://www.guttmacher.org).

3) Ibid. 또한 Jennifer J. Frost, Adam Sonfield and Rachael Benson Gold, "Estimating the Impact of Expanding Medicaid Eligibility for Family Planning Services", 구트마허 연구소의 수시보고, 2006, No. 28, pp. 23-25.

4) Holy Sklar and Rev. James A. Forbes Jr., "A Just Minimum Wage: Good for Workers, Business and Our Future", Let Justice Roll, 2005 (http://www.letjusticeroll.org).

5) Dreweke and Wind, "Expanding Access to Contraception Through Medicaid Could Prevent Nearly 500,000 Unwanted Pregnancies, Save \$1.5 Billion."

6) 더 많은 정보를 위해선, the Democrats for Life 웹사이트 (http://www.democratsforlife.org)의 "95-10" 정보란을 검색하시오.

7) "United States Abortion Statistics: Reported abortions in the United States by year, 1973-2005", ©Minnesota Citizens Concerned for Life (http://www.

mccl.org).

8) "Chronological Archives of Major Issues Are Now on Layman Online", *The Layman online*, 1/10/07 (http://www.layman.org).

9) House of Representatives Press Release, "Davis Introduces Comprehensives Proposal to Reduce Abortions in America", 2006년 9월 20일 (http://www.house.gov).

10) Dreweke and Wind, "Expanding Access to Contraception Through Medicaid Could Prevent Nearly 500,000 Unwanted Pregnancies, Save $1.5 Billion."

제11장 이민

1) Pew Hispanic Center, "Modes of Entry for the Illegal Immigrant Population", 2006년 5월 22일 (http://pewhispanic.org).

2) Juliana Barbassa, "Despite Controversy, Illegal Immigrants File Taxes More than Ever", *North County Times*, 4/12/07 (http://www.nctimes.com). 또한 Eduardo Porter, "Illegal Immigrants Are Bolstering Social Security with Billions", *The New York Times*, 4/5/05 (http://www.nytimes.com).

3) Ibid.

4) 몇몇 사회복지수당 담당직원들에 따르면.

5) 이스턴대학교의 부총장이자 교무처장인 다이아나 바치(Diana Bacci)와 변호사인 리사 굳하트(Risa Goodheart)와 매사추세츠 주 보스턴에서 나누었던 개인적 대화를 통해 얻은 정보. 이 수치들은 대략적인 것이고, 개인적 배경, 제안된 거주기간, 다른 요인들에 따라 대단히 다양할 수 있다.

6) Ibid.

7) Kevin McDonald, "Jewish Involvement in Shaping AAmerican Immigration Policy, 1881-1965: A Historical Review", California State Long Beach University, 2002 (http://csulb.edu).

8) Ibid.

9) Sudarsan Raghavan, "War in Iraq Propelling a Massive Migration", *The Washington Post*, 2/4/07 (http://www.washintonpost.com).

10) Ibid.

11) Emma Lazarus, "The New Clossus", 1883.

제12장 범죄

1) "Largest Increase in Prison and Jail Inmate Population Since Midyear 2000", Department of Justice, Office of Justice Program, 6/27/07 (http://www.ojp.usdoj.gov).

2) Ibid.

3) "Largest Prison Inmate Since 2000", CBS News, 2007년 6월 26일 (http://www.cbsnews.com).

4) Bureau of Justice Statistics, "Lifetime Likelihood of Going to State or Federal Prison", U.S. Department of Justice (http://www.ojp.usdoj.gov).

5) Ibid.

6) "Bush Republicans Cut Law Enforcement Funding, Violent Crime Increases For Second Consecutive Year", Democratic Policy Committee, 9/26/07 (http://democrats.senate.gov).

7) 2000년에 발표된, 미국통계국(U.S. Census Bureau)기록의 비교분석에 따르면, 남성 19-39세 총인구는 41,127,000명이었으며, 2006년에는 41,577,000명으로 증가했다. "Age Sex and Groups: 2000", U.S. Census Bureau를 참조 (http://factfinder.census.gov). 또한 "Age and Sex", U.S. Census Bureau를 참조 (http://factfinder.census.gov).

8) K. Michael Cummings, Anthony Brown and Richard O' Connor, "The Cigarette Controversy", Department of Health Behavior of Roswell Park Cancer Institute, 6/1/07 (http://cebp.aacrjournals.org). 또한 "Connecticut' s Lawsuit Against the Tabacco Companies Questions and Answers", CT Attorney General' s Office press release, 7/18/96도 참조 (http://www.ct.gov).

9) Pratap Chatterjee, "The Thief of Baghdad", Alternet, 8/26/07 (http://www.alternet.org).

10) "Cheney' s Halliburton Ties Remain", CBS News, 9/26/07 (http://www.cbsnews.com).

11) "Jack Abramoff" at Wikipedia.org (http://en.wikipedia.org).

12) "L.A. Hospital Employees Receive Training on 'Their Responsibilities' In Death of Patient", Freedom' s Zone, 5/16/07 (http://freedomzone.com).

13) Patricia Barry, "Why Drugs Cost Less Up North", AARP, 2003년 6월 (http://www.aarp.org). 또한 "Prescription Drugs: Negotiation, Reimportation, Buying Pools and Other Important Reforms", The State PIRG Consumer Protection (http://www.pirg.org). Don Oldenburg, "Prescription Prices: What' s the Big Secret?" *The Washington Post*, 10/26/04도 참조 (http://www.washingtonpost.com).

14) "Los Angeles Accuses Hospital Giant of Dumping Homeless Patients in Skid Row", *USA Today*, 11/16/2006 (http://www.usatoday.com).

15) Charles Colson and Daniel Van Ness, *Convicted* (Westchester, IL: Crossway Books, 1992), p. 48.

16) 2007년 7월, Cabrini Green Legal Clinic의 사무총장인 롭 액튼(Rob Acton)과의 개인적 대화에서.

17) George Jones and Matthew Moore, "Blair Opposes Execution of Saddam", *The Daily Telegraph*, 11/07/2006 (http://www.telegraph.co.uk).

18) H.R. 261, "The Federal Prison Bureau Nonviolent Offender Relief Act of 2007" (http://thomas.loc.gov).

19) Bureau of Justice Statistics, "State Prison Expenditures 2001", U.S. Department of Justice (http://ojp.usdoj.gov).

20) Dianne F. Herman, "The Rape Culture", in Jack Levin and Arnold Arluke(editors), *Sociology: Snapshots and Portraits of Society* (Thousand Oaks, CA: Pine Forge Press, 1996), pp. 50-53.

21) Thomas Borge, *Christianity and Revolution: Thomas Borge's Theology of Life, translated by Andrew Roding* (New York: Orbis Books, 1987), ch. 7.

제13장 연방예산

1) Robert Greenstein, "Despite the Rhetoric, Budget Would Make Nation's Fiscal Problems Worse, and Further Widen Inequality", Center on Budget and Policy Priorities, 3/28/07 (http://www.cbpp.org).

2) Aura Kanegis, "The Proposed Fiscal Year 2008 Budget: Little to Reflect Our Values", American Friends Service Committee, 2/7/07 (http://afsc.org).

3) Aviva Aron-Dine, "The Skewed Benefits of Tax Cuts, 2008-2017 with the Tax Cuts Extended, Top 1 Percent of Households Will Receive More Than $1 Trillion in Tax Benefits over the Next Decade", Center on Budget Policy and Priorities, 2/6/07 (http://www.cbpp.org).

4) Arloc Sherman, Sharon Patrontt and Danilo Trisi, "President's Budget Would Dut Deeply tnto Important Public Services and Adversely Affect States", Center on Budget and Policy Priorities, 2/21/07. 또한 Robert Greenstein, "Despite the Rhetoric, Budget Would Make Nation's Fiscal Problems Worse, and Further Widen Inequality", Center on Budget and Policy Priorities. Sharon Parrott and Matt Fiedler, "President's Budget Calls for Deep Cuts in Wide Range of Domestic Programs: Cuts Start in 2008 and Grow Deeper Over Time", Center on Budget Policy and Priorities, 3/28/07도 참조 (http://www.cbpp.org).

5) Melanie Burney, "Camden School Shake-Up Likely", *Philadelphia Inquirer*, 7/9/07 (http://www.philly.com).

6) Winnie Hu and Ford Fessenden, "Data Show Wide Differences in New Jersey School Spending", *The New York Times*, 3/24/07 (http://www.nytimes.com).

7) William J. Bennett, *The Index of Leading Cultural Indicators* (New York: Broadway Books, 1999), p. 175. 미국 가정은 텔레비전을 하루 평균 7.12 시간 시청한다. 나는 얼반 프라미스(Urban Promise)의 사무총장인 브루스 메인(Bruce Main)과 뉴저지 주 캠든에서 대화를 나누었다. 그는 캠든의 한 아이가 텔레비전을 하루에 최소 6시간 시청한다고 알려주었다.

8) "Tax as You Go", *The Wall Street Journal*, January 5, 2007, p. A12.

9) Richard Kogan, Matt Fiedler, Aviva Aron-Dine and James Horney, "The Long-Term Fiscal Outlook Is Bleak: Restoring Fiscal Sustainability Will Require Major Changes to Programs, Revenues, and the Nation's Health Care System", Center on Budget and Policy Priorities, 1/29/07 (http://www.cbpp.org).

10) Leighton Ku, Andy Schneider and Judy Solomon, "The Administration

Again Proposes to Shift Federal Medicaid Costs to States", Center on Budget and Policy Priorities, 2/14/07 (http://www.cbpp.org).

11) Sherman, Parrott and Trisi, "President's Budget Would Cut Deeply into Important Public Services and Adversely Affect States."

12) Jonathan Weisman, "Report Emphasizes Shortfall in Medicare", *The Washington Post*, 3/24/05 (http://www.washingtonpost.com). 또한 Chad Stone and Robert Greenstein, "What the 2007 Trustee's Report Shows About Social Security", Center on Budget Policy and Priorities, 4/24/07 참조 (http://www.cbpp.org).

13) Ibid.

14) Ibid.

15) Ibid. 또한 William Gale and Peter Orszag, "The Cost of Tax Cuts", *Minneapolis Star Tribune*, 9/19/04도 참조 (http://www.brookings.edu).

16) "Report of the Natonal Commission on Social Security Reform", Social Security Greenspan Commission, 01/83 (http://www.ssa.gov).

17) Martin Wolk, "Bush Pushes His Social Security Overhaul", MSNBC, 2005년 2월 16일 (http://www.msnbc.msn.com).

18) James Horney, "The Senate Budget Committee's Budget Plan-A Brief Analysis", Center on Budget Policy and Priorities, 3/19/07 (http://www.cbpp.org).

19) Ibid.

20) Ibid.

21) Ibid.

22) Ibid.

23) "List of Countries and Federations by Military Expenditures", Wikipedia.org (http://en.wikipedia.org).

24) "Budget Fact Sheet: Defense", The White House, 2007 (http://www.white-house.gov). 또한 American Friends Service Committee, "The Proposed Fiscal Year 2008 Budget", by Aura Kanegis, AFSC Washington Office Director, 2007년 2월 7일, p. 2; Anne Scott Tyson, "Bush's Defense Budget Biggest Since Reagan Era", *The Washington Post*, 2007년 2월 6일, p. A6도 참조 (http://www.washingtonpost.com).

제14장 최저임금

1) 고문 자격으로 클린턴 대통령과 나누었던 개인적 토론.

2) "The Uninsured: Americans at Risk", ConsumerReports.org, 2004년 1월. Data from U.S. Census Bureau, 2002 (http://www.consumerreports.org).

3) "Field Listing Unemployment Rate", U.S. Central Intelligence Agency (http://www.cia.gov).

제15장 채무국

1) Jonathan Shaw, "Debtor Nation", *Harvard Magazine*, July–August 2007, p. 48 (http://www.harvardmagazine.com).

2) Ibid., p. 40.

3) Ibid.

4) Ibid., p. 44.

5) Ibid., p. 42.

6) Ibid.

7) Ibid.

8) Ibid., p. 40.

9) Ibid.

10) Ibid., p. 42.

제16장 돈을 낭비하는 정부

1) Jeannine Aversa, "Unemployment Rate Dips to 4.5 Percent", *The Washington Post*, 2007년 3월 9일 (http://www.washingtonpost.com).

2) Lou Dobbs, "Tax Cuts, Jobs and the Election", CNNMoney.com, 2003년 11월 3일 (http://money.cnn.com).

3) Steven R. Weisman, "Fed Chief Warns that Entitlement Growth Could Harm Economy", *The New York Times*, 2007년 1월 19일 (http://www.nytimes.com).

4) Bod Powers, "Nearly Half of All Americans Listen to Christian Radio", NRB (http://www.nrb.org).

5) Carol McGraw, "Focus on the Family Will Lay Off 30, Move 15 More to New Jobs", *The Colorado Springs Gazette*, 2007년 9월 11일 (http://www.msnbc.msn.com).

6) 고(故) 제임스 케네디(D. James Kennedy)는 자신의 텔레비전 방송에서 세속주의와 정기적으로 싸웠다.

7) Ronald D. Utt, "The Bridge to Nowhere: A National Embarrassment", The Heritage Foundation, WebMemo #889, 2005년 10월 20일 (http://www.heritage.org). 또한 Rebecca Clarren, "A Bridge to Nowhere", Salon.com, 2005년 8월 9일 (http://dir.salon.com).

8) 일반적으로 이런 비난이 민주당 정책자문관인 마라 반더스리스(Mara Vanderslice)에게 보고된다.

9) 뉴저지 주 캠든에서 사역들을 확립한 후, 나는 개인적으로 이런 차별들을 개인적으로 목격했다. 그 도시의 다른 어떤 곳보다 많은 학생에게 도움을 주는 우리의 학습지도프로그램이 아무런 설명도 없이 연방지원금 신청에서 계속 떨어졌다.

10) David Kuo, "Please, Keep Faith", Beliefnet.com, 2006 (http://www.beliefnet.com).

11) David Kuo, *Tempting Faith: An Inside Story of Political Seduction* (New

York: Free Press, 2006).

12) 이 모든 사실은 America Target Advertising의 대표이자, Conservative Digest의 옛 발행인이며, 공화당 대선 예비선거에 출마했던 스티브 포비스의 참모였던 리차드 비그네리(Richard Vignerie)에게 얻은 것이다. 또한 Daniel J. Mitchell, "A Brief Guide to the Flat Tax", The Heritage Foundation, Backgrounder #1866, 2005년 7월 7일 (http://www.heritage.org).

13) Ibid.

14) Ibid.

15) 2000년에 필라델피아에서 개최 된 공화당 전당대회 동안, 아리아나 허핑턴은 자신이 소집한 한 모임에서 이런 말을 했다.

제17장 정치로비스트들

1) "Colin C. Peterson: Campaign Finance/Money Contributions", Opensecrets.org, 12/31/06 (http://www.opensecrets.org). 또한 "Lawmakers Raise $2.2M in First Quarter", *USA Today*, 4/16/07도 참조.

2) "Peterson Announces Farm Bill Agreement", Congress Collin Peterson Minnesota's 7th Congressional District, 4/22/02 (http://collinpeterson.house.gov).

3) Ellyn Ferguson, "House Panel Juggles Competing Interests to Write Farm Policy Bill", *USA Today*, 7/17/07. 또한 Ken Dilanian, "Billions Go to House Panel Members's Districts", *USA Today*, 7/25/07도 참조 (http://www.usatoday.com).

4) Ibid.

5) George B. Tindall and David E. Shi, America: *A Narrative History*, Vol. II(New York: W. W. Norton & Co., 4th ed., 1996), pp. 1548-1552.

6) Rep. Henry A. Waxman, "Pharmaceutical Industry Profits Increase by Over $8 Billion After Medicare Prescription Drug Plan Goes into Effect", Ranking Minority Leader, Committee on Government Reform, U.S. House of Representative, 2006년 9월 (http://oversight.house.gov). 또한 Marcia Angell, "The Truth About the Drug Companies", *New York Review of Books*, vol. 51, no. 12, July 15, 2004도 참조 (http://www.nybooks.com). 빈민과 노인들 사이에서 처방약 구입능력과 관련된 점증하는 문제들에 대해선, Maria C. Reeds, Issue Brief, "Update on Americans' Access to Prescription Drugs", Center for Studying Health System Change, No. 95, 2005년 5월 참조 (http://www.hschange.org).

7) Neil Osterweil, "Buying Drugs Across the Border", WebMD (http://www.webmd.com).

8) "Health Insurance Coverage", National Coalition on Health Care (http://www.nchc.org).

9) Ken Silverstein, "Send Lawyers, Guns and Money: Lobbying and the Merchants of Death", excerpt from the book *Washington on $10 Million a Day*(Monroe, ME: Common Courage Press, 1998) (http://www.thirdworld-

traveler.com).

10) "Budget Fact Sheet: Defense", The White House, 2007 (http://www.white-house.gov). 또한 American Friends Service Committee, "The Proposed Fiscal Year 2008 Budget", by Aura Kanegis, AFSC Washington Office Director, 2007년 2월 7일, p. 2. Anne Scott Tyson, "Bush's Defense Budget Biggest Since Reagan Era", *The Washington Post*, 2007년 2월 6일, p. A6도 참조 (http://www.washingtonpost.com).

11) Jonathan Karp, "In Military-Spending Boom, Expensive Pet Projects Prevail", *The Wall Street Journal* online, June 16, 2006 (http://online.wsj.com). 또한 The Project on Government Oversight's Defense Archive도 참조. 여기에는 국방비 낭비에 대한 상세한 정보가 담겨 있다 (http://www.pogo.org).

12) Tom Abate, "Military Waste Under Fire", *San Francisco Chronicle*, 2003년 5월 18일 (http://www.sfgate.com).

13) Admiral Hyman C. Rickover, "Corporate Power and Military Corruption", Joint Economic Committee, U.S. Congress(1982년 1월 28일). 정부가 정기적으로 사취당한 방식들에 대해 개략적인 설명을 제공한다.

14) Elizabeth Becker, "A Nation at War: Reconstruction Contracts: 2 Democrats Call for Scrutiny of Bidding to Reconstruct Iraq", *The New York Times*, 2003년 4월 9일. 또한 Diana B. Henriques, "Competing for Work in Post War Iraq", *The New York Times*, 2007년 4월 10일. Elizabeth Becker, "A Nation at War: Reconstruction; Details Given on Contract Halliburton Was Awarded", *The New York Times*, 2003년 4월 11일도 참조 (http://query.nytimes.com).

15) Michele Steinberg, "Will Stolen Iraq Oil Funds and Deals for Cronies Force Cheney Impeachment?" *Executive Intelligence Review*, 2005년 7월 15일 (http://www.larouchepub.com).

16) Jane Merriman, "Investors Drive Brent Oil Above Plentiful U.S. Crude", Reuters, 2007년 3월 21일 (http://www.reuters.com).

17) "The Hungry Drgaon: China's Material Needs(China's insatiable appetite for raw materials)", *The Economist*, 2004년 2월 (http://www.economist.com).

18) John W. Schoen, "U.S. Refiners Stretch to Meet Demand", MSNBC, 2004년 11월 22일 (http://www.msnbc.msn.com) 또한 부시 대통령 발언에 대한 수기, "President Discusses Refining Capacity in Biloxi, Mississippi", Office of the Press Secretary, 2007년 4월 27일도 참조 (http://www.whitehouse.gov).

제18장 선거비용

1) Mark J. Green, James M. Fallows and David R. Zwick, *Who Runs Congress?* (New York: Bantam Books, 1972), ch. 8. 또한 Paula Dwyer and Douglas Harbrecht, "Congress: It Doesn't Work, Let's Fix It", in George McKenna and Stanley Feingold(editors), *Taking Sides* (New York: Dushkin Publishing, 8th ed., 1993), p. 85도 참조.

제19장 올바른 후보

1) Mohammad Ayatollahi Tabaar, "Iran: The Road Not Taken", *Asia Times*, 8/20/03 (http://www.atimes.com).

2) Peter J. Goldberg, "The Politics of the Allende Overthrow in Chile", *Political Science Quarterly*, Vol. 90, No. 1, Spring 1975, pp. 93ff. 또한 "CIA Acknowledge Involvement in Allende's Overthrow, Pinochet's Rise", CNN.com, 2000년 9월 19일 (http://archives.cnn.com).

제20장 하늘에서 이루어진 것처럼 땅에서도 이루어지길

1) "Digesting Digest's WCC Attack: Reader's Digest; World Council of Churches", *Christian Century*, 2/3/93 (http://findarticles.com).

2) Noam Chomsky, *What Uncle Sam Really Wants* (Odonian Press, 1992).

3) "Vietnam Online: Timeline", PBS, 3/29/05 (http://www.pbs.org).

4) "Oxfam America: U.S. Bullies Poor Countries on Trade; Double-Standard Pushed on Developing Countries to Open Markets; U.S. Maintains Subsidies, Protections in Trade Agreements form DR-CAFTA to WTO", CommonDream.org News Center, 4/11/05 (http://www.commondreams.org).

5) 부시 대통령이 남아프리카공화국 의회에서 연설했던 2003년 7월에, 나는 프리토리아(Pretoria)에 있었다. 남아프리카 농부들 수천 명이 모여 자유무역 때문에 자신들의 농업이 망한 것에 항의하는 모습을 직접 목격했다. 사실, 미국정부의 보조금을 받은 미국 농부들과 자유무역이 결합하여 아프리카 농민들에게 큰 타격을 입혔던 것이다.

6) SPEAK에 대해 더 많은 것을 알고 싶다면, www.speak.org.uk나 http://groups.eastern.edu를 방문하라.

7) "USA Patriot Act", American Civil Liberties Union, 11/14/03 (http://www.aclu.org).

8) Ibid.

9) Ibid.

10) "U.S. Spying Broader than Acknowledged: Report", CTV.ca, 12/24/05 (http://www.ctv.ca).

11) 미국애국자법에 의해 야기된 문제들은 Frank Gaffney, War Footing (Annapolis, MD: Naval Institute Press, 2006), pp. 78-82에서 확인할 수 있다.